O EFEITO DO RISO

ROS BEN-MOSHE

O EFEITO DO RISO

Como o poder da alegria e da resiliência ao estresse contribuem para a melhora da saúde emocional

TRADUÇÃO
RICARDO GIASSETTI

LATITUDE°

TÍTULO ORIGINAL *The laughter effect*

Publicado originalmente em inglês por Nero.

Latitude é o selo de aperfeiçoamento pessoal da VR Editora

DIREÇÃO EDITORIAL Marco Garcia
EDIÇÃO Marcia Alves
PREPARAÇÃO Laila Guilherme
REVISÃO Juliana Bormio de Sousa
DESIGN DE CAPA Philip Pascuzzo, com co-produção de Pamella Destefi
IMAGEM DE CAPA George Peters / iStock
IMAGEM DA P. 152 Clare Snow / Flickr
DESIGN DE MIOLO Marilyn de Castro
DIAGRAMAÇÃO Pamella Destefi

Dados Internacionais de Catalogação na Publicação (CIP)
(Câmara Brasileira do Livro, SP, Brasil)

Ben-Moshe, Ros
O efeito do riso: como o poder da alegria e da resiliência ao estresse contribuem para a melhora da saúde emocional / Ros Ben-Moshe; tradução Ricardo Giasset. – Cotia, SP: Latitude, 2024.

Título original: The laughter effect
ISBN 978-65-89275-47-3

1. Autoajuda 2. Felicidade 3. Riso 4. Saúde mental I. Título.

23-180349 CDD-158.1

Índices para catálogo sistemático:
1. Autoajuda: Psicologia aplicada 158.1
Eliane de Freitas Leite – Bibliotecária – CRB 8/8415

VR EDITORA S.A.
Via das Magnólias, 327 – Sala 01 | Jardim Colibri
CEP 06713-270 | Cotia | SP
Tel.| Fax: (+55 11) 4702-9148
vreditoras.com.br | editoras@vreditoras.com.br

Sumário

Rolei de tanto rir desde que eu peguei o seu livro até a hora de dormir. Prometo que vou lê-lo algum dia.

— Grouxo Marx.

Aos meus queridos e amados pais, Bridget e Cyril,
por me darem o dom da vida e do riso.

Introdução

O riso é para a alma o mesmo que o sabão é para o corpo.

— Provérbio iídiche

Todos nós já ouvimos o ditado que diz que "rir é o melhor remédio". Mas é mesmo assim tão simples? Será que uma certa quantidade de risadas pode ser a cura para uma série de doenças modernas, incluindo a solidão e a depressão? E se você não estiver com vontade de rir? Ou talvez você não se ache engraçado, e seus entes mais próximos e queridos também não sejam exatamente um saco de risadas. Como, então, você pode acessar essa fonte?

A boa notícia é que, se você estiver inseguro sobre como despertar o seu comediante interior ou se estiver no meio de uma situação estressante, basta recorrer ao que chamei de "Efeito Riso". Essa filosofia e prática corpo-mente baseada na ciência — cujos fundamentos datam de tempos bíblicos e civilizações antigas — surpreendentemente não depende de uma piada ou de uma situação engraçada. Em vez disso, trata-se de um seletor holístico de humor e de um conjunto de habilidades que não deixam de lado o sentimento otimista e animado ao acaso; é um estado intencional que, quando praticado regularmente, pode se transformar em uma leveza duradoura. Em primeira instância, ele permite que nosso corpo seja colocado em um estado de bem-estar — mesmo que não estejamos nos sentindo muito faceiros no momento —, e depois afeta nossa mente. O Efeito do Riso é composto por múltiplos elementos para aumentar a alegria e criar um escudo impermeável de resiliência aos desafios da vida; para preparar seu corpo "sensível" e sua mente "pensante" para uma saúde mental ideal.

O efeito do riso reconhece que todas as emoções precisam ser vivenciadas: as boas e as não tão boas. É isso que nos torna humanos. Trata-se de invocar intencionalmente a energia do riso — a essência da alegria — para combater os hormônios do estresse e estimular uma "DOSE" diária de bem-estar positivo: dopamina, o centro de recompensa do nosso cérebro; oxitocina, carinhosamente conhecida como a molécula do amor; serotonina, o antidepressivo do nosso corpo; e endorfinas, que são os nossos hormônios da felicidade. Você conhecerá melhor tudo isso ao longo deste livro à medida que se equipar com os recursos que lhe permitem vivenciar o Efeito do Riso. Quando aplicadas diariamente, as técnicas, estratégias e práticas que você aprenderá podem transformar sua paisagem física, mental, social e emocional. Ao longo de muitos anos, reuni a filosofia que contribui para o Efeito do Riso, inspirada na minha experiência pessoal e profissional. Ela se baseia na minha extensa pesquisa e prática, bem como na de outros profissionais do riso e do humor, juntamente com a sabedoria do humor e da terapia do riso, da psicologia positiva, da atenção plena e da neurociência. Tudo isso é enriquecido por histórias de transformação pessoal de todo o mundo* e por algumas pesquisas científicas bastante sérias.

* Por questões de privacidade, alguns nomes e detalhes de clientes foram alterados.

VAMOS COMEÇAR

1. Liste cinco coisas que fazem você rir.
2. A quem você recorre quando quer dar risada? Em uma palavra, como essa(s) pessoa(s) faz(em) você se sentir?
3. De quando é sua memória mais antiga de estar rindo? Quem estava com você? Você se lembra do que estava fazendo? Gaste um tempinho conectando-se a essa alegria — envolva-se no som e na sensação que a risada oferece.

A esta altura você já deve ter formado uma ideia do tipo de pessoa que pensa que eu sou. Talvez uma personalidade de Poliana: ingenuamente otimista; cabeça nas nuvens. Ou talvez você pense que nunca fui tocada pela dor, pela doença ou pela tristeza. Posso dizer com certeza que não sou imune a essas coisas. Então, como começou minha exploração do Efeito do Riso?

Quase vinte anos atrás, eu estava me sentindo um pouco rejeitada, pois minhas propostas para uma série de livros de receitas sem glúten, sem laticínios e em grande parte vegetarianas foi rejeitada por vários editores, que consideraram o "mercado pequeno demais para justificar o alto custo de produção de tais livros de receitas altamente especializadas". (Certamente, eles não eram adivinhos!) Eu havia desenvolvido um grande interesse pelo bem-estar, graças ao meu histórico de síndrome da fadiga crônica (SFC) e decidi voltar a estudar. No entanto, para atender aos requisitos da de pós-graduação, eu precisava de alguma experiência na área. Por sorte, uma Conferência Global da OMS sobre Promoção da Saúde estava sendo realizada em Melbourne na época; eu me inscrevi e fui aceita como relatora contribuinte para o encerramento das sessões diárias. Entre as muitas sessões "sérias", uma se destacou para mim: Ioga do Riso. Essa eu tinha que relatar.

A experiente facilitadora Phillipa Challis delineou os fundamentos antes de convidar o público a participar dessa prática surpreendentemente inovadora. Enquanto eu ria com os outros participantes, senti imediatamente a energia edificante e a transformação física e emocional. Foi uma das experiências mais estimulantes da minha vida. Nos vinte longos anos em que sofri de SFC, consultei uma infinidade de médicos especialistas e profissionais de saúde complementar, mas a carga de saúde que recebi da Ioga do Riso foi mais imediata e impactante do que qualquer outra coisa que tentei. Eu sabia que tinha tropeçado no meu destino.

Comecei a estudar promoção da saúde e, pouco tempo depois, me formei como líder de Ioga do Riso. Tornei-me especialista em exaltar a virtude do riso para quem quisesse ouvir. Isso continuou até um momento claramente sem graça da minha vida — um diagnóstico de câncer de intestino aos quarenta e dois anos. Apesar de não haver nada de engraçado no câncer, eu sabia no fundo que o riso estava inextricavelmente ligado à minha experiência. Chegara o momento de praticar o que eu pregava. Eu só precisava de tempo (e de algumas operações importantes) para ligar os pontos.

O primeiro empurrão nesse sentido foi o *timing* de uma festa corporativa de *lingerie* Ioga do Riso, quando fui convidada para ser a facilitadora. Quando recebi a reserva muitos meses antes, fiquei entusiasmadíssima. Mas, a quatro dias de uma importante cirurgia intestinal, o último lugar em que eu queria estar era entre cerca de vinte mulheres enlouquecidas discutindo sobre roupões chiques. Eu trafeguei em piloto automático pelos benefícios do riso para a saúde antes de facilitar a sessão de riso de verdade. Em poucos instantes me senti mais leve e reluzente e, no final, estava quase flutuando. As endorfinas (a fonte interna de morfina do nosso corpo) entraram em ação, e uma onda de excitação pela vida tomou conta de mim. Foi a primeira vez que reconheci que precisava desse remédio mais do que o grupo que eu estava organizando. Tendo literalmente rido muito do meu estresse, fiquei psicologicamente mais preparada e mais forte para a cirurgia de cinco horas que me aguardava.

Resolvi transformar a teoria em prática. Para turbinar meu bem-estar, eu não esperava até estar com vontade de rir. No meu pós-operatório, eu provocava as risadas. Mas nem desconfiava que nas semanas após a minha operação, junto com trinta centímetros do meu intestino, a capacidade de rir também havia sido tirada de mim. Respirar delicadamente era algo bastante desafiador. Essa capacidade que eu tinha como certa ao longo de toda a minha vida fora roubada de mim.

Após a operação, meu corpo parecia ter colidido com um ônibus. Sentindo-me triste, precisei de uma grande dose de positividade — com outra dose de morfina. Como se fosse um ímã, minha mão foi atraída para um lápis próximo e um grande jogo americano de papel branco que forrava a bandeja do meu intocado café da manhã. Comecei a listar tudo pelo que era grata na minha situação atual, desde a importância de reduzir a marcha — mesmo que tivesse sido obrigada — até a capacidade milagrosa de cura do meu corpo. Tomada por sentimentos de profunda gratidão por estar viva, fui impelida a continuar escrevendo.

Não demorou muito para que um sorriso radiante iluminasse meu rosto e meu humor. Parecia que cada célula, cada tecido, cada músculo estavam sorrindo. Da escuridão veio a luz, e a dor pelo que perdi se transformou em gratidão. Eu tinha esquecido totalmente da minha dor. Quando a enfermeira entrou para administrar minha morfina e me viu sentada ereta, sorrindo serenamente, saiu dali como um bumerangue, acreditando que havia entrado no quarto errado. O suprimento natural de morfina do meu corpo havia entrado em ação. Esse foi o meu momento "arrá!". Eu estava incorporando o Efeito do Riso.

Foi então que minha exploração do Efeito do Riso se expandiu além do riso físico para áreas inter-relacionadas. Eu não queria simplesmente esperar para me sentir bem, em vez disso procurei aumentar ativamente as oportunidades para intensificar intencionalmente esses sentimentos. Queria incorporar a positividade, fosse por meio de um sorriso sincero, por gratidão ou preparando minha mente para buscar possibilidades, não problemas, auxiliada por uma agenda positiva onde eu poderia reformular as queixas com gratidão ou leveza, ou amplificar os "micromomentos" — conforme cunhado pela professora de Psicologia Positiva Barbara Fredrickson — de alegria no meu dia.

• • • • • • • •

Desde então, por meio de pesquisas que realizei sobre a terapia do riso e outras inúmeras sessões de riso individuais e em grupo para programas de bem-estar — desde atividades com idosos até eventos corporativos e governamentais —, independentemente da audiência ou demografia, fiquei maravilhada com a eficácia do Efeito do Riso e de como pode ser aplicado em uma variedade de cenários cotidianos: trânsito, uma briga entre casais e até uma pandemia. Desenvolver caminhos neurais para enfrentar o estresse da vida com mais leveza requer prática e tempo, como qualquer exercício de fortalecimento muscular. O Efeito do Riso dá um treinamento a seu corpo e sua mente. A quantidade de treino depende inteiramente de você.

Escrevi este livro com o objetivo de inspirar mudanças em sua vida e incentivar a prática diária para promover o bem-estar positivo. Para despertar seu sorriso interior e exterior; liberar o poder do seu sexto sentido, o humor; e autenticamente amplificar e construir emoções positivas. Este livro tem como objetivo fornecer lentes de riso para ver o mundo e adicionar uma nova dimensão a uma série de estratégias de autocuidado e de bem-estar, incluindo atenção plena, gratidão e autocompaixão, capacitando as pessoas que as praticam a levar uma vida mais saudável e feliz.

Vamos mergulhar na história do riso, avaliar seu papel evolutivo na sobrevivência humana — ou, como prefiro pensar, "sobrevidade" (sobrevivência + prosperidade) — e criar uma estrutura para alcançar as coisas positivas que você deseja na vida. E vamos abordar a questão *Rir é mesmo o melhor remédio?* No final, você estará equipado com habilidades fundamentais para a vida e para rir por meio da exploração de práticas de riso intencional. As duas principais modalidades que veremos são a Ioga do Riso e o Laughter Wellness [Bem-Estar do Riso] — que é o riso para a saúde, e não simplesmente pelo humor — e também nos aprofundaremos na neurociência do sorriso, abraçaremos a gratidão para criar uma mudança na perspectiva de vida e vamos explorar como ser mais gentis e autopiedosos como recurso interno vital.

Ao longo do livro, você encontrará atividades para sorrir e gargalhar, práticas de atenção plena e técnicas positivas de registro no diário para criar uma "mentalidade do riso". Você será apresentado à sua amiga Irmã Serotonina — uma encarnação otimista de "Dear Abby"** —, que fornecerá soluções edificantes e esclarecedoras para dilemas cotidianos. Há espaço para reflexão e oportunidades para se conectar ao seu lado lúdico. Antes de virar cada página ou passar para um novo capítulo, considere fazer algumas pausas imersivas. Isso ajudará a enriquecer sua leitura e permitirá que você seja invadido por emoções e sensações positivas e de bem-estar.

Há dicas práticas no final do livro — O Efeito do Riso na Prática — que vão ajudá-lo a se conectar com seu lado risonho em todas as áreas da sua vida.

Este livro é sobre como investir em si mesmo para que, não importa o que surja em seu caminho, você utilize os recursos das ferramentas do Efeito do Riso e seja capaz de reagir com maior equanimidade. Com o tempo, você notará que está rindo e gargalhando mais — dizendo *sim* a uma vida sincera. Sua resiliência para o estresse aumentará, permitindo que supere as adversidades com humor, leveza e graça.

** (N.T.) "Dear Abby" é uma das mais antigas colunas de aconselhamento em atividade até hoje. Criada em 1956 por Pauline Phillips sob o pseudônimo "Abigail Van Buren", continua sendo publicada por sua filha, Jeanne Phillips.

Finalmente, se você sentir que precisa de alguma permissão para ativar seu Efeito do Riso, considere-a concedida. É hora de cultivar o lado mais brilhante da vida — de despertar sua faísca interna e brilhar.

No amor e no riso,
Ros

1

A história do riso

Deus tem um sorriso no rosto.

— Salmo 42:5

O riso, o humor e a alegria são vitais na vida e nos guiaram, meros mortais, através de pragas, inundações induzidas pelas mudanças climáticas e pela destruição causada pelos egos indomáveis dos ditadores. Então, vamos começar dissipando quaisquer mitos sobre o valor terapêutico do humor e do riso na forma de tendência, doideira ou coisa de *hippie*, isto é, a menos que você acredite que Adão e Eva sejam assim. A gênese do Efeito do Riso nas tradições judaico-cristãs está, convenientemente, no Gênesis do Antigo Testamento.

A Bíblia é chamada de "Bom Livro" com razão. Em meio aos muitos momentos de fogo e enxofre, há várias referências à felicidade como a verdadeira fonte da riqueza. O Antigo Testamento é um verdadeiro repositório de pérolas prontas para virar memes, que sugerem o valor terapêutico do riso. "O coração alegre serve de bom remédio, mas o espírito abatido virá a secar os ossos" (Provérbios 17:22). "Então a nossa boca se encheu de riso" (Salmos 126:2), uma expressão alegre de redenção, alegria e gratidão a Deus. "Bem-aventurados vós, que agora chorais, porque haveis de rir" (Lucas 6:21). Tais declarações poderiam facilmente ser atribuídas ao guru da meditação Deepak Chopra ou ao Dalai Lama, mas são tão antigas quanto o próprio tempo.

Histórias que refletem a aplicação do Efeito do Riso permeiam a Bíblia, incluindo a matriarca Sara, sem filhos até os noventa anos, que ao descobrir sua gravidez declarou: "Deus me fez rir; todo aquele que ouvir se rirá comigo" (Gênesis 21:6). O filho que ela dá à luz, por instrução de Deus, recebe o nome de Yitzhak (Isaque), que significa "rir" em hebraico. A vida de Isaac esteve longe de ser divertida, atravessando o precipício do infortúnio, embora tenha sobrevivido às adversidades com uma alegria inesperada.

Voltando-nos para o mundo muçulmano e o Islã, há relatos de Maomé rindo e fazendo os outros rirem. Anas b. Mālik, servo do Profeta até sua morte, informou que: "O Profeta era um dos homens que mais brincavam".[1] Ele era constantemente visto sorrindo e ensinou que o sorriso de um irmão para o outro é uma caridade. Moderação, riso e despreocupação também foram defendidos nas Sunnahs — um modelo baseado em ensinamentos e práticas do Profeta — para aliviar fardos, trazer alegria para si e para os outros e aliviar a ansiedade.

O Efeito do Riso não era crucial apenas para as tradições judaico-cristão-islâmicas; foi também um atributo importante de muitas civilizações antigas e culturas indígenas. O humor e o riso eram tão intrínsecos aos povos aborígines e das ilhas do Estreito de Torres que estão embutidos em suas histórias sobre criação do Sonhar, que remontam a pelo menos 65 mil anos. O povo Kamilaroi do norte de Nova Gales do Sul e o do sul de Queensland dizem que Vênus ocasionalmente brilha quando está baixo no céu. Eles acreditam que se trata de um velho que contou uma piada grosseira e está rindo desde então. A ativista e poeta dos Primeiros Povos do século XX, Oodgeroo Noonuccal, também conhecida como Kath Walker, articulou a conexão das risadas dos indígenas com o país como: "Somos os contos maravilhosos do Tempo dos Sonhos, as lendas tribais contadas... Somos o passado, as caçadas e as brincadeiras de rir...".

Muitas atividades incentivavam o riso nas culturas indígenas australianas, desde jogos aquáticos até o futebol. Também se fazia a comunicação lúdica falando "besteiras", fazendo cócegas, rindo e brincando. Palhaços cerimoniais ajudavam a resolver velhas rixas e a manter o controle social, muitas vezes se pintando como animais e infundindo mensagens comoventes na dança e no entretenimento. Um homem conhecido por suas habilidades de palhaço podia assumir um papel primordial em trazer paz às partes em conflito, fingindo ferir os inimigos com sua lança, provocando uma resposta hilária do resto da tribo. As gargalhadas que se seguiam impediam que as partes raivosas cometessem atos movidos pela raiva ou que ampliassem ainda mais os problemas.[2] Eram raras as ocasiões rituais em que o riso e a piada não faziam parte do contexto. Infelizmente, desde a colonização, os jogos indígenas tradicionais foram em grande parte perdidos.

O riso era parte do tecido social de muitos povos indígenas em todo o mundo. "Vigaristas" míticos eram apresentados nas histórias de quase todas as tribos nativas das Américas. Esses trapaceiros contavam histórias que ditavam o comportamento aceitável e inaceitável dentro da tribo, e, embora pudessem ser brincalhões, acreditava-se que possuíam poderes sobrenaturais. Os vigaristas assumiram um papel espiritual na prática cerimonial, aproveitando a crença geral na capacidade do humor de implementar mudanças e curar.[3] Eles dominaram o Efeito do Riso, muitas vezes estragando seus truques, para amplificar as risadas.

Além dos vigaristas, quase todas as tribos tinham um ou dois palhaços próprios. Trabalhando ao lado de um curandeiro, os palhaços ocupavam o terceiro lugar no totem de uma tribo. Os Hunkpapa Sioux tinham palhaços de "alegria" e palhaços de "tristeza", que contribuíam para o bem-estar emocional de cada um dos membros da tribo, realizando danças em cerimônias sagradas. O palhaço da "tristeza" ajudava a diminuir os sentimentos de depressão, enquanto o palhaço da "alegria" aumentava a felicidade. Acreditava-se que as duplas de palhaços mantinham o equilíbrio espiritual da comunidade. Eles tinham a liberdade de expressar emoções que muitos outros membros da comunidade não podiam. Críticos sociais da mais alta ordem, suas mímicas e brincadeiras expunham a hipocrisia e a arrogância, reprimindo comportamentos inadequados e ajudando a manter uma dinâmica social saudável.

De acordo com um ancião nativo americano conhecido como "Granny",

> antes da chegada dos invasores... nós tínhamos palhaços. Não palhaços como você vê agora, com nariz redondo e vermelho e fantasias largas. Nossos palhaços usavam todo tipo de coisa. Qualquer coisa que quisessem, eles usavam. E eles não apareciam de vez em quando para fazer papel de bobo e fazer rir, nossos palhaços estavam conosco o tempo todo, tão importantes para a aldeia quanto o cacique, ou o xamã, ou os dançarinos, ou os poetas.[4]

Assim como na cultura dos Primeiros Povos na Austrália, o riso também se espalhou pelo Ártico como o derradeiro quebra-gelo em muitos jogos inuit canadenses. Eles brincavam de rir para alegrar os ânimos durante os longos e sombrios meses de inverno. Um de seus favoritos era o *Animal muk*, no qual os participantes formam um círculo com uma pessoa no meio que usa apenas sons ou ações de animais para fazer alguém do lado de fora sorrir ou dar risada. Se a pessoa no círculo sorrir, rir ou quebrar o contato visual, ela trocará de lugar para tentar fazer outra pessoa no círculo sorrir ou rir.[5] Na maioria dos jogos, o desejo de encontrar prazer na brincadeira era tão importante quanto vencer.

O riso era intencionalmente encorajado e iniciado, demonstrando a capacidade de uma pessoa de controlar emoções e manter a compostura. O riso também é uma característica principal do canto gutural inuit, *katajjaq*, no qual duas mulheres se enfrentam de perto, sem acompanhamento instrumental, e cantam um dueto. Explosões de riso se misturam com explosões de música — uma expressão natural de boas vibrações e uma apreciação do desempenho de um parceiro. A prática está ressurgindo depois de ter sido reprimida por muitos anos por missionários cristãos. A cultura inuit considerava o riso como o iglu da sociedade. Um velho adágio inuit afirma: "Aqueles que sabem brincar podem facilmente superar as adversidades da vida. E aqueles que podem cantar e rir nunca fazem o mal".[6]

TRADIÇÕES DO RISO

Você tem alguma tradição de riso que tenha sido passada através das gerações?

Em todo ritual familiar anual judaico da Festa da Libertação, uma das músicas finais é a "Chad Gadya" ("Uma pequena cabrita"). Não importa a hora, é quase infalível que esse momento gere surtos de riso quando todos são convidados aleatoriamente a fazer um efeito sonoro. A repetição em cada estrofe sustenta o fluxo de altos e baixos da história judaica como se contada por uma variedade de personagens — gato, cabra, cachorro, gravetos, fogo, água, boi, Anjo de Morte e o Sagrado, o Abençoado. A canção me lembra de um Seder em particular na casa de um amigo. O efeito sonoro do gato era tão realista (EU assumo todo o crédito!) que o pequeno cachorro deles se jogou sobre a mesa para perseguir o "gato". Você provavelmente pode imaginar como ficou a mesa depois disso — foi uma "gatástrofe"!

Passamos agora dos iglus às pirâmides, onde, no Antigo Egito, faraós e rainhas eram entretidos por bobos da corte e bufões. Também é considerado o lar da piada mais antiga do mundo.[7] Uma piada de peido — não estou brincando — da civilização suméria em 1900 a.C., capturada perpetuamente em papiro: "Algo que nunca ocorreu desde tempos imemoriais; uma jovem não peidou no colo do marido".

E aqui está uma piada que eu gostaria de dividir:

Como Cleópatra estava ao saber que seria rainha do Egito? Ela estava em negação.

Antigas civilizações orientais também empregaram o Efeito do Riso. Em toda a China, na Coreia e no Japão havia palavras dedicadas a bobos da corte, acrobatas, malabaristas e artistas. Na China, registros de rituais de riso datam da dinastia Shang (1600-1050 a.C.). *Huaji*, uma palavra-valise composta por *hua* (escorregadio) e *ji* (um movimento oscilante), descrevia artistas que usavam trajes assimétricos em vermelho e preto e se divertiam com uma variedade de atividades frenéticas para animar e entreter. Seus esforços eram considerados indispensáveis, fazendo a mediação entre os imperadores na Terra e nos céus, na esperança de estabelecer boas relações para os recém-falecidos.

Na Coreia, tigres vigaristas são considerados figuras importantes no folclore e eram comuns em festivais, causando estragos com seus truques atrapalhados, resultando em risos. E se você pensou que os jogos com bebidas eram uma novidade das festas atuais, preste atenção. A Coreia classifica o *juryeonggu* como o jogo de bebida mais antigo do mundo. Uma escavação arqueológica na década de 1970 descobriu um dado de catorze lados datado de cerca do século VII d.C. As instruções do lado 4 são traduzidas como "Beba um copo grande e ria alto", o que dá um novo significado à ideia de manter os espíritos ancestrais felizes.

Passemos agora a um país que nos presenteou com o *karaoke*, Nintendo, *anime* e o *sushi*, entre muitas outras coisas — o Japão. No *Warai Matsuri* — festival celebrado até hoje na cidade de Hidakagawa, no distrito de Wakayama —, um palhaço chamado *Suzu-furi* segura um sino e faz as pessoas rirem, além de gritar: "Risada! Risada!". Acredita-se que rir afasta os maus espíritos.

Do antigo Oriente à Grécia Antiga, onde o poeta épico Homero (não o Homer Simpsons!) escreveu há 2.800 anos em passagens da *Ilíada* e da *Odisseia* que diziam que o Monte Olimpo ressoava com o riso dos deuses como "a exuberância de sua alegria celestial após o seu banquete diário". Na *Odisseia*, Odisseu diz ao Ciclope que seu nome verdadeiro é "Ninguém". Quando Odisseu instrui seus homens a atacar o Ciclope, o Ciclope grita: "Socorro, ninguém está me atacando!". Ninguém veio ajudar. É como as linhas do esquete "Quem está na primeira base?", de Abbott e Costello.

Como parte do processo de cura, os médicos gregos costumavam prescrever uma visita ao salão dos comediantes. Você imagina algum médico sugerindo isso hoje? Os antigos gregos podem até se orgulhar de seu próprio "filósofo da gargalhada", Demócrito — conhecido por rir das loucuras humanas. Além de ser um dos fundadores da antiga teoria atomista, ele buscou entender o que faz alguém feliz. Ele declarou que a felicidade e a alegria eram o objetivo mais elevado e nobre de todos. Seria difícil encontrar um indivíduo mais alegre e de olhos faiscantes do que Demócrito. Curioso? Procure a imagem dele no Google. No entanto, sua disposição alegre levantou algumas sobrancelhas em sua cidade natal, Abdera. Tanto que os moradores recorreram ao grande médico Hipócrates — aquele, do famoso juramento de Hipócrates — para avaliar se as risadas frequentes de Demócrito eram patológicas ou alguma forma de loucura. Certamente que tal estado não era natural!

Em seguida, temos a Roma Antiga, onde chegamos ao advogado, estadista e escritor Cícero, conhecido por sua sagacidade. O julgamento romano decretou que ele era "engraçado demais para o seu próprio bem". Na verdade, Cícero foi classificado como "viciado em risos". Ele acreditava que o humor era uma característica definidora da sociabilidade que aprimorava os relacionamentos, reforçava as normas comunitárias compartilhadas e fortalecia a figura pública de alguém. Você deve estar se perguntando: "O que os romanos já fizeram por nós?". Bem, além de aquedutos, irrigação, esgoto, educação, estradas, remédios e vinho, eles também nos deram o primeiro livro de piadas documentado do mundo — o *Philogelos* (ou *O amante engraçado*), um compêndio de piadas que data do século IV ou V d.C. Algumas delas ainda têm fôlego e são reformuladas por comediantes até hoje. Uma refere-se a uma famosa réplica proferida por Herodes Arquelau. O barbeiro da corte, renomado tagarela, perguntou-lhe "Como devo cortar seu cabelo?", ao que Arquelau respondeu: "Em silêncio".

Várias centenas de anos depois, o imperador romano se foi, mas o riso permaneceu — um desafio para a Igreja Católica Romana, que fez o possível para extinguir a alegria. Paradoxalmente, foram os monges medievais os encarregados de transcrever as cerca de 260 piadas do *Philogelos.*

Os romanos demonstraram uma inclinação para o humor negro, gargalhando sobre questões contemporâneas da época, como a crucificação. Outra lenda do riso que vem dos tempos romanos é o Dia da Mentira, remontando ao antigo feriado de Hilaria. Isso confirma uma suspeita minha de que se houvesse um Deus do Humor, ele/ela/eles definitivamente se chamaria Hilários. Parece que os romanos sempre olharam para o lado bom da vida.

No século XIII, inspirado por Aristóteles, São Tomás de Aquino decretou que o riso era permitido aos cristãos sob certas condições espirituais. Foi sancionado por ser um comportamento distintamente humano, e não tão bestial e animalesco como muitos críticos acreditavam. Mal sabiam eles que, séculos mais tarde, haveria uma descoberta revolucionária sobre todos os tipos de criaturas que sorriam, incluindo ratos. Até a realeza gostava de rir. Diziam que Richard Tarleton, um bobo da corte, era quem mais cuidava da saúde da rainha Elizabeth I — melhor que seus próprios médicos. Quando ela perdia seu bom humor, ele a fazia rir, curando sua melancolia melhor do que todos os seus médicos.[8] E outra rainha, Maria, foi apresentada ao riso como cura desde cedo na vida. Atormentada por problemas de saúde, Maria recebeu uma carta de sua mãe, Catarina de Aragão, que revelava: "Um pouco de conforto e alegria deve, sem dúvida, representar metade de sua saúde. Eu comprovei por experiência própria quando estive doente na mesma enfermaria e sei quanto isso pode fazer de bem".[9] Jane Fool, a companheira de confiança da Rainha Maria I por pelo menos vinte anos, era tão valiosa para o bem-estar de suas senhoras que lhe foi presenteado um guarda-roupa melhor que o das próprias cortesãs da rainha.

Sem o conhecimento científico que temos agora, os bobos distribuíam involuntariamente doses de dopamina, oxitocina, serotonina e endorfinas. Era uma época jovial para os bobos da corte, que muitas vezes eram agraciados com os papéis principais nas peças de Shakespeare. O mais famoso foi o bobo do *Rei Lear*, que funciona como a consciência interior do rei. Na peça, o bobo é descrito como "um sujeito de brincadeira infinita, de imaginação excepcional". Geralmente sábios e inteligentes, acreditava-se que os bobos de Shakespeare eram o porta-voz do Bardo, iluminando questões pertinentes. *A Hundred Merry Tales* (*Cem contos alegres*), também conhecido como *Shakespeare's Jestbook* (*O livro de piadas de Shakespeare*), foi impresso pela primeira vez em 1526 e é o primeiro exemplo conhecido de um livro de piada em inglês. Cheio de histórias rudes, mas espirituosas, de clérigos imprudentes e hipócritas, mulheres vulgares e galeses obscuros, tinha até a reputação de ter sido lido para a rainha Elizabeth I em seu leito de morte. Só podemos esperar que ela tenha feito sua passagem com um sorriso no rosto.

Antes da Revolução Industrial britânica, o químico da Cornualha Humphry Davy e seu chefe, o médico inglês Thomas Beddoes, reuniam-se em uma sala de estar. Eles estavam ruminando sobre quais gases poderiam ser importantes para a saúde pulmonar. O gás específico em questão era o óxido nitroso. Longe de ser estéril, o laboratório de Davy era o lugar certo. Poetas, dramaturgos, médicos e cientistas se reuniam em suas famosas festas de N^2O (óxido nitroso). Sim, você leu corretamente. Os convidados recebiam uma baforada de óxido nitroso — também conhecido como gás hilariante — de um saco de seda verde. Esses experimentos científicos fizeram parte das primeiras pesquisas sobre como o óxido nitroso afetava o cérebro, levando a um dos avanços médicos mais significativos do século XIX: a anestesia. Os convidados descreveram estados de êxtase e risadas involuntárias, gritando: "Me dê mais, me dê mais; esta é a coisa mais prazerosa que já experimentei". Enquanto [outros] subiam e desciam correndo pelas escadas e por toda a casa, dizendo coisas estranhas que esqueceriam mais tarde.[10]

Nesses casos, o efeito foi induzido, mas você ficará aliviado em saber que, nos próximos capítulos, compartilharei com você ferramentas que lhe permitirão acessar naturalmente os benefícios do riso, sem a necessidade de ficar doidão com N^2O.

Durante o século XIX, o naturalista inglês Charles Darwin dedicou um tempo substancial à pesquisa dos efeitos do riso, tanto que é surpreendente que ele não seja mais conhecido pelo aspecto evolutivo do sorriso e da risada. Darwin queria criar uma representação visual do riso em ação. No entanto, tirar uma fotografia ainda estava a décadas de distância, e o longo tempo de exposição necessário para capturar algum movimento resultava em fotografias borradas. Em vez disso, ele se apoiou em contemporâneos da época, incluindo o neurologista francês Guillaume Duchenne, que compilou uma extensa coleção fotográfica de pessoas sorrindo. (Falaremos mais sobre seus métodos terríveis mais tarde.) Duchenne tinha um macaco de estimação e disse a seu amigo Darwin que o via sorrir com frequência. Em um esquema informal de pegar emprestado um macaco de estimação do amigo, Darwin conduziu seus próprios experimentos empíricos e se deleitou em observar suas risadas e seus sorrisos.

> Se um chimpanzé jovem recebe cócegas — e as axilas são particularmente sensíveis às cócegas, como no caso das crianças —, é emitido um som mais claro de riso ou de gargalhada; embora o riso às vezes seja silencioso. Os cantos da boca são então puxados para trás; e isso às vezes faz com que as pálpebras inferiores fiquem levemente enrugadas... Os dentes da mandíbula superior do chimpanzé não ficam expostos quando emitem seu som de riso, aspecto em que diferem de nós. Mas seus olhos faíscam e ficam mais brilhantes.

As descobertas de Darwin o diferenciavam de Aristóteles, que afirmava que os humanos eram as únicas criaturas que riam. Fascinado pelo riso humano, Darwin observou meticulosamente o efeito visceral do riso no corpo e na mente:

> Durante o riso excessivo, todo o corpo muitas vezes é jogado para trás e treme, ou quase tem convulsões. A respiração é muito perturbada; a cabeça e o rosto ficam irrigados de sangue, com as veias dilatadas; e os músculos orbiculares são contraídos espasmodicamente para proteger os olhos. As lágrimas são derramadas livremente... portanto... dificilmente é possível apontar qualquer diferença entre o rosto manchado de lágrimas de uma pessoa após um paroxismo de riso excessivo e após um ataque de choro sofrido.[11]

Documentando o que hoje conhecemos como Efeito do Riso, Darwin conviveu com os chimpanzés, observando que durante o riso moderado quase não havia contração dos músculos ao redor dos olhos. Ele também notou que os macacos não derramavam lágrimas quando riam, concluindo que lágrimas de riso são uma característica definitivamente humana. Ele observou cegos e surdos rindo sem nunca ter ouvido ou visto, provando ser um comportamento inato. Darwin também notou que uma expressão de intensa alegria leva a vários movimentos sem propósito — dançar, bater palmas, bater os pés e gargalhar alto. Não é de admirar que tantas instituições tenham tentado conter o riso. Dançar pode levar não apenas ao sexo, mas também ao — pasmem! — riso.

Seu conjunto de trabalhos combinados sugere que o riso está inerentemente ligado à nossa evolução de primatas a espécies de ordem superior. Então, como o último elo nesta cadeia de evolução, só nos resta rir — há um imperativo genético.

• • • • • • • •

Nas décadas de 1930 e 1940, durante o pior da epidemia de poliomielite, alguns hospitais americanos contrataram mágicos, palhaços e cantores para entreter crianças que ficaram presas a pulmões artificiais por mais de duas semanas. Enquanto seus corpos estavam imobilizados, seus pulmões e seus músculos faciais se exercitavam com o riso. Uma pequena alegria para sua realidade sombria.

O que um gelotologista faz?

a. Desenvolve novos sabores de gelato italiano

b. Cria sobremesas suculentas

c. Estuda o humor e a risada

Certamente esta é a resposta correta que você escolheu: c. Estuda o humor e a risada. Gelotologia vem da raiz grega *gelos*, que significa "rir".

Seguindo para os Swinging 60's (termo usado para descrever a efervescência cultural e o modernismo de costumes da cidade de Londres a partir da segunda metade dos anos 1960), vemos o estabelecimento formal da ciência do riso em março de 1964 pela sociolinguista dra. Edith Trager — nomeando-a Gelotologia. A partir de então, o dr. William Fry, professor de psicologia da Universidade de Stanford, na Califórnia, assumiu o bastão do riso. Conhecido como o Pai da Gelotologia, Fry publicou vários estudos importantes sobre a fisiologia do riso na década de 1970. Um deles equiparou o riso a um "*jogging* interno", descobrindo que um minuto de riso equivalia a dez minutos na máquina de remada. Portanto, se você quiser entrar em forma, comece a rir, e discutiremos isso mais adiante no capítulo 3.

Uma pessoa que não conseguia o equivalente a dez minutos de riso, ou que não rebolava muito, foi o dr. Norman Cousins. Em 1964, ele estava em um hospital, imobilizado pela doença debilitante espondilite anquilosante, uma forma de artrite que afeta a coluna vertebral. Na pior das hipóteses, Cousins era quase incapaz de mover a mandíbula. Recusando-se a aceitar a sentença de morte de seu médico, ele tomou sua cura nas próprias mãos. Ele se inspirou em livros que diziam que as emoções negativas, como a frustração e a raiva reprimida, estavam ligadas à exaustão adrenal, e assim Cousins supôs que o oposto seria verdadeiro — que emoções positivas como o amor, a esperança e a fé gerariam benefícios para a saúde. Ele também estudou a química do cérebro e teve mais do que um palpite de que a terapia do riso poderia ajudar.

Com a bênção de seu médico, Cousins teve alta do hospital, contratou uma enfermeira e se hospedou em um hotel. Suplementando enormes quantidades de vitamina C com doses de comédia — *A Subtreasury of American Humor* (*Subtesouro do humor americano*), de EB White, *Candid Camera* (*Câmera escondida*), irmãos Marx e O Gordo e o Magro —, ele escreveu mais tarde: "Fiz a feliz descoberta de que dez minutos de gargalhada genuína tiveram um efeito anestésico e me davam pelo menos duas horas de sono sem dor". Para espanto de seu médico e do hospital, Cousins teve uma recuperação milagrosa e passou os vinte anos seguintes ensinando os méritos do humor e do riso na cura na Universidade de Los Angeles (UCLA). Trabalhando com pacientes com câncer, os estudos de Cousins descobriram que a sensação de bem-estar do paciente pode afetar positivamente o funcionamento do sistema imunológico e a produção das células T que combatem o câncer. Seu livro inovador, *Anatomy of an Illness* (Anatomia de uma doença, 1979, sem edição no Brasil), baseado em suas próprias experiências, preparou o cenário para a crescente pesquisa atual sobre humor e riso.

Em 2021, Hunter Doherty "Patch" Adams, o médico palhaço mais famoso do mundo, foi indicado ao Prêmio Nobel da Paz. Ele chegou aonde nenhum outro médico foi. Suas travessuras lúdicas inspiraram o filme *Patch Adams*, de 1998, estrelado pelo lendário comediante Robin Williams. O filme é baseado nos desafios do próprio Patch com suas doenças mentais e sua saúde, o que o levou a concluir que "o paciente também é seu médico". Seus métodos bizarros, como tirar o palhaço do circo e levá-lo para uma enfermaria de hospital, entraram em conflito com o sistema médico, e em 1971 ele resolveu o problema do riso com as próprias mãos e fundou o Instituto Gesundheit! na Virgínia Ocidental. Ele transformou milhares de vidas, distribuindo amor e sorrisos para promover a cura e o bem-estar. Patch era um visionário e em 1984, quando o financiamento acabou, não desistiu.

Vestido com roupas coloridas, cheio de amor e equipado com muitos balões de gás, Patch reuniu uma equipe de Gesundheit, os Global Outreach Clowns (GO!CLOWNS) e, a começar da antiga União Soviética em 1985, usou a "diplomacia nasal vermelha" para levar o Efeito do Riso a hospitais, orfanatos, instituições de cuidados a idosos e até às ruas. Com seu alegre bando de palhaços médicos, ele desenvolveu clínicas para prestar cuidados humanitários e médicos nas regiões mais necessitadas e atuou em mais de setenta países. Isso foi maravilhoso para cerca de 90% da população em geral, mas não tão bom para a minoria que sofria de coulrofobia.

O que é coulrofobia?

a. Desgosto intenso por couve-flor

b. Medo de palhaços

c. Temer ser confinado em um espaço exíguo

Se você chutou b, acertou: medo de palhaços.

Coulrofobia deriva da palavra grega antiga, *coulro*, para "aquele que anda com pernas de pau". Os sintomas do medo de palhaços incluem sudorese, náusea, sensação de pavor, batimentos cardíacos acelerados, choro, gritos ou raiva por ser colocado em uma situação em que um palhaço está presente.

De sapatos gigantes e doses de pastelão, agora subtraímos o lado cômico da terapia do riso para revelar a mais nova vedete do espetáculo, a Ioga do Riso. Essa prática contemporânea do riso não baseada no humor desafia a suposição de que um sorriso ou uma risada precisam ser gerados externamente, ou que dependam de uma situação humorística para que o riso seja gerado. Em vez disso, concentra-se no riso para sua saúde, quando o riso tem origem no corpo, o que depois influencia a mente e, ao fazê-lo, altera sua bioquímica. Como exploraremos mais adiante, isso tem uma influência positiva no corpo, na mente e na alma.

Popularizada na Índia pelo dr. Madan Kataria (também conhecido como Dr. K), em 1995, a Ioga do Riso está imersa na filosofia oriental. Ela combina exercícios de respiração profunda, os chamados *pranayamas*, palmas, canto *ho ho, ha ha ha* e exercícios simulados de riso. Você não precisa viajar para a Índia para rir disso; a Ioga do Riso se tornou um movimento mundial crescente, com dezenas de milhares de estúdios e sessões *on-line* dedicados a ela. É um antídoto ideal para nossa vida cheia de estresse ou para quando rir é a última coisa no mundo que temos vontade de fazer, como durante uma doença ou outras circunstâncias pessoais mais desafiadoras.

• • • • • • • •

Desde os tempos bíblicos até hoje, desde as culturas mais místicas até as civilizações ocidentais, o efeito cascata do riso é amplo. Isso não quer dizer que não houve estraga-prazeres ao longo do caminho, mas sim que o dom inato do riso sempre vence, mantendo indivíduos e culturas fortes e resistentes. O mundo seria um lugar diferente se não fosse pelo Efeito do Riso. Como escrevem os salmistas, "Aquele que está sentado no céu rirá". Ou, como eu diria, o riso é a expressão máxima do céu na Terra.

2

Rimos para ~~sobreviver~~ prosperar

Quem ri dura mais.

— Mary Pettibone Poole

O Efeito do Riso, englobando inclusive o sorriso comum, pode ser testemunhado nos primeiros estágios de nosso desenvolvimento. Nós fazemos *ha ha* antes de dizer *da da* ou *ma ma*. Não importa qual seja sua origem, idade ou em qual lugar você esteja no mundo, todos nós sorrimos e rimos na mesma língua. Um sorriso ou uma gargalhada compartilhada cumpre um papel evolutivo de sobrevivência. É um recurso interno crítico concedido a cada um de nós. Um sorriso otimiza nossas chances de sobrevivência, é uma demonstração visual de amor, melhora o vínculo com nossos cuidadores e aumenta a chance de atenção. Não surpreende, portanto, que o riso e o humor tenham sido fundamentais para a evolução humana.

Quanto mais positivas forem as interações precoces de sorriso e do riso com seus pais ou responsáveis, mais segura e amada a criança se sentirá. Assim se estabelecem as bases para o gerenciamento de respostas emocionais ao longo da vida. Quanto mais forte for esse "andaime" de riso/sorriso, melhor, caso contrário algumas experiências ruins podem resultar em seu desabamento, como uma torre de Jenga. Isso pode acarretar em menos confiança para rir livremente e sem medo de julgamento e criar uma supressão inconsciente do riso. Famílias dominadas por raiva, desinteresse ou distanciamento geralmente têm menos oportunidades para que a criança "apronte", brinque e ria. O Efeito do Riso contribui para uma atmosfera mais calma e amorosa no lar, o que aumenta as chances de relacionamentos funcionais mais tarde na vida.[1]

Sou grata pelo papel importante que o riso desempenhou na minha vida, tanto no meu apego emocional aos outros durante a infância como no apego aos meus próprios filhos. Isso é algo que percebi mais do que nunca quando meu segundo filho veio ao mundo com pulmões saudáveis, brutos o suficiente para tocar trompete (o que ele realmente faria mais tarde). Na minha primeira noite sozinha com ele no hospital, eu olhava com adoração para aquele pequeno milagre, imaginando qual deveria ser o nome dele. Ainda maravilhada com sua entrada no mundo, com o saco amniótico intacto, quando ele sorriu (o que pode ter sido ou não causado pelo vento), e assim foi decidido. Como seu ancestral bíblico e bisavós de ambos os lados, esse menino assumiria o nome de Zak, abreviação de Yitzchak — que significa "rir". Foi uma escolha visionária: sem ter visto aquele sorriso, eu teria desmoronado sob a pressão de oito meses muito difíceis.

Sempre que ele compartilhava um sorriso com suas gengivas ou uma risadinha — ZAP! —, as noites sem dormir, o fluxo interminável de fraldas e o choro indiscriminado eram esquecidos, e eu ficava novamente sob o feitiço do amor, à sua disposição. Isso é o que acontece — pequenos seres inteligentes. Minhas dopamina, oxitocina, serotonina e endorfinas ficaram loucas, graças ao sorriso largo de Zak.

Em termos comportamentais, primeiro vem o sorriso, depois vem a primeira risada do bebê — um sinal tranquilizador e alegre de que ele está saudável, feliz e de que está tudo bem. É um alegre ciclo de *feedback* que aumenta a conexão e o afeto, um momento capturado para a posteridade num álbum de bebê (ou, pela geração atual de pais, no Twitter, Instagram ou TikTok — ou todos os anteriores). No entanto, nada se compara à Cerimônia do Primeiro Riso do Nativo Americano Navajo (conhecido como Diné), *A'wee*

Chi'deedloh. Para os navajo, a primeira risada de um bebê é vista como sinal de que o bebê transcende à sua existência espiritual e indica maturidade para se juntar à família e à comunidade na vida e no amor. A partir dos três meses, seus responsáveis e outros membros da família competem entre si para provocar a primeira risada sagrada de cócegas, esconde-esconde, cutucadas e caretas. Quem vencer organiza uma Cerimônia da Primeira Risada para celebrar a transição bem-sucedida do bebê para o mundo. Como sinal de respeito à família em que nasceu e para honrar o mundo espiritual, o bebê é considerado o anfitrião cerimonial, e cada convidado recebe um prato de comida, sal-gema (simbolizando as lágrimas derramadas pela perda ou pela tristeza e a conexão com a terra) e um saco de guloseimas. O desejo expresso é que o bebê sempre vivencie a união entre familiares e amigos ao longo da sua vida.

O riso é um animal social — sempre ávido por companhia. Em um estudo com crianças em idade pré-escolar, elas riram em média oito vezes mais quando estavam na companhia de outras pessoas assistindo a desenhos animados do que quando estavam sozinhas — e sorriram quase três vezes mais.[2] O papel de vínculo social do riso aumenta a conexão entre adultos e crianças e os incentiva a estar plenamente presentes na companhia um do outro. Isto é, exceto se o responsável estiver distraído, não pelo rosto risonho do bebê, mas por uma tela inanimada. Não demora muito para que uma criança avalie sua falta de envolvimento como desinteresse. Um estudo descobriu que a expressão de um bebê muda se seu estado emocional não é reconhecido por mais de três segundos.[3] Apenas três segundos! Mas, do ponto de vista de uma criança, isso é uma vida inteira. Nossa atenção é constantemente sequestrada por mensagens de texto, sinais sonoros, caixas de diálogo, e assim por diante. Em face disso, onde ficam nossas crianças? Podemos ter uma atitude multitarefa enquanto cuidamos delas? Para o desenvolvimento social de um bebê ou uma criança, o contato visual e a atenção total são cruciais. No entanto, cada vez mais, os parques infantis estão cheios de crianças nos brinquedos, enquanto os pais ou cuidadores próximos estão agarrados a seus celulares. Nem sempre podemos dar 100% da nossa atenção aos nossos filhos, mas precisamos ter cuidado, pois, na contagem de *um gato e um cachorro, dois gatos e um cachorro, três gatos e um cachorro*, um precioso momento de conexão pode ser perdido.

Desenvolvendo nossa marca de risada

As crianças aprendem se inspirando no comportamento dos outros, e o estilo de risada que captam é um desses comportamentos. Não temos apenas voz e estilo único de falar, mas também temos nossa própria "marca do riso". O riso é algo individual como a própria pessoa e é moldado pelo ambiente. Um estilo de risada mais alto pode ser um requisito para capturar a atenção em uma casa barulhenta, enquanto em uma casa menos movimentada a risada pode ser sussurrada e ainda assim alcançar a atenção desejada. Ao longo dos anos, as pessoas compartilharam comigo suas risadas familiares. Uma das mais engraçadas foi a de uma mulher que entrou para uma família na qual os três irmãos e o pai compartilhavam a mesma risada — a do cachorro sarnento do desenho animado Xodó da Vovó, de onde deriva a famosa risada ofegante de Muttley. Outra mulher me contou que, para sua surpresa, sua filha apareceu com uma réplica da gargalhada de seu avô — que ela vira apenas algumas vezes.

Em todas as culturas, nós rimos, gargalhamos, uivamos, rugimos, bufamos, urramos, gritamos, rimos baixinho e cacarejamos — este último presumivelmente derivado da palavra "cack-innate" (algo como "nascer já cacarejando"), que significa rir alto. (Onde essa palavra preciosa esteve escondida durante toda a minha vida?) Nossa formação cultural molda nossa marca de riso. Muitas culturas asiáticas têm uma marca de risada introvertida. A etiqueta social determina, especialmente para as mulheres, que é muito mais educado rir por trás das mãos, já que mostrar os dentes é "indelicado para uma senhora". Uma prática comum em vários países asiáticos era que as mulheres tingissem os dentes de preto (ato conhecido em japonês como *ohaguro*), considerado um símbolo de *status* e uma forma de prevenir a cárie dentária. Embora essa prática tenha saído de moda, talvez em parte tenha servido para eliminar evolutivamente um sorriso cheio de dentes. O confucionismo, que ensina que as demonstrações públicas de emoção devem ser reprimidas para "preservar a face", influenciou a etiqueta coreana. Muitas mulheres coreanas não apenas cobrem a boca sempre que riem ou sorriem, mas até hoje ainda desviam a cabeça para o lado.

Isso contrasta fortemente com o povo Mbuti da Floresta Ituri, localizada na República Democrática do Congo. Sua risada é física ao extremo. O antropólogo e escritor britânico-americano Colin Turnbull, o único autor ocidental conhecido por ter testemunhado o riso dos Mbuti, observou-os deitados e chutando o ar, ofegando e tremendo em explosões de franca alegria. Embora isso possa parecer exuberante, para esses povos indígenas isso é normal.

Ao longo da vida, somos expostos a uma imensidade de risadas, mas todos temos nossa risada preferida. Eu sou uma Risoleta e tenho sido assim desde os meus dias de escola. Há risadas baseadas em lugares — envergonhadas, silenciosas, sedutoras, penetrantes, aliviadas, ansiosas, acústicas, para citar apenas algumas. Depois, há o roncador, a pessoa que ri tanto que ronca e depois ri porque roncou. Esse comportamento tem nome: roncalhada. Eu amo roncalhadores!

Riso involuntário

Como o riso é um comportamento que não está sob controle consciente, na maior parte das vezes concluímos que por isso sua complexidade é baixa e que é algo corriqueiro.

No entanto, o riso é uma das coisas mais complicadas que o nosso corpo realiza, o que o torna ainda mais notável nas crianças, antes de o cérebro estar totalmente desenvolvido, e no final da vida, quando, para muitos, as funções cognitivas já diminuíram bastante. Trata-se de um processo neurológico em grande parte involuntário: nosso cérebro decide, com base no que vê ou ouve, se está com vontade de rir. Ele não se preocupa em consultar processos de pensamento, o que pode resultar em algo embaraçoso se você estiver almoçando no trabalho e alguém disser algo pouco apropriado ou tiver um rompante durante a refeição. Antes que a sua sensibilidade entre em ação, o riso irrompe da sua boca e até das suas narinas. A culpa é do seu hipocampo, não do seu colega. O hipocampo é um dos principais atores e faz parte das cinco áreas do cérebro humano envolvidas na produção do riso e na avaliação do humor, e que determina nossas respostas emocionais. Outros agentes de destaque são o lobo frontal do cérebro e o sistema límbico, que abrange hipocampo, amígdala, tálamo e hipotálamo. O lobo frontal é dividido em hemisférios esquerdo e direito. O Esquerdinha determina quais sons, imagens ou experiências são engraçadas. O nosso criativo Destrinho determina se uma situação ou uma piada é engraçada ou não.

O sistema límbico é um legado do nosso antigo cérebro primitivo, responsável por emoções básicas como medo, raiva e prazer. Ele está envolvido nas respostas do corpo necessárias para a sobrevivência humana, incluindo alimentação, luta, fuga e também um palavrão que começa com "f" associado à reprodução. Ele se inspira no lobo frontal, avaliando se deve "rir ou não rir", como Shakespeare pode ter dito. Ou então sinaliza o processo físico do riso em formação, ou não. Quanto mais rimos, mais potente é o treino que nosso sistema límbico recebe.

Tomando o riso em suas próprias mãos

À medida que entramos na Era da Maturidade — também conhecida como idade adulta —, mais precisamos resolver o problema com as próprias mãos. Se você pesquisar no Google *Quantas vezes as crianças riem por dia em comparação com os adultos*, alguns resultados proclamarão algo entre 300 e 400 vezes, enquanto os adultos riem apenas de dez a doze vezes. Ainda preciso encontrar as evidências para confirmar essa afirmação. Nos poucos estudos que descobri que examinaram a frequência do riso em crianças e adultos, o número de risadas não bate.

Em minha busca para descobrir a média diária de risadas, uma pergunta que coloco a muitos dos meus públicos é: *quantas vezes, em média, você ri por dia?* Quando faço isso, estou perguntando sobre momentos de gargalhadas, em vez de um *rá* solitário ou uma risada interna (em inglês, usa-se a sigla LOTI, "laughing on the inside"). Acho que a maioria dos membros do público raramente, ou nunca, considera a frequência com que ri.

MEÇA SUA FREQUÊNCIA DE RISADAS

Quantas vezes, em média, você ri em um dia?
Há alguma diferença entre os dias da semana e os finais de semana?
Quais condições contribuem para que você tenha um dia de gargalhadas?

Descobri que dois grupos demográficos atingem e superam consistentemente as dez a doze vezes por dia: educadores da primeira infância e funcionários de lares para idosos. A alegria é parte de seus trabalhos diários. Está especialmente presente em ambientes infantis, que em geral são altamente propícios ao riso, onde há muito contato visual e proximidade, quando as pessoas sentam juntas no chão da sala de aula ou em carteiras compartilhadas ou bem próximas umas das outras.

Mas por que é que normalmente as crianças riem muito mais do que os adultos? Centenas de razões foram colocadas para mim ao longo dos anos: as crianças não têm dívidas, responsabilidades ou estresse exagerado; elas são menos autoconscientes, estão experimentando as coisas pela primeira vez, vivem o momento, são desinibidas; os adultos têm que trabalhar ou se levam muito a sério.

Há um fundo de verdade na maioria dessas avaliações, mas é um equívoco pensar que a vida das crianças é desprovida de estresse. Elas podem não ter estresse adulto, mas têm "estresse infantil": alguém roubando seu almoço; um valentão que as provoca; talvez um pai ou responsável que raramente está em casa, então elas sentem falta do vínculo vital, da percepção, da brincadeira ou do banho; ou vivem em um ambiente caracterizado por brigas e falta de amor. O estresse acompanha todas as fases da vida.

O que ainda precisa se desenvolver na infância é a camada de análise crítica que os adultos aplicam ao riso. Com o condicionamento também surge uma sensação de vulnerabilidade: aquela sensação de estar nu e exposto quando nos soltamos ou somos tolos. Em resposta, modificamos nossos pensamentos e nossas ações por medo do que as pessoas possam pensar de nós, em vez de agir como faríamos se ninguém estivesse nos olhando ou nos julgando.

As crianças riem de coração aberto. Elas não pensam sobre isso, apenas fazem. Nos adultos, o riso se torna uma construção intelectual que vem do cérebro. Embora o riso seja um comportamento subconsciente e inato, ao longo do tempo e em resposta a sugestões do nosso ambiente externo em relação aos costumes sociais, nossa mente consciente substitui a natureza de espírito livre do riso. Pensamos *no* riso e não *rimos*. Nós avaliamos o benefício ou o déficit de riso fora de hora. *É apropriado rir agora? O que as pessoas vão pensar de mim? Tenho certeza de que elas estão rindo de mim, não comigo. Estou em um trabalho sério agora, e meu chefe vai pensar mal de mim se parecer que estou me divertindo demais.* E assim seguimos até que, com o tempo, nossa resposta de gargalhada se torna cada vez mais subjugada e reprimida. Então, um dia, somos expostos a uma situação engraçada, e adivinhe? Nós rimos? Não. Descemos tanto na toca do coelho da seriedade que, em vez de uma explosão de risos, dizemos: "Que engraçado!". Ou, se algo ainda mais engraçado acontecer, soltamos uma argumentação: "Isso é muito engraçado!". Não foi apenas o nosso almoço que foi roubado: foi a capacidade desinibida de expressar nosso estado natural de alegria.

• • • • • • • •

Nas centenas de programas de riso que apresentei ao longo dos anos, perguntei aos participantes não apenas quantas vezes por dia, em média, eles riam, mas também por que gostam de rir e como o riso os faz sentir. Quer fossem funcionários públicos, gerentes de banco, professores, faxineiros, crianças, idosos, doentes ou saudáveis, vários temas comuns surgiram. Uma ampla gama de razões foi dada, incluindo que isso faz as pessoas se sentirem bem; que é divertido, relaxante e alivia o estresse; resulta em sentir-se vivo e energizado; deixa-as de bom humor; rir lhes lembra da infância e as distrai das preocupações do mundo; isso as ajuda a esquecer os problemas; e as auxilia na concentração, a dormir e a se conectar melhor com os outros; e às vezes porque é melhor do que a alternativa: chorar. Numa sessão, um participante até descreveu uma boa risada como um "orgasmo mental"!

No entanto, uma resposta se destacou muito longe do científico: "Porque me faz feliz".

Irmã Serotonina

Eu me lembro de uma época da minha vida em que riam de mim, o que me deixou muito desconfortável. Qual é a melhor estratégia para adotar se eu sentir que isso está acontecendo novamente?

A maioria das pessoas já experimentou isso em algum momento de sua vida. Tente não se concentrar na experiência negativa do riso. Lembre-se de que foi um momento isolado no tempo. Em vez disso, volte-se ao seu lado risonho (o aspecto de você mesmo que ri livremente e está alinhado à leveza), expressando-o quando você está com uma companhia amorosa e sem julgamentos. Talvez você possa chegar a um ponto em que achará engraçado (ou absurdo) que riam de você.

É aqui que a coisa fica interessante. Se o riso é um atalho para a felicidade, por que não rimos mais? Queremos ser felizes — ansiamos por isso. "VIDA, LIBERDADE E A BUSCA DA FELICIDADE" é o que está escrito na Declaração de Independência dos Estados Unidos. Por que, então, o riso é deixado ao acaso ou esquecido? É como uma dieta que sabemos que é boa para nós, fazemos por um tempo e depois desistimos. Ou talvez seja porque há menos oportunidades de envolvimento social na nossa sociedade cada vez mais "centrada no eu", em oposição à sociedade "centrada no nós". Estamos mais isolados socialmente. Vivemos numa era em que celulares, *notebooks* e *tablets* substituem os cinemas ou o hábito de assistir televisão na sala de estar de nossa casa. Em locais de trabalho com baias, os rostos ficam escondidos atrás de uma tela de computador com interação social mínima, e, nos últimos tempos, mais pessoas estão trabalhando em casa (*home office*), interagindo virtualmente com colegas de trabalho, com oportunidades de risadas ocasionais no cafezinho diminuídas. O outro remédio que buscamos cada vez mais é a variedade farmacêutica de comprimidos branquinhos — um meio de anestesiar nossa dor e restaurar o equilíbrio.

• • • • • • • •

A vida nem sempre é um poço de risadas. Não foi projetada para ser. Se estivéssemos rindo o tempo todo, por mais instigante que isso possa parecer, não apenas seria exaustivo, mas também não haveria demarcação entre os altos e baixos da vida. Eventualmente, você precisa superar as experiências de LOL (rir alto) com mais risadas, para fazê-las únicas. Isso pode ser explicado pelo que a professora de psicologia Sonja Lyubomirsky chama de nosso "ponto de ajuste de felicidade". Se algo de bom acontece, sua sensação de felicidade aumenta, e, se algo de ruim acontece, ela diminui, mas depois de um tempo ela volta ao normal, seja qual for seu ponto de ajuste.[4]

Irmã Serotonina

Eu costumava rir muito, mas agora rio muito raramente. Como posso me conectar mais ao meu lado risonho?

Essa é uma das perguntas mais comuns que me fazem. O acúmulo de estresse afeta nosso quociente de riso diário — o quanto rimos alto. Os adultos tendem a pensar demais no riso. Pode ser bastante útil se conceder permissão para rir intencionalmente. Faça a opção de programar seu riso — comece o dia rindo abertamente de si mesmo no espelho. Isso fará com que seu dia seja motivo de riso. Procure outras oportunidades para rir alto, seja participando de um clube de Ioga do Riso, rindo de um filme de comédia ou adicionando intervalos para risadas em seu dia. (Veja o capítulo 3.) Isso o ajudará a redirecionar o riso da sua cabeça para o seu coração. Consulte também "O Efeito do Riso na prática" (p. 237) para obter mais dicas sobre como se conectar ao seu lado risonho.

Ou, como costumo me referir a isso, fazer “A Equação da Zebra”. Quando criança, fui a uma das conferências médicas de meu pai na África do Sul. Fizemos um safári — uma experiência única na vida. Houve gritos de alegria quando vimos nossa primeira zebra — tiramos várias fotos com nossas câmeras. No entanto, depois de um tempo, não importava quantas zebras aparecessem, era, *bah*, mais uma zebra. Paramos de pegar nossas câmeras e desviamos nosso olhar para obter nossa dose de dopamina. Nosso cérebro pode se acostumar com qualquer coisa e, depois de um tempo, para de perceber as coisas. O mesmo se aplica ao humor: depois de um período você para de rir das mesmas piadas ou estímulos. Falarei mais sobre nossa resposta de humor nos próximos capítulos.

Linha do riso

Nossa linha do tempo do riso — nossa cadência do riso — muda e se molda em grande parte de acordo com o que está acontecendo em nossa vida: humores internos, influências externas. O problema é quando os períodos de estagnação do riso passam despercebidos por nós. Só depois de uma gargalhada é que você percebe que houve um longo período de estiagem entre as risadas.

Todo mundo tem sua própria cadência do riso de acordo com sua história de vida. Eis a minha:

CÓDIGO DO RISO

LM Literalmente muito

M Muito

O Ocasional

E Estagnado

- → Escola primária LM
- → Escola secundária O M
- → Ano sabático pós-escolar LM
- → Uni O M
- → Início de carreira O
- → Casamento a.c. (antes das crianças) LM
- → Casamento d.c (depois das crianças) E O M
- → Pós-graduação estudo e trabalho meio período (com duas crianças abaixo dos sete anos) O E O
- → Treinamento e depois prática como facilitadora da Ioga do Riso LM
- → Carreira acadêmica O E
- → Doença crônica e câncer de intestino E O
- → Cuidando dos pais idosos enquanto cuidava dos meus próprios filhos O
- → Vida atual em geral LM, influenciada positivamente por uma prática diária intencional de riso

Embora essa cadência de riso seja rudimentar, ela diz muito. O riso é um camaleão, adaptando-se a tudo o que está acontecendo em nossa vida.

ESBOCE SUA CADÊNCIA DE RISO

1. Pegue a caneta e um pedaço de papel ou um iPad, qualquer coisa com a qual você possa desenhar.
2. Desenhe sua própria linha do riso.
3. Quais padrões você consegue ver?

4. Identifique uma prática diária que vai trazer mais risadas para sua vida e fortalecer sua cadência de riso. Ria alto quando algo engraçado acontecer, não deixe a risada ficar presa em seu interior, pratique "risadas poderosas" por períodos de dez segundos ou dê uma olhada em memes ou vídeos engraçados. Assim você entenderá o que é possível extrair de momentos de gargalhadas em voz alta (LOL).

Nosso grau de sociabilidade é um fator crítico em nossa cadência de riso, especificamente na qualidade e na quantidade de conversas que temos. O falecido Robert Provine, professor de neurobiologia e psicologia na Universidade de Maryland, descobriu que o riso ocorre trinta vezes mais em situações sociais do que em situações solitárias.[5] Ao contrário de nossa ideia de que a risada é muito mais provável vinda de um palhaço, de um comediante ou de uma piada, a equipe de Provine descobriu que apenas 10% a 20% dos episódios de riso eram causados por piadas. Declarações comuns como "Foi um prazer conhecê-lo também" — que dificilmente são usadas na comédia — tinham muito mais probabilidade de produzir risos.

Podemos nos sentir felizes e contentes quando estamos sozinhos, mas a interação social é revestida de riso. É uma ferramenta de conversação — ou "efeito de pontuação" linguístico, que acompanha até mesmo as discussões mais sem graça. O riso envia um sinal inclusivo para que outros participem. Em geral, quem fala ri com 46% maior frequência do que quem ouve, com o riso eventualmente substituindo as palavras.[6] Por exemplo, recebi uma "estimativa" recente de um possível empreiteiro para um novo *deck*, mas, quando ele veio medir, sua cotação foi uma piada — quase o dobro do que ele indicou que seria em nossa conversa telefônica. Deixei escapar um "Ha ha" quando ele me informou. "Eu pensei que você tinha dito que seria metade desse valor, ha ha ha." O riso na conversa introduziu um tom de relaxamento, quebrando qualquer tensão que pudesse existir. Também minimizou o risco de a conversa tomar um rumo hostil. Desnecessário dizer que, com base em sua cotação, ele não conseguiu o trabalho.

Risos e relacionamentos

O riso não apenas lubrifica uma conversa, mas também fornece importantes vantagens reprodutivas e de sobrevivência, sinalizando segurança, provocando brincadeiras e regulando o estresse e a excitação negativa.[7] Quando se trata de considerar um parceiro, um bom senso de humor está sempre no topo da lista "de qualidades". Antes dos aplicativos de namoro *on-line*, em 1996, Provine analisou 3.745 anúncios pessoais publicados em oito jornais locais para ver quão importante era o senso de humor ou o riso para as pessoas que procuravam companhia. As mulheres eram 62% mais propensas a mencionar o riso em seus anúncios e a buscar senso de humor, enquanto os homens eram mais propensos a oferecê-lo.[8]

E na batalha dos sexos, quem dá mais risadas?

Homens e mulheres riem muito, mas as mulheres riem mais.[9] A pesquisa de Provine descobriu que, em conversas entre gêneros, as mulheres riem 126% mais do que os homens. Outra pesquisa descobriu que, quanto mais uma mulher ri em voz alta durante os primeiros encontros espontâneos, maior o interesse relatado pelo homem com quem ela estava conversando. Os homens estavam mais interessados em mulheres que riam abertamente na presença deles.[10] Como em um documentário de David Attenborough, parece que um importante ritual de acasalamento é a fêmea exibir suas penas de riso para atrair seu parceiro. Uma dança de risadas ritualísticas em que um parceiro sugere mais movimentos de riso antes de fazerem o próximo movimento.

Estudos descobriram que o riso dos homens é mais contagioso. Quando os homens riem, eles têm 1,73 vezes mais chances de fazer sua parceira rir.[11] Embora até o momento não haja dados equivalentes sobre casais do mesmo sexo, pode-se inferir que um dos parceiros será o principal instigador do riso.

Mas como o Efeito do Riso funciona ao longo de um relacionamento? Casais que riem juntos permanecem juntos? De acordo com Laura Kurtz, psicóloga social da Universidade da Carolina do Norte, "em geral, os casais que riem mais juntos tendem a ter relacionamentos de melhor qualidade".[12] Isso se aplica a qualquer relacionamento íntimo. Intuitivamente, faz sentido dizer que rir juntos (e não um do outro) seja uma atividade de apoio. Esse é um assunto que me é caro, pois investi mais de trinta anos de extensa pesquisa nesta questão. Sem sombra de dúvida, concluí que isso certamente ajuda! Tenho certeza de que meu principal objeto de estudo, meu marido, Danny, concorda.

No entanto, surgem focos de conflito mesmo nas parcerias mais compatíveis. Lembro-me de que anos atrás *nós* decidimos reformar nossa casa. Um projeto de quatro a seis meses que se expandiu para mais de nove meses. Nesse período, Danny esteve ausente por algum tempo, filmando um documentário do outro lado do mundo. Toda vez que ele voltava para casa, perguntava por que algo estava ou não de determinada maneira. Ao que eu calmamente (praguejando interiormente) respondia: "Pedi sua opinião e você disse algo como não estar com cabeça para dar qualquer opinião sobre o assunto, ou que você não se importava e eu poderia decidir".

À primeira vista, fabuloso. Total autonomia para mim, mas com uma ressalva. Renovação e decoração não são realmente a minha praia. E assim se passaram meses difíceis de dramas inevitáveis: diferenças de opinião com um empreiteiro na defensiva, e o não tão inevitável: a decisão de contratar o marceneiro certo. O referido marceneiro era todo adornado com tatuagens no pescoço e usava tênis de cano alto no estilo gângster. Brinquei com a família sobre suas vibrações mafiosas, tranquila por saber que ele vinha de uma linhagem confiável — seu doce e idoso pai havia construído os armários da cozinha em nossa casa anterior. Infelizmente, minhas brincadeiras se mostraram mais proféticas do que divertidas. Seus tênis acabaram se revelando não apenas um acessório da moda, mas também um meio de habilmente ocultar sua tornozeleira eletrônica, que não era cortesia da loja da Adidas, mas de uma instituição correcional. Ele embolsou nosso adiantamento para a cozinha, o que, segundo a polícia, permitiu que seu doce e idoso papai pudesse se aposentar em grande estilo em sua antiga casa — na Grécia. E para mim, além do golpe financeiro, também significou meses adicionais lavando pratos em água fria *en plein air* no meio do inverno.

O esgotamento estava quase me pegando quando Danny voltou para casa de mais uma viagem de filmagem. Suas observações iniciais foram a gota d'água.

"Por que as luminárias estão onde estão?"

Fiquei tentada a expulsá-lo pela porta dos fundos, fechar a porta atrás dele e trocar as fechaduras. Era um pensamento precipitado e frágil. Embora a porta da frente fosse uma porta real, nem mesmo o chaveiro mais engenhoso poderia construir uma fechadura para uma porta dos fundos que ainda nem existia. Segurei minha raiva por tempo suficiente até passar seu *jet lag* e ele descansar. Eu sabia que as crianças estavam muito empolgadas em revê-lo e não queria que meu mau humor atrapalhasse o reencontro. Saí de casa e fui caminhar para restaurar a calma, parando para sentar sob uma árvore em um parque próximo. Ainda me preparando para enfrentar sua enxurrada de "porquês", vasculhei um repositório de memórias em meu telefone em busca da escolha perfeita para controlar minha frustração e dar as boas-vindas à minha *pior* metade. Entre os zilhões de fotos dos meninos mostrando a língua e fazendo caretas, encontrei uma das nossas curtas férias na Noumea, sem crianças, com coquetéis espalhafatosos na mão, rachando de dar risada. Reviver essas memórias divertidas afastou meu humor da destruição doméstica e da nossa relação. Com as memórias felizes intactas, eu já estava ansiosa para voltar para casa.

Minha decisão de me perder nessas memórias foi uma escolha sábia. Pesquisas descobriram que relembrar o riso compartilhado tem uma influência positiva nos relacionamentos, com maiores benefícios do que lembranças genéricas.[13] Jennifer Aaker, da Stanford Graduate School of Business, descobriu que os casais motivados a relembrar histórias de quando riram juntos, em comparação com apenas momentos felizes, relataram ter ficado 20% mais satisfeitos em seus relacionamentos. Compartilhar um sorriso ou uma risadinha com seu parceiro pode quebrar a tensão, criar uma sensação de proximidade e melhorar a comunicação. Inicialmente, minhas lembranças foram unilaterais, mas não demorou muito para que eu conseguisse rir do que havia acontecido com Danny, brincando sobre como faríamos brilhantes negócios imobiliários — uma escolha certa para Arquitetura e Construção. Quando há uma diferença de opinião, o riso oferece uma maneira de renovar os relacionamentos.

Também ajuda muito se você for engraçado, o que funciona bem comigo, pois definitivamente sou a mais engraçada em nosso relacionamento. Basta perguntar ao meu reflexo no espelho. Embora, claro, não se trate de uma competição. De acordo com o professor adjunto de estudos de comunicação da Universidade do Kansas, Jeffrey Hall, "É bom ter humor. É melhor ver isso em seu parceiro. E é melhor ainda compartilhar isso". Isso é o que reafirma o seu relacionamento. Ainda mais importantes são os momentos em que vocês dois riem juntos. Quer você esteja rindo de *The Bachelorette*, *Friends* ou *The Office*, compartilhar um senso de humor em comum é o que conta. É uma habilidade de "sobrevidade" de relacionamento, fazendo com que nos sintamos seguros na companhia uns dos outros, transmitindo diversão e ludicidade — e todos sabemos aonde isso pode levar...

A risadas contagiantes, é claro. Acredita-se que o *Homo sapiens* seja a única espécie que se envolve em risadas contagiosas, possivelmente explicando por que durante séculos a Igreja e outras instituições foram antirrisos, alinhadas com sua visão sobre o desejo sexual. Se você não consegue controlá-lo, então não pode ser bom. O riso é contagioso, especialmente em uma idade mais precoce. Tenho certeza de que houve um momento em sua vida quando mais jovem em que você se "descontrolou", geralmente em um momento inapropriado.

Eu me lembro de uma dessas ocasiões como se fosse ontem. Foi no meu *bat mitzvah* de mulher, meu ingresso na feminilidade. Durante meses eu me preparei com entusiasmo para liderar minha comunidade em oração pela primeira vez por conta própria. Cheia de orgulho, comecei a recitar as orações com confiança, lendo o livro de orações com minha voz mais clara e projetada. Eu proclamei: "Abeiçoado..." em vez de "Abençoado...". Eu sabia que não deveria, mas não pude resistir a chamar a atenção de uma das minhas amigas para ver se ela tinha percebido meu erro. Quer ela tivesse ou não, o simples ato de chamar sua atenção provocou uma onda de risadas. Eu tentei me segurar. Ela tentou se segurar. Infelizmente, sem sucesso. Não demorou muito para que ondas de riso irrompessem em toda a congregação. Felizmente o rabino interveio, convidando a comunidade a se juntar à oração enquanto eu me recompunha, focando meus olhos no livro de orações e nem um centímetro além. Que belo ingresso na feminilidade. Peitos e tudo o mais.

É um fato bem conhecido que o riso é contagioso. É por isso que na década de 1950, na ausência de uma audiência ao vivo, *The Hank McCune Show* revolucionou a indústria da televisão ao apresentar a primeira trilha de risos. Desde então, as risadas se tornaram elemento constante em muitas comédias. O riso enlatado pode parecer artificial, mas incentiva os telespectadores a rir como se estivessem sentados no meio da multidão. Eu me acostumei tanto com as claques e com o riso do público ao vivo que não percebi como eles eram essenciais para a vibração de um *show*. Isso até assistir ao programa de comédia de estúdio *Mad as Hell*, de

Shaun Micallef, durante a pandemia de Covid. Não só não havia público no estúdio, como também não havia trilha de risos. Normalmente eu estaria histérica, mas tive de me esforçar para soltar uma gargalhada. Percebi quanto minha risada era provocada pelas risadas pré-gravadas.

Você também pode induzir seu próprio riso. Pergunte a Freda Gonot-Schoupinsky, da Universidade de Bolton, no Reino Unido. Respondendo aos apelos da comunidade médica por uma receita prática para o riso, ela desenvolveu a ideia da "laughie", para garantir que as pessoas tenham pelo menos um minuto de riso diário. A *laughie* é semelhante a uma *selfie*, mas, em vez de tirar uma foto sua, você grava sua própria risada por um minuto em seu celular. Então você reproduz a risada gravada, que acaba fazendo você rir novamente. Sua pesquisa descobriu que a *laughie* provocava risadas durante a maior parte da duração desse minuto em 89% das 420 tentativas; metade dos participantes achou seu riso "autocontagioso", e muitos o acharam útil.

Quanto mais rimos, mais temos vontade de rir. Um dos relatos mais inacreditáveis de um "contágio do riso" vem de um internato para meninas na Tanzânia. Tudo começou em 1962, quando três meninas começaram a rir e não conseguiam mais parar. Rapidamente aquilo contagiou outros noventa e cinco alunos, e o riso incontrolável e os acessos de gritos intermitentes forçaram a escola a fechar alguns meses depois. Mas a essa altura a epidemia já tinha se espalhado, com surtos relacionados ocorrendo em outras escolas e regiões. Dois anos e meio depois, quase mil pessoas haviam sido afetadas. Já foi dito que a interminável histeria do riso estava, em parte, relacionada ao estresse das pessoas em saber que a região se tornaria uma nova república.

Para que ocorra um "contágio do riso", é necessário que a pessoa não apenas ouça o riso, mas também o veja. A situação sinaliza aos neurônios-espelho no cérebro para disparar. Ver alguém sorrir, por exemplo, cria uma associação em sua própria mente com o sorriso. Você nem precisa pensar por que essa pessoa está sorrindo. É imediato e sem esforço.

ATIVE SEUS NEURÔNIOS-ESPELHO

Pratique a ativação de seus neurônios-espelho. Escolha um parceiro e sentem-se frente a frente. Comece uma conversa naturalmente, mas não diga ao seu parceiro que se trata de um experimento científico. Observe o que acontece fisicamente. Vocês estão começando a espelhar os movimentos um do outro? O que acontece se você adicionar alguns sorrisos ou risadas à conversa? Torna-se contagioso? Nesse caso, seus neurônios-espelho estão em ação, disparando e conectando-se.

Eu já vi em primeira mão o Efeito do Riso dos neurônios-espelho. Há alguns anos, tive o privilégio de fazer parte de uma equipe que realizou o primeiro projeto de pesquisa sobre Ioga do Riso para pessoas em tratamento de diálise em um grande hospital em Melbourne. Entrando na ala de diálise pela primeira vez, fiquei chocada com o cenário depressivo. O contato visual, um dos aspectos críticos do sucesso da Ioga do Riso, era quase impossível, já que máquinas individuais de filtragem de sangue do tamanho de computadores antigos obstruíam a visão dos pacientes entre si. Um braço era conectado à máquina de diálise, deixando o outro livre, mas alguns deles estavam lidando com membros amputados ou outras formas de deficiência associadas à doença renal. Normalmente eu não sou propensa a duvidar dos benefícios terapêuticos do riso, mas dizer que eu fiquei hesitante sobre o sucesso do programa seria um chover no molhado.

No entanto, apoiada por outros terapeutas do riso e pela excepcional equipe de enfermagem, em pouco tempo a luz e o riso transformaram a enfermaria. No final de uma das sessões, fiquei curiosa para conhecer a experiência de um senhor com a Ioga do Riso. No início do programa, seus olhos estavam opacos e escurecidos, visivelmente oprimidos pela tristeza.

Mas depois, quando olhei em seus olhos novamente, notei um feixe de luz emanando de trás deles. Até achei que havia um holofote direcionado para o rosto dele. No entanto, quando me virei, tudo o que vi foi a iluminação dura e fria do hospital. Apesar de ainda estar conectado à máquina de diálise, seus neurônios-espelho estavam disparando e se conectando, visivelmente encadeando alegria e luz interna.

As qualidades conversacionais e contagiosas do riso ajudam a explicar por que nossos anos finais costumam ser caracterizados por menos risos. Há menos oportunidades para ver e ouvir pessoas fazendo isso. O efeito de ação do riso só funciona quando há uma conversa para que ele seja acionado. Você não precisa necessariamente trazer palhaços, mas simplesmente agendar oportunidades para bater papo já pode reduzir a solidão e o isolamento social e aumentar as possibilidades de uma risada. Por ter passado um tempo considerável em cuidados residenciais ao longo dos anos, tanto pessoal como profissionalmente, conheço a solidão de perto. No entanto, também fui apresentada ao divertido vernáculo do "bate-papo sênior", incluindo BFF (Best Friend Fainted, ou Melhor Amigo Desmaiado); BYOT (Bring Your Own Teeth, ou Traga Seus Próprios Dentes); LMDO (Laughing My Dentures Out, ou Rindo de Cair a Dentatura); GGPBL (Gotta Go, Pacemaker Battery Low, ou Preciso ir, Bateria do Marca-Passo Fraca).

O cuidado residencial de idosos era um caminho para o qual minha mãe parecia estar destinada. No entanto, a velocidade do seu Mal de Alzheimer foi tão rápida que essa necessidade nunca teve uma chance. No espaço de cerca de seis semanas, ela passou de ser gentilmente cuidada por meu pai e por um cuidador de meio período em sua casa para uma internação hospitalar na qual alternava entre a consciência e a falta dela. Fomos informados de que seu fim estava próximo, e foi tomada a decisão de que minha irmã, que mora nos Estados Unidos, voltasse para casa. No Dia das Mães, mamãe teve um período de lucidez. Foi, pensamos, um milagre do

Dia das Mães: ela estava desafiando as probabilidades médicas e voltando para nós. Mas não durou.

Quando minha irmã, Natalie, chegou, mamãe estava inconsciente, talvez sem sequer saber que sua filha tinha viajado meio mundo para estar ao seu lado. Depois de chegar de sua travessia apressada pelo Pacífico, Natalie comentou com tristeza ter se esquecido de trazer uma muda de sutiã. "Que horror. Justo agora que você precisará de todo o suporte disponível para este momento...", eu observei. Não demorou mais do que um ou dois segundos para que o processamento do humor começasse e a família, inclusive meu desolado pai, caísse na gargalhada. Para nosso choque e espanto, um sorriso gentil apareceu no rosto de mamãe. Jamais saberemos o que conseguiu fazer sua consciência brilhar: teria sido o estímulo do humor ou o caráter contagioso do riso? A reação de mamãe foi uma bênção final. Acolhidos pelo abraço do humor, ali estava nossa oportunidade de neutralizar a tristeza com lágrimas de alegria, libertação e alívio.

• • • • • • • •

Do berço ao túmulo, de um ponto a outro do globo, o Efeito do Riso nos ajuda a prosperar. Estamos programados para sorrir e rir ao longo da vida. É um imperativo genético que nos ajuda a criar vínculos e a nos conectar com nosso mundo externo — permitindo que estejamos mais presentes uns com os outros. À medida que envelhecemos, nossa mente pode esquecer, mas nosso corpo, não. Existe uma força do riso que nos ancora na essência da alegria, do amor e da conexão. Como escreveu a ensaísta americana Agnes Repplier: "Não podemos realmente amar alguém de quem nunca rimos". Acrescento que não podemos realmente amar a nós mesmos se nunca rirmos.

DESENHE SUA PRÓPRIA RISADA

Hora de virar artista. Você precisará de um pedaço de papelão ou de papel pequeno o suficiente para carregar com você. Conecte-se ao seu lado risonho, rabiscando ou desenhando como é estar imerso no riso — uma representação visual da sua alegria. Você pode desenhar a si mesmo se sentindo no topo do mundo, como se sente depois de uma boa dose de risadas ou simplesmente preencher sua página com uma cor ou um padrão que evoque felicidade.

Quando terminar, pode colocar essa imagem em sua carteira ou bolsa. Você poderá sacá-la sempre que precisar melhorar seu humor. Ou poderá ser uma alegre surpresa quando você acidentalmente encontrá-la. Uma alternativa é colocá-la na geladeira ou sobre sua mesa de trabalho... o que quer que chame mais sua atenção para o desenho. Você pode até tirar uma foto dele e usá-la como protetor de tela no seu celular ou seu computador.

Isso servirá como um lembrete consciente do fluxo positivo de emoções provocadas pelo seu sorriso ou por sua gargalhada.

3

O melhor remédio

Ria sempre que puder - é um remédio barato.

— Lorde Byron

Por onde começar a quantificar o riso como remédio? Não é como se ele pudesse ser engarrafado e o conteúdo analisado e medido em laboratório. (Embora eu ache que tubos de ensaio com risadas de bebês seriam fofos!) Isso não quer dizer que a pesquisa sobre o riso não esteja sendo conduzida. Ao contrário, é um campo em expansão. Não é nenhuma surpresa que a popularidade da pesquisa sobre o riso esteja crescendo, na medida em que a busca por uma solução para nossa vida moderna estressada também continua. As empresas farmacêuticas estão competindo para encontrar uma cura para este problema crescente do século XXI. Medicamentos relacionados à saúde mental foram administrados a 4,4 milhões de australianos entre julho de 2019 e junho de 2020, o que equivale a 17,2% da população.[1] Após a pandemia global, a saúde mental sofreu um baque. Felizmente, o riso oferece uma abordagem complementar.

Até a última parte do século XX, o estudo do riso pertencia em grande parte ao domínio dos filósofos e naturalistas, com algumas exceções dignas de nota. Acredita-se que o ditado *rir é o melhor remédio* seja de autoria de Henri de Mondeville, cirurgião do rei Filipe IV, em 1300. Após realizar a cirurgia, de Mondeville teria contado piadas. Ele escreveu na época:

"Deixe que o cirurgião cuide de regular todo o equilíbrio da vida do paciente para a alegria e a felicidade, permitindo que seus parentes e amigos especiais o animem e façam com que alguém lhe conte piadas". Por mais que eu seja uma defensora de todas as coisas relacionadas ao riso, me sinto aliviada porque, quando fui submetida a uma grande cirurgia intestinal, meu cirurgião não adotou os métodos de Mondeville. Acho que seu tipo de terapia do riso era mais medieval do que medicinal. A anestesia ainda estava a quatro séculos de ser inventada!

Foi só quando Norman Cousins publicou *An Anatomy of an Illness*, em 1979, com base em suas experiências usando o riso para ganhar tempo livre de dor, que a instituição médica começou a levar a sério o riso como opção terapêutica.[2] Como já falamos anteriormente, Cousins, que tinha espondilite anquilosante, saiu do hospital acreditando que sua condição seria prejudicada pelo ambiente hospitalar — cheio de germes, infecções e bactérias — e se autoprescreveu uma dieta de comédia. Seu livro foi o primeiro estudo de caso documentado sobre o poder curativo do riso como terapia.

As primeiras pesquisas sobre o riso eram exclusivamente baseadas no humor. O riso sem humor — intencional ou simulado — só entrou em cena em 1995, com o nascimento da Ioga do Riso, na Índia.

Como terapia, o riso pode ser classificado em cinco categorias:

- genuíno ou espontâneo
- autoiniciado ou simulado
- estimulado (a ponta do "t" é para fazer cócegas!)
- patológico (que ocorre em caso de doença ou frequentemente como resultado de uma lesão cerebral)
- induzido, através de meios legais (óxido nitroso, também conhecido como gás da felicidade, ou *cannabis*).

Quer seja espontâneo, simulado ou estimulado, o riso é reconhecido pela vocalização repetitiva de *ho ho*, *ha ha* ou *he he*. A maior parte da pesquisa que se segue neste capítulo concentra-se no riso simulado, embora haja alguma discussão sobre cócegas, também conhecida como riso estimulado, um pouco mais adiante.

Riso espontâneo

Vamos começar nossa exploração com risadas espontâneas. Essa é a variedade que responde a algo engraçado que acontece e a uma resposta humorística que surja, desde eventos cômicos, vídeos divertidos, palhaços ou piadas. A título de exemplo, escrevo aqui uma das piadas favoritas do meu falecido pai (lembre-se de que ele era médico):

Paciente: "Doutor, poderei tocar piano depois desse procedimento?".
Médico: "Não vejo por que não".
Paciente: "Que demais! Porque antes eu não tocava".

Riso simulado

O riso simulado, por outro lado, não depende de um estímulo humorístico para gerá-lo. O riso é iniciado primeiro no corpo, e depois a mente o segue. Ele não depende de emoções positivas ou humorísticas de bem-estar.

Essa terapia do riso autoiniciada e não baseada no humor, como é a Ioga do Riso, envolve exercícios simulados de riso com palmas e intervalos de respiração profunda *pranayama*. Geralmente são sessões em grupo. Nosso cérebro acredita que o riso é real, com uma ressalva: o riso não pode ser gerado sob coação ou força, como na variedade "você vai rir". O riso simulado pode resultar de algo não engraçado, mas em pouco tempo, especialmente se conduzido em grupos, o Efeito do Riso prenuncia muita diversão e alegria.

O melhor destruidor do estresse?

Uma das áreas de pesquisa mais comuns é a investigação do Efeito do Riso — com ou sem humor — sobre o estresse, a ansiedade e a depressão. O estresse, por si só, não é o inimigo, mas sim o modo como reagimos ou respondemos de maneira problemática a ele. Responder com leveza funciona como uma mudança de rota: desliga o fluxo de hormônios do estresse e o reflexo de luta ou fuga — que faz com que a epinefrina ou a adrenalina sejam liberadas pelo cérebro e distribuídas por todo o corpo — e ativa as betaendorfinas, a fonte interna de morfina do nosso corpo que transmite mensagens entre os neurônios, atenuando os sinais de dor física e estresse psicológico.

O reconhecido pesquisador de humor Professor Lee Berk observou que as mudanças bioquímicas durante o riso são quase exatamente o oposto do que acontece com um corpo em sofrimento. Parece que a frequência, em vez da intensidade, tem o efeito de amortecimento do estresse mais impactante na vida cotidiana. Um estudo suíço com 45 estudantes universitários utilizou um aplicativo especialmente concebido para celulares, solicitando aos participantes aleatoriamente ao longo do dia que respondessem a perguntas sobre a frequência ou a intensidade do riso. Ele também mapeou eventos estressantes e sintomas de estresse experimentados desde a última notificação. Depois de três meses, os pesquisadores descobriram que uma ou duas gargalhadas não podiam competir com risadinhas em termos de redução do estresse.[3] Além disso, um estudo japonês baseado em uma comunidade avaliou o riso a partir de três perspectivas: frequência, oportunidades e interações interpessoais. Constatou-se que (após ajuste para depressão, fatores sociodemográficos e participação social) homens e mulheres que nunca, ou quase nunca, riam apresentaram uma saúde subjetiva globalmente pior. Uma maior frequência diária de risos foi associada a uma menor prevalência de doenças cardiovasculares, para as quais o estresse é um precursor conhecido, e menos risos associados a uma maior probabilidade de doenças cardiovasculares.[4]

Riso simulado *vs.* riso espontâneo no cérebro e no corpo

Pesquisadores japoneses identificaram diferentes vias neurais envolvidas no riso simulado e no espontâneo. Eles gravaram neuroimagens de emoções agradáveis de participantes que assistiam a filmes de comédia e descobriram que diferentes áreas do cérebro se iluminavam ao imitar um sorriso/risada, quando comparadas às de quando era espontâneo.[5]

E, num estudo da Universidade de Auckland, foram investigados os efeitos cardiovasculares do riso espontâneo e do simulado.[6] Uma amostra de setenta e dois participantes foi randomizada para uma de três intervenções de seis minutos. Foi pedido aos participantes na condição de riso simulado que gerassem risadas falsas (autoiniciadas); os outros assistiram a um vídeo humorístico no grupo de riso espontâneo; e o grupo de controle assistiu a um documentário sem humor. A isso seguiu-se um exercício de estresse no laboratório. Os resultados mostraram que o benefício cardiovascular foi mais pronunciado no riso simulado, mas todos resultaram em um coração feliz.

Outro estudo demonstrou uma incidência significativamente maior de mortalidade por todas as causas e doenças cardiovasculares em participantes que riam menos.[7] Esse foi um resultado encorajador que demonstra a ligação entre *ha ha ha* e *aaah*, para uma diminuição dos hormônios do estresse e da eliminação de toxinas.

O riso e o sistema imunológico

O estresse prolongado resulta no esgotamento das reservas de glóbulos brancos necessárias para combater infecções e doenças. Diversos tipos de alegria ajudam na criação de novos glóbulos brancos para estimular o sistema imunológico em um processo conhecido por aumentar a blastogênese espontânea de linfócitos — algo que parece saído diretamente de *Star Wars* —, as células assassinas naturais (NK) que destroem tumores e vírus. Devido ao papel das células NK nas doenças virais e em vários tipos de câncer, a capacidade de aumentar significativamente a atividade das células NK em um breve período usando um método não invasivo, como o riso, tem um potencial instigante.[8] Além disso, uma proteína que combate doenças — o interferão-gama — produz anticorpos e células T destruidores de doenças, com efeitos que duram até doze horas após a intervenção humoral. Quanto mais o riso flui, melhor o fluxo da linfa, ajudando a transportar os fluidos de volta ao sangue, que defende o corpo contra doenças. Em termos leigos, rir alto (LOL) equilibra todos os componentes do sistema imunológico, ajudando-nos a combater doenças.[9] Isso também proporciona um treino para o nosso nervo vago, que vai do cérebro ao intestino e atua como uma rodovia de mensagens bidirecional que ativa nosso sistema nervoso parassimpático, e assim nos sentimos mais calmos e tranquilos. Isso é conhecido como *eustresse* — o estresse positivo, que se relaciona com uma situação estressante com a qual sentimos que somos capazes de lidar e, portanto, resulta em uma resposta positiva, com resultados benéficos para a saúde.

Boa saúde e humor na remissão da dor

As endorfinas, neurotransmissores de bem-estar do nosso cérebro, aumentam a sensação de prazer, minimizam a percepção da dor e criam uma sensação de bem-estar temporária, mas poderosa. O riso aumenta as sensações prazerosas e aciona endorfinas.[10] Uma série de estudos investigou a tolerância à dor após uma boa risada. Funciona até mesmo em crianças.[11] Um estudo envolveu a exibição de filmes humorísticos para crianças (com idades entre sete e dezesseis anos) antes, durante e depois de colocar a mão em água fria. O tempo de submersão foi registrado e examinado em relação a quão engraçado as crianças avaliaram o filme. As crianças com a mão na água que assistiram ao filme cômico sentiram menos dor do que aquelas que não assistiram. Não é nenhuma surpresa, então, que os médicos palhaços sejam tão populares nas enfermarias pediátricas, usando o humor para distrair crianças, adolescentes e seus acompanhantes do estresse associado à internação hospitalar.

Em outro estudo, conduzido por James Rotton, PhD, da Florida International University, pacientes de cirurgia ortopédica que assistiram a filmes de comédia solicitaram menos aspirinas e tranquilizantes do que o grupo que assistiu a filmes dramáticos. Sem dúvida, isso sacudiu seus esqueletos.

E, em um experimento de laboratório da Universidade de Oxford, *Mr. Bean* foi posto à prova. A inteligência poderia diminuir a dor ou simplesmente atrapalhar tudo? Na primeira parte do estudo, a resistência à dor leve foi monitorada enquanto os voluntários assistiam a clipes de *Mr. Bean* ou de *Friends*, ou programas não humorísticos, como de golfe ou de vida selvagem. A dor na forma de uma manga de refrigeração de garrafas de vinho era colocada no braço ou em uma faixa de medidor de pressão arterial e bombeada até o limiar da tolerância.[12] Tenho certeza de que a verdadeira dor foi saber que nenhum vinho seria degustado como parte do estudo. A segunda parte do estudo foi realizada no Festival Fringe de Edimburgo. Os voluntários assistiram a um *show* de comédia *stand-up* ou a um drama teatral. Foi pedido a eles que se encostassem na parede com as pernas dobradas em ângulo reto, como se estivessem sentados em uma cadeira de encosto reto, antes e imediatamente após a apresentação. Se você nunca fez isso antes, falo por experiência própria: pode ser um pouco desconfortável para as coxas velhas. O estudo descobriu que apenas quinze minutos de riso aumentaram o nível de tolerância à dor em cerca de 10%, pois as endorfinas foram liberadas. No entanto, rir por dentro não era bom o suficiente; as endorfinas aumentavam dramaticamente quando os participantes riram alto. Nos experimentos de laboratório, a programação neutra e sem humor não teve nenhum efeito de alívio da dor, nem assistir a dramas no Festival Fringe. Isso confirma duas das minhas crenças de longa data: o golfe está longe de ser divertido e, quando tiver a opção, você deve optar pelo Festival de Comédia de Edimburgo em vez do Festival Fringe.

A liberação de endorfina é uma resposta involuntária, desencadeada pelo esforço muscular repetido decorrente da expiração sem respiração. Faz sentido que eles entrem em queda livre quando estamos rindo. Você pode se perguntar por quê? Você já riu sem respirar? Ainda não conheci ninguém que tenha conseguido. Como um esforço muscular repetitivo, o riso proporciona um treino aeróbico suave. Como seu corpo se sente depois de uma gargalhada prolongada? Músculos da barriga cansados, mandíbulas doloridas, falta de ar? Quando se trata de redução da dor, quanto mais risadas, melhor, a menos que a raiz da sua dor seja abdominal ou dentária — ai!

Fique em forma rindo

Para todos os viciados em *fitness*: você já pensou em fazer um treino de riso? Você economizará muito dinheiro com sua academia. Quanto mais você ri, mais você respira. O que significa maior oxigenação no sangue, aumentando a oxigenação do cérebro e do corpo, além de reduzir a dor e a tensão muscular. Isso proporciona uma prática respiratória mais benéfica, tonificando o diafragma e o sistema respiratório, bem como os músculos abdominais e faciais.

Não tem certeza se acredita em mim? Pense em algo engraçado ou ria sem motivo específico e ajuste o cronômetro para 60 segundos. Aproximadamente 120 risadas *ha, ha, ha*. Não apenas seus músculos faciais sentirão isso, mas também os abdominais.

O fundador da gelotologia, o falecido William Fry, disse: "O riso invade os seus pulmões e simplesmente os limpa". Quando as pessoas riem, elas exalam mais ar viciado de seus pulmões do que em uma respiração normal, incluindo o dióxido de carbono residual. A menos que você seja propenso a asma, quanto mais expelir perdigotos, melhor. Isso porque o riso aumenta a concentração de imunoglobulina A salivar. O aumento da produção de saliva ajuda na defesa contra organismos infecciosos que entram pelo trato respiratório e também podem causar tosse, ajudando a eliminar o muco (lembre-se de cobrir a boca para não dar um banho nos outros com seus germes pegajosos).

Ria eliminando calorias

A perda de peso é um mercado a ser levado a sério. Somente em 2021, na Austrália, o tamanho do mercado da indústria de serviços para perda de peso foi avaliado em US$ 458 milhões! Este valor é exclusivo para academias, *personal trainers* e empresas voltadas para exercícios físicos.

Uma pesquisa conduzida pelo Vanderbilt University Medical Center revelou que rir por 10 a 15 minutos queima entre 10 e 40 calorias.[13] Isso ocorre porque o riso aumenta sua frequência cardíaca em 10% a 20%. Quando você ri, seu metabolismo também aumenta, portanto, mesmo depois de parar de rir, você queimará mais calorias em repouso. Ao longo de um ano repleto de risadas, as calorias diárias queimadas pelo riso podem resultar em uma perda líquida de aproximadamente 1,8 kg. Se você realmente quer emagrecer, ria!

TREINAMENTO DE INTERVALO DO RISO

É hora de realizar um pequeno experimento científico para observar quais mudanças mentais, emocionais ou físicas ocorrem, ou não, depois que você participa de um exercício de intervalo do riso.

Talvez você já tenha ouvido falar sobre os benefícios do treinamento intervalado para a saúde. Bem, o treinamento do intervalo do riso substitui outra atividade física, como correr, por — você adivinhou — risos. Se a qualquer momento durante este treinamento você começar a sentir tonturas ou respiração ofegante, por favor, retorne à respiração normal.

1. Antes de começar, faça uma anotação mental de como se sente. Você está cansado, ansioso ou se sentindo calmo? E qual é a temperatura do seu corpo? Você está mais para quente, mais para frio ou perfeito como Cachinhos Dourados? Com que rapidez seu coração está batendo? Como você está se sentindo por dentro?
2. Ajuste o cronômetro para dez segundos. Respire fundo e ria alto o máximo que puder. Agora respire profundamente por dez segundos.
3. Respire fundo novamente e depois ria alto por vinte segundos. (Não parece muito até que você percebe que a contagem regressiva demora a terminar.) Agora, vinte segundos de respiração profunda — inspirando e expirando.
4. Pronto para uma rodada final? Ajuste seu cronômetro para dez segundos e ria o máximo que conseguir. E agora respire por dez segundos. Parabéns, você completou um conjunto inteiro de intervalo de risada. Pronto para o próximo?
5. Você sentiu alguma diferença mental, emocional ou física?

Se essa prática lhe deu recompensas positivas, imagine como você se sentiria se incluísse apenas esse pequeno momento dedicado ao riso diariamente.

Faça esse poderoso exercício de risada antiestresse quando sentir necessidade. Além de ser um ótimo dinamizador da saúde mental, ele também é um poderoso aeróbico!

Gerontologia gelotológica

Como um treino aeróbico suave, a terapia do riso é perfeitamente adequada para um estilo de vida mais sedentário ou para grupos demográficos mais idosos. *Sudoku*, sai pra lá. Um estudo sobre o humor da Loma Linda University, nos Estados Unidos, relatou diminuição do cortisol em adultos mais velhos, resultando em melhora da memória de curto prazo, bem como melhorias na qualidade do sono e no humor, aumento da satisfação com a vida e diminuição da dor.[14]

Os anos crepusculares trazem tristeza, angústia, declínio da saúde mental e/ou física e sopas de legumes. O isolamento social é comum, mesmo em lares de idosos. Não quero sugerir que isso afete a todas as pessoas mais velhas — algumas são abençoadas com boa saúde e podem rir em sua própria casa com seus entes queridos até o fim de seus dias. Mas, infelizmente, essas são a exceção, e não a regra.

Para ajudar a remediar isso, especialistas da área estão colocando em prática o Efeito do Riso, com papéis como Palhaços Anciões, Iogues do Riso e Chefes de Riso. Pesquisadores canadenses descobriram que palhaços cuidadores de idosos e/ou de pessoas com demência podem ajudar a aumentar sua qualidade de vida, de suas famílias e dos profissionais de saúde que trabalham com eles criando uma conexão com o "aroma do riso" — trazendo de volta memórias há muito esquecidas, melhorando o funcionamento cognitivo e habilidades de comunicação.[15] No estudo Sydney Multi-Site Intervention of Laughter Bosses and Elder Clowns (SMILE, ou Intervenção Multi-Local de Palhaços e Chefes do Riso Idosos), a equipe de atendimento a idosos foi treinada como Chefes do Riso, trabalhando ao lado de Palhaços Idosos terapeutas de humor profissionais.[16] O estudo constatou que os residentes que experimentaram uma dose maior de humor e de envolvimento sentiram níveis mais baixos de depressão. Houve também melhora no engajamento social e na autoavaliação da qualidade de vida, além de redução nos distúrbios comportamentais e na agitação.

Uma ex-colega minha da La Trobe University, a dra. Julie Ellis, e eu colocamos isso à prova, apresentando o projeto-piloto The Laugh out Loud (LOL) em residências para idosos.[17] Durante um período de seis semanas, em vários lares para idosos em Victoria, nós realizamos sessões de Ioga do Riso de trinta minutos com grupos de oito a doze residentes, uma vez por semana. Todas as semanas realizávamos exatamente a mesma rotina, começando e terminando com a medição da pressão arterial. Também investigamos os níveis de afeto e felicidade positivos e negativos, usando questionários de autorrelato.[18] Os residentes incapazes de responder aos questionários sozinhos eram atendidos pela equipe. Nunca esquecerei o olhar interrogativo de uma enfermeira em início de carreira encarregada de medir a pressão arterial (PA) dos residentes após nossa primeira sessão. As medições antes e depois da sessão foram bastante diferentes: a PA pós-sessão da maioria dos residentes caiu acentuadamente. Expliquei que, como acontece com outras atividades aeróbicas, a pressão arterial inicialmente sobe e depois, à medida que o corpo se acostuma com o exercício, ela desce novamente. A enfermeira ficou aliviada.

Os resultados da nossa pesquisa também indicaram um aumento no humor positivo e no envolvimento prazeroso dos participantes com o ambiente. Entusiasmo e estado de alerta aumentaram, letargia e tristeza diminuíram, e houve um aumento geral na pontuação média de felicidade.[19] Não precisei esperar para que os resultados confirmassem o que meu coração sentia e o que meus olhos viam. Frequentemente, após as sessões, os residentes me abraçavam, perguntando quando eu voltaria, e me agradeciam por ajudá-los a rir. Lágrimas de tristeza eram trocadas por lágrimas de alegria. O riso não era apenas um bom remédio para o corpo, mas elevava os espíritos e tocava as almas.

Na Colômbia, um programa de risoterapia realizado por Palhaços de Hospital para residentes em lares de idosos investigou o Efeito do Riso na depressão e na solidão. O programa encontrou reduções significativas na depressão, embora não tenha havido alterações significativas nos níveis de solidão. Isso destaca uma distinção importante entre depressão e solidão. Apesar do efeito favorável do riso nas relações sociais e de sua capacidade de diminuir os sintomas da depressão, nem mesmo o riso pode preencher todos os vazios.[20]

Dois estudos iranianos sobre mulheres idosas deprimidas descobriram que a Ioga do Riso é pelo menos tão eficaz quanto um programa de exercícios em grupo para reduzir a depressão e melhorar a satisfação com a vida.[21] Ambas as terapias, atuando como forma de exercício aeróbico, foram benéficas; no entanto, quando se trata de melhorar a satisfação com a vida, o grupo de Ioga do Riso demonstrou aumentos maiores do que o grupo de controle. Em outro estudo, mulheres aposentadas receberam Ioga do Riso duas vezes por semana durante oito semanas, enquanto o grupo de controle manteve suas atividades diárias de rotina. Os resultados mostraram diferenças significativas no padrão de pontuação em depressão e ansiedade dentro da intervenção de Ioga do Riso e no grupo de controle.[22] As pontuações de ansiedade aumentaram no grupo de controle, enquanto diminuíram notavelmente no grupo de intervenção de Ioga do Riso. A partir da quarta semana, as pontuações médias de depressão da intervenção de Ioga do Riso foram estatisticamente mais baixas do que as do grupo de controle.

Quando se trata de escolher os melhores métodos para aliviar a depressão e a ansiedade, a pesquisa sugere escolher terapias humorísticas em vez de terapias não humorísticas. É sério — eles demonstraram ser duas vezes mais eficazes.[23]

O "Efeito Desriso"

E se virarmos essa hipótese de cabeça para baixo? Uma redução na frequência do riso pode causar sintomas de depressão? O "Efeito Desriso".

O riso limitado foi uma das hipóteses testadas no estudo de diálise conduzido pela Deakin University do qual fiz parte.[24] Estatisticamente, as pessoas em diálise têm um dos maiores índices de anos de vida dependente do que qualquer outra doença crônica. Os rins são essenciais para livrar o corpo de toxinas. Quando param de funcionar ou ficam prejudicados, uma série de problemas de saúde mais complexos pode surgir. Se o corpo não consegue se desintoxicar naturalmente, o tratamento de diálise se faz necessário. Três vezes por semana, durante até cinco horas seguidas, o paciente é conectado a uma máquina de filtragem de sangue: uma sentença de prisão perpétua. As oportunidades de deslocamento são limitadas a locais que possuam unidades de diálise disponíveis, o que impacta na socialização e dificulta uma rotina de trabalho em tempo integral. Não é à toa que a depressão é comum.

Uma das razões para escolher a terapia do riso sem humor é que ela não depende de uma situação engraçada para que o riso ocorra. Durante um período de quatro semanas, três vezes por semana, sessões de Ioga do Riso estruturadas em trinta minutos foram realizadas no hospital público Monash Health. Qualidade de vida, bem-estar subjetivo (autorrelatado), pressão arterial, cãibras musculares e função pulmonar foram medidos.

Gargalhadas se derramaram pela enfermaria do hospital. O pessoal nos corredores espiava para dentro da sala a toda hora, imaginando o que diabos estava acontecendo. Enfermeiros, médicos e pacientes se afundavam na gargalhada. Todos queriam fazer parte da ação de riso. As vibrações de bem-estar eram contagiosas — o único contágio desejável em qualquer enfermaria de hospital. Os pacientes estavam literalmente rindo de felicidade, como revelou a pesquisa. Estimulando a produção de neuroquímicos do bem-estar, como endorfinas e dopamina, o exercício elevou o bem-estar e promoveu a calma.

Jocosidade para reduzir o nervosismo

Não há nada melhor do que uma boa gargalhada para aliviar o nervosismo e o frio na barriga. Doze meses após a ressecção do meu intestino, fiz uma tomografia computadorizada de revisão para garantir que tudo estava em perfeitas condições. Meu especialista colorretal relatou que tudo parecia bem, exceto por uma mancha no fígado, que ele achava que não existia anteriormente. Ponto no fígado — o quê? Me deu um nó na garganta quando me foi recomendada uma consulta de acompanhamento com meu gastroenterologista, que olhou para o exame e disse que achava que estava bem. Era o mesmo médico que me garantiu que o pólipo que ele havia removido do meu reto também parecia bem, por isso não fiquei convencida. Ele recomendou uma ressonância magnética, só para ter certeza, embora tenha sugerido que eu esperasse por três meses, devido à quantidade de radiação a que fui exposta no ano em que minha vida deu essa balançada. Ele me tranquilizou e me disse para não me preocupar. Por mais bem-intencionados que esses sentimentos possam ter sido, eles fizeram pouco para acalmar meu coração palpitante e a minha ansiedade, que crescia dia após dia, semana após semana, mês após mês. Era como se houvesse um elefante inconveniente na sala. Eu estava rezando para que não começasse a se mexer.

Por mais que eu tentasse empurrá-las para o fundo da minha mente, as memórias traumáticas do ano anterior me inundaram. Duas práticas diminuíram meu medo e aumentaram o controle do meu estado emocional: o riso intencional e a respiração profunda. Quando eu dirigia sozinha e parava no semáforo, ria alto até que ele mudassem para verde. Qualquer um que olhasse para mim teria presumido que eu estava rindo com um melhor amigo, conversando em viva voz no meu celular. Como parte da minha prática diária de meditação, acrescentei uma rodada de risadas. Quanto mais eu ria alto regularmente, menos sentia a ansiedade sufocante. Meu nervosismo não tinha desaparecido totalmente — não desapareceria até um pouco mais tarde, depois que recebi meu "tudo certo", felizmente —, mas o movimento do elefante na sala certamente não aconteceu.

SINTA O RISO, NÃO ESTRESSE, EM SEU CORPO

1. Coloque uma mão suavemente em volta da garganta e dê uma risadinha *he, he, he*. Consegue sentir a vibração?
2. Agora, reabasteça o oxigênio, inspirando e enviando a risada para o fundo do peito. Coloque uma mão no peito, e *ha, ha, ha*. Você consegue sentir o riso em seu peito?
3. Finalmente, envie essa risada ainda mais fundo, até a sua barriga. Coloque as duas mãos na barriga ao inspirar, e depois *ho, ho, ho* ao expirar, rindo.
4. Repita algumas vezes e pratique sempre que se sentir dominado pelo estresse.

A doença crônica tem seu preço, física, emocional e mentalmente. Minha experiência de ansiedade intermitente reflete resultados de pesquisas encontrados em outras pessoas que enfrentam problemas crônicos de saúde, incluindo câncer. Um estudo coreano conduziu a terapia do riso com pacientes com câncer de mama: rir no ritmo de palmas, rir por muito tempo, rir com todo o corpo e rir com rotinas de dança. Um pouco de chá-chá-chá *ha, ha, ha.* O riso demonstrou ser eficaz na redução do estresse, da depressão e da ansiedade — e isso ficou claro após apenas uma sessão.[25] Esse estudo destaca um desafio que os gelotologistas enfrentam: tirar conclusões gerais sobre o Efeito do Riso quando tantos métodos diferentes são usados.

Uma gargalhada lá de dentro

A ansiedade é uma fera indomável. Por mais que ela comece com pensamentos na sua cabeça, é uma experiência de corpo inteiro. Ela esgota a serotonina, um fator importante no controle do nosso humor, das emoções, do apetite e da digestão. Nós temos mais receptores de serotonina em nosso intestino do que em nossa cabeça, o que significa que ansiedade e depressão são efeitos colaterais comuns da síndrome do intestino irritável (SII). Um estudo iraniano descobriu que uma boa gargalhada faz bem para a barriga, sendo a Ioga do Riso mais eficaz do que medicamentos ansiolíticos na redução dos sintomas gastrointestinais.[26]

O gênio do riso

Uma boa risada não só pode transformar um intestino zangado, estimulando os neurotransmissores associados ao bem-estar, como pode até mudar genes.[27] Um estudo realizado no Japão explorou o efeito que o estado de espírito tem sobre o diabetes em dois grupos de participantes com diabetes tipo 2, dependentes de insulina. Um grupo teve os níveis de glicose no sangue verificados antes e depois de assistir a uma palestra realmente chata de sessenta minutos, enquanto o outro (que teve mais sorte e) assistiu a uma hora de comédia. O grupo do riso apresentou queda significativa na necessidade de reposição de insulina, em comparação com o outro.

Mas fica ainda melhor. Os pesquisadores descobriram que vinte e três expressões de genes foram alteradas apenas pelo riso! Acredita-se que o humor elevado dos participantes fez com que seus cérebros enviassem novos sinais às células, que ativaram variações genéticas que permitiram uma regulação natural do açúcar no sangue.

Falando em genes, foi demonstrado que a frequência do riso é um fator importante para mulheres que tentam engravidar. Um estudo envolvendo mulheres que receberam fertilização *in vitro* em Israel descobriu que 36% das participantes que foram expostas a um médico palhaço durante quinze minutos após o procedimento engravidaram, enquanto apenas 20% das que ficaram sem comédia conseguiram.[28] Portanto, se você estiver tentando engravidar, por que não desfrutar de uma produtiva risada em conjunto? Pior cenário: você vai rir. Melhor cenário: você terá uma vidinha nova!

De cansado a recarregado

A fadiga é debilitante. É uma sensação com a qual estou muito familiarizada, pois tive a síndrome de fadiga crônica já aos vinte anos. Tentar combater a fadiga também foi uma das razões pelas quais pratiquei a Ioga do Riso. Eu me senti animada depois da minha primeira experiência com essa prática. Não é surpresa, então, que, quando um estudante de ponta na área da promoção da saúde da Universidade La Trobe me convidou para supervisionar um projeto de Ioga do Riso que mede estresse, ansiedade e fadiga, eu tenha ficado exultante. Alunos com os olhos turvos e estressados eram uma visão com a qual eu me acostumaria, especialmente no final do ano. Nas quatro semanas que antecederam as provas de final de ano, realizamos sessões semanais de Ioga do Riso de quarenta minutos com dez a doze alunos. A cada semana, pesquisas relacionadas a estresse, ansiedade e fadiga foram realizadas antes e depois da sessão. Muitos alunos comentaram como seu sono havia melhorado uma ou duas noites após a sessão. Eles expressaram maior motivação para estudar e maior clareza mental em geral. O bem-estar positivo aumentou, e o sofrimento psicológico e a fadiga diminuíram. O bolsista, que trabalhou diligentemente planejando, programando, implementando e posteriormente avaliando o projeto, ficou encantado.

Como o riso muda seu cérebro

Como o comediante dinamarquês-americano Victor Borge disse, "o riso é a distância mais curta entre duas pessoas". O riso, como exploramos até agora, preenche silêncios desconfortáveis ou encontros levemente embaraçosos com seu efeito de pontuação. Mas você sabia que colocar suas "lentes" de riso pode literalmente mudar a maneira como você vê o mundo? O neurocientista australiano Professor Jack Pettigrew estava investigando como o cérebro processa ilusões de ótica e descobriu que um dos subprodutos de uma boa risada é a alteração na maneira como uma pessoa percebe uma figura desenhada.[29] Um cubo de Necker — uma ilusão de ótica envolvendo o simples desenho estrutural de um cubo — foi usado em seu experimento. Ele estava contando uma piada para um dos participantes de sua pesquisa quando fez sua descoberta por acidente. Infelizmente não sabemos qual poderia ter sido a piada que o neurocientista contou. Talvez:

P: Por que o cérebro não queria tomar banho?

R: Porque não queria sofrer uma lavagem cerebral.

Voltando à questão cerebral, quando se trata de ilusões de ótica como o cubo de Necker, nossa percepção muda, permitindo-nos ver simultaneamente o cubo de dois ângulos diferentes. Pettigrew descobriu que durante o riso o cérebro mistura as imagens de modo que a ilusão se perde e apenas um desenho bidimensional é visto. Ele concluiu: "Se você enxerga as duas versões juntas, esteja certo de que está vendo com ambos os hemisférios ao mesmo tempo". Na linguagem científica, "o riso abole a rivalidade binocular", o que significa que nossa percepção combina perfeitamente diferentes imagens apresentadas a cada olho. O riso modifica nosso estado cerebral, mudando nossa percepção. Experimente você mesmo. Desenhe um cubo de Necker em um pedaço de papel ou, se estiver em uma festa e quiser impressionar, desenhe-o em um guardanapo. Peça a alguém para olhar e conte uma piada. Veja o que acontece.

Usando uma ressonância magnética, pesquisadores estudaram o cérebro durante o riso de alegria. Em pessoas que riam de algo engraçado, ondas gama eram produzidas em ambos os hemisférios do cérebro. O riso, ou simplesmente desfrutar de um pouco de humor, aumentou a liberação de endorfinas e dopamina no cérebro, proporcionando uma sensação de prazer e recompensa. Níveis mais altos desses hormônios edificantes aumentaram a atividade das ondas cerebrais, especificamente as oscilações neurais. Essencialmente, ele exercitou todo o cérebro. O professor Lee Berk chamou a isso de "estar na zona".[30] O Efeito do Riso produz imediatamente as mesmas frequências de ondas cerebrais experimentadas por pessoas em verdadeiro estado meditativo.

Riso e longevidade

Agora, a pergunta que não quer calar. O segredo para uma vida mais longa é mais riso? Parece que a chance é boa. Um estudo realizado com mães latino-americanas e europeias brancas descobriu que, apesar da desvantagem socioeconômica e psicossocial dos latinos nos Estados Unidos, elas tinham maior esperança de vida do que outros grupos. Descobriu-se que as mães latino-americanas riem mais do que as mães europeias brancas, mediadas por conversas substantivas com outras pessoas, resultando no que é conhecido como "O Paradoxo da Saúde Latinx".[31] A capacidade de conversação das mães latino-americanas resultou em mais risos. A pesquisa descobriu que rir menos pode ser um fator de incapacidade funcional mais tarde na vida. Pessoas que riem menos podem ter dificuldades nas atividades da vida diária, como alcançar e manipular objetos devido a dor ou imobilidade ou a problemas motores, incluindo dificuldades para inserir uma chave na fechadura, digitar ou até mesmo abotoar uma camisa.[32]

O melhor remédio?

O riso traz muitos benefícios físicos, emocionais, sociais e espirituais, mas seria plausível concluir que é o melhor remédio? A ciência do riso como remédio é um campo de pesquisa relativamente novo e emergente. Há necessidade de mais estudos que utilizem a mesma fórmula do riso. Incluir um grupo de controle permitiria maior facilidade em separar o riso de outras vertentes; por exemplo, cha, cha, cha de *ha, ha, ha* — um treino físico padrão *vs.* um treino de riso. Diferentes métodos e *designs* de estudo tornam a comparação um pouco incerta.

No entanto, as terapias do riso são certamente benéficas e adequadas para pessoas em qualquer estágio da vida e habilidade do ponto de vista medicinal. O riso não humorístico é particularmente adequado para pessoas mais velhas ou com deficiência cognitiva, não dependendo de habilidades verbais, como jogos de palavras ou humor intelectual. É seguro para a maioria das pessoas tentar, e é uma intervenção complementar feliz. Como qualquer medicamento, ele precisa ser dosado corretamente. Um *ha* dificilmente salvará uma vida.

A tecnologia pode fornecer a solução para respostas mais definitivas sobre a eficácia terapêutica do Efeito do Riso, nos ajudando a discernir se os efeitos positivos sugeridos das terapias são mediados pelo próprio riso ou por outra coisa. Os celulares podem medir o riso usando reconhecimento facial e análise de voz — ou outro tipo de dispositivo, como um eletromiograma de diafragma, que poderia fornecer uma medição mais exata do riso avaliando o impulso respiratório e a função do diafragma.[33] Isso ajudaria a estabelecer a "dosagem" diária mínima recomendada, que atualmente é de pelo menos quinze minutos, contados ao longo do dia ou de uma só vez.

Para os céticos que não acreditam que o riso possa ser prescrito — sim, ele pode. Já existe uma prescrição social, quando os profissionais de saúde encaminham pacientes para serviços não clínicos na comunidade para atividades de promoção da saúde, incluindo jardinagem, aulas de culinária (saudável), voluntariado, atividades artísticas, educação de adultos ou esportes. E agora há uma expansão da prescrição social para incluir uma receita de riso que já é endossada por alguns membros da comunidade médica,[34] quando as pessoas são direcionadas para grupos de riso *on-line* ou face a face — mais comumente, a Ioga do Riso —, para compartilhar com outras pessoas e aumentar a dosagem de riso. Veja a seguir uma receita para o riso da iogue do riso e educadora de bem-estar Janni Goss, autora de *Love, Laughter and Longevity* (Amor, riso e longevidade - tradução livre):

Compartilhe seu sorriso.
Evite más notícias. Procure por boas notícias.
Brinque, ria e divirta-se com as pessoas da sua vida, principalmente com as crianças.
Assista a mais comédias — TV, filmes, rádio, *podcasts*, internet.
Seja otimista — tenha esperança em sua vida.
Exercite seu senso de humor.
Use o humor para desestressar. Ria sozinho.
Encontre um clube do riso e experimente a Ioga do Riso.
Procure ajuda se o riso não for do bem.
Agradeça pelos benefícios do riso.

Os benefícios do riso para a saúde podem superar a eficácia de algumas drogas farmacêuticas — conforme comprovado por pesquisas e estudos —, para inveja no mundo da medicina. Talvez, se o riso fosse um comportamento mais complexo, muitos na comunidade científica estivessem dispostos a aceitar a evidência de seu sucesso. Em vez disso, eles brigariam para ver quem venderia mais risos. Nesse sentido, quem precisa de uma pílula do riso quando temos suprimentos ilimitados à nossa disposição? Como observou um médico, "Se você ferver ossos de um esqueleto engraçado, você produzirá uma geleia de chacota. Isso é engraçado até a medula". Quanto mais forte a geleia, mais ricos serão seus benefícios para a saúde. Deixe o riso ser o seu remédio. Como disse o dr. Kataria, "Não há riso na medicina, mas há muita medicina no riso".

4

Ioga do Riso e Bem-Estar do Riso

Não rimos porque estamos felizes, estamos felizes porque rimos.

— William James

A necessidade é a mãe de todas as invenções. A Ioga do Riso e o Bem-Estar do Riso são exemplos disso, pois preenchem um vazio no mundo da terapia do riso. Ambos envolvem a indução do riso por meio de uma fórmula estruturada de exercícios intencionais, com palmas e exercícios de respiração profunda. A Ioga do Riso facilita os benefícios de saúde para o corpo, a mente e a alma, em especial durante os períodos de adversidade. Você não precisa contar com algo engraçado acontecendo para colher os benefícios. A Ioga do Riso é uma das atividades mais esclarecedoras que você pode escolher para proporcionar sua DOSE diária de bem-estar.

O riso intencional envolve a reversão de uma vida inteira de condicionamento, pois nossa mente lógica inicialmente passa a rir sem motivo aparente. No entanto, por meio do poder da neuroplasticidade — a capacidade do cérebro de mudar a si mesmo — e com a prática, gradualmente, uma mentalidade de riso, um componente central do Efeito do Riso, torna-se inata.

Conforme discutido anteriormente, a Ioga do Riso foi concebida na terra dos gurus — a Índia, especificamente em um parque em Mumbai. Nos anos 1990, o dr. Madan Kataria era editor de uma revista de saúde e buscava uma solução para seus crescentes níveis de estresse, até que decidiu escrever um artigo sobre o riso ser o melhor remédio. Embora surpreso com a quantidade de evidências que apoiavam a afirmação, ele ficou perplexo com seu uso nominal no contexto cotidiano. Ao longo da pesquisa, seu apetite para provar este medicamento foi ficando cada vez mais aguçado. Cheio de piadas, Kataria foi ao parque local com cinco amigos e começou um "clube do riso". Depois de dez dias, o estoque de piadas se esgotou, nem todo mundo estava rindo e seus amigos queriam sair. Recusando-se a ceder, Kataria prometeu que tentaria encontrar uma maneira de continuar rindo sem piadas.

Um livro em especial, *The Complete Guide to Your Emotions and Your Health* [*O guia complete para suas emoções e sua saúde*], de Emrika Padus, deixou uma marca em Kataria. O próximo passo foi informado pelo principal argumento do livro — seu corpo não consegue diferenciar se você está realmente feliz ou se está apenas agindo como se estivesse feliz. Kataria consultou a esposa, Madhuri, uma iogue experiente, que notou a semelhança entre o riso e os exercícios respiratórios de ioga (*pranayamas*). Uma fórmula foi idealizada por Kataria — repetições de respiração; palmas; cantando *ho, ho, ha, ha, ha*; e vários exercícios de riso inspirados na vida em vez de em piadas ou comédia — o que permitiria aos participantes escolher rir em vez de confiar no acaso.

De volta ao parque, o grupo começou a "fingir" rir por um minuto usando essa nova fórmula. Devido à natureza contagiante do riso, eles não conseguiam parar! O repertório de exercícios do riso se expandiu, assim como os seguintes, e em cinco anos a Ioga do Riso se espalhou por cinquenta países. Ela se tornou um fenômeno tão global que agora tem seu próprio dia: o Dia Mundial do Riso, comemorado no primeiro domingo de maio em mais de cem países. Existem agora milhares de clubes de Ioga do Riso em todo o mundo, com pessoas que se reúnem para rir *on-line* e pessoalmente — um só coração.

Eu serei honesta: não sou fã da frase "finja até conseguir". Ela é falsa, meus amigos, e não cai bem para ninguém. Minha preferência é "faça até conseguir!". Isso caminha com as evidências que apoiam a incapacidade do cérebro de distinguir entre ações espontâneas e ações intencionalmente provocadas. Também se alinha a três palavras poderosas: *movimentação cria emoção.*

Tenho certeza de que houve dias em que você se sentiu um pouco triste. Se tivesse de transportar esse estado de espírito para fora, você ficaria prostrado, com a cabeça inclinada para baixo e os ombros caídos. As pessoas ao seu redor provavelmente evitariam se envolver com você — nem mesmo um sorriso —, presumindo que não fariam bom proveito disso. O sinal que você está emitindo é: *estou me sentindo um pouco pra baixo, me deixe em paz.* E se você levantasse a cabeça, expandisse o peito para a frente, balançasse os braços com maior determinação e aumentasse o ritmo? Você enviaria uma vibração mais otimista. A movimentação cria emoção: você se livrou do seu marasmo — e se tornou mais alegre.

VAMOS COLOCAR À PROVA

1. Comece cerrando os punhos e incorpore o estresse como achar melhor.
2. Tome consciência do posicionamento dos seus ombros. Eles estão relaxados e leves ou na altura das suas orelhas? Seu padrão respiratório suavizou ou está mais difícil? Nesse estado de estresse, como você está se sentindo por dentro? Contente? Estressado? Neutro?
3. Mantenha essa sensação por cerca de dez segundos.
4. Agora expire com um suspiro profundo. Deixe seus ombros relaxarem e solte as mãos e os dedos. A cada expiração, libere um pouco mais de estresse. Solte da maneira que lhe for conveniente — expirando profundamente, batendo os pés, sacudindo, sorrindo

ou rindo alto. Como você está se sentindo depois desse curto período? Eu imaginaria que um pouco mais leve e esfuziante.

Modificar nossa fisicalidade altera como nos sentimos. O riso intencional não é exceção. Nosso corpo não precisa consultar nossa mente para *sentir* o riso, seja ele espontâneo ou simulado, e o tipo de estímulo não importa. Pode ser um exercício de riso ou uma piada. É por isso que o riso não baseado no humor é muitas vezes referido como uma prática corpo-mente. Especialmente nos casos em que a mente pensa que não tem vontade de rir, o corpo sensível pode anular o falso senso de superioridade da mente e liberar o riso. Em pouco tempo, a mente toma uma pílula calmante e, apesar das dúvidas iniciais, espalha substâncias químicas de bem-estar por todo o corpo.

AQUI ESTÃO ALGUNS EXERCÍCIOS SIMPLES DE "RIAR" PARA COMEÇAR SUA PRÁTICA DE RISO INTENCIONAL

1. **Descompacte sua risada**
Finja que sua boca está fechada com um zíper. Com uma mão, abra o zíper da boca até soltar muitas risadas. Descompacte e recompacte sua risada quantas vezes quiser.
2. **Fio dental mental**
Como já exploramos, o estresse é um dos principais motivos pelos quais o riso cessa. Regularmente, assim como você usa fio dental, pegue um fio mental imaginário e, rindo enquanto faz isso, puxe de uma orelha a outra, limpando sua mente da negatividade e dos pensamentos indesejados. Quando terminar, jogue fora o fio dental e dê uma última risada.

A Ioga do Riso é o modelo primário para o riso não baseado no humor, embora o método Bem-Estar do Riso — criado pelo franco-americano Sebastien Gendry — se baseie nisso. Ele também se conecta à antiga sabedoria de agir "como se", na qual o corpo conduz e a mente segue. Ele expande os fundamentos da Ioga do Riso, oferecendo um modelo para praticar comportamentos edificantes positivos, e é composto por quatro elementos principais:

- movimentos de coordenação, incluindo bater palmas em padrões rítmicos, como bater na coxa e no ponto do timo — localizado na parte superior do tórax atrás do esterno — ou exercícios de ginástica cerebral;
- respiração, alongamento e relaxamento;
- reforços positivos para promover o bem-estar;
- expressões de alegria (risos, canções, danças ou jogos intencionais).

As terapias cognitivo-comportamentais e as práticas de autocuidado ampliam não só o sorriso das pessoas, mas também sua experiência de alegria. Elas são projetadas para construir confiança, criatividade, vitalidade, inspiração, compaixão, habilidades de comunicação e consciência, promovendo vários aspectos do bem-estar. Se você procura uma solução rápida para aumentar sua positividade, Gendry é o primeiro a admitir que você busca no lugar errado. O caminho para a alegria pode ser desafiador: *alguns dias não quero ter que me desculpar, nem enfrentar aquilo de que tenho medo; prefiro apenas reclamar, em vez de respirar fundo e decidir o que vem a seguir*. O método Bem-Estar do Riso é um caminho para a atenção plena, ancorando-se no momento presente com um sorriso ou em sua respiração, permitindo que você saia do passado e do futuro e esteja mais no presente. E reconheça que a felicidade não é algo que você pega, e sim algo que você dá a si mesmo.

O BEM-ESTAR DO RISO NA PRÁTICA — ENCONTRE SUA RISADA

1. Feche os olhos e fique em silêncio.
2. Ria por dentro, silenciosamente, sem fazer barulho.
3. Ouça sua risada por dentro. Como ela soa?
4. Inspire e sorria a cada expiração.
5. Mantenha os olhos fechados. Em sua mente, aumente o volume de sua risada. Depois, ainda com os olhos fechados, ria alto.

Você também pode experimentar emitir diferentes sons de risada. De boca fechada ou de boca aberta. Riso profundo lá da barriga; risada superficial e no peito; ou risadas mentais. O que você escolher. Vá para onde o riso flui. Repita quantas vezes quiser até se sentir mais energizado e alegre.

Quando você pratica comportamentos positivos e edificantes e se sente bem, esse sentimento começa a fluir em sua vida diária. Na experiência de Gendry, leva cerca de dez minutos de engajamento físico para que nossa mente, nosso corpo ou nossa respiração mudem. A respiração é o eixo entre a mente e o corpo, trabalhando em sincronia e espelhando um ao outro. Se você está preso em sua mente, pode quebrar esse circuito respirando mais fundo ou sorrindo. No começo, a mente resistirá. Ela vai te pressionar para parar com esse comportamento, inventando todas as desculpas possíveis — *você não tem tempo para isso. O que você está fazendo? Você está sendo ridículo.* No entanto, se você ativar e sustentar o gatilho físico, dentro de dez minutos criará uma mudança em sua bioquímica.

Não se pode habitar simultaneamente duas mentalidades opostas. Quando você está ancorado em estados emocionais positivos, como rir ou sorrir, não pode se sentir estressado ou triste. Esse é um dos princípios fundamentais por trás da Ioga do Riso e do Bem-Estar do Riso, de onde decorre o Efeito do Riso. É necessária uma mudança de comportamento para que desejos como *eu adoraria experimentar mais alegria em minha vida* não permaneçam apenas em sua mente. A transformação em sua mente sozinha é uma tarefa difícil. Transformar-se na presença de outras pessoas pode facilitar. Ação é o que separa os criadores de alegria dos aspirantes a alegria. "O riso funciona se você trabalhar", diz Gendry, e ele está certo. Ser o primeiro a enviar um sorriso gera uma mudança em si mesmo, depois ele se espalha e muda a forma como o mundo responde a você. De repente, não estamos mais em um lugar tão assustador e hostil quando todos estão sorrindo para nós.

Gendry expande sua metodologia: "Não se trata de ser engraçado, é sobre se divertir. Não se trata de forçar, trata-se de escolher ser. Não se trata de fingir nada, trata-se de se permitir experimentar uma forma diferente de ser". Para Gendry, o impacto foi profundo. "Isso não mudou minha vida; mudou a mim mesmo."

O riso pode trazer a paz mundial?

Embutida na filosofia da Ioga do Riso está a ideia que Kataria defende: "Quando você ri, você muda, e, quando você muda, o mundo ao seu redor muda". Parte de sua missão é construir consciência global e amizade por meio do riso, melhorando a saúde e a felicidade para, no processo, chegar à paz mundial. Portanto, não seja excessivamente ambicioso ;).

A Ioga do Riso está mudando vidas nos lugares menos prováveis. Ruanda é uma nação com uma história recente marcada por terror e trauma. Em apenas cem dias, em 1994, 70% da população tutsi do país, bem como os hutus moderados — aproximadamente 800 mil pessoas no total —, foi massacrada por extremistas étnicos hutus. As vítimas foram mortas em suas próprias aldeias ou cidades, muitas por seus vizinhos e membros de sua comunidade. Décadas depois, famílias e amizades continuam separadas, e Ruanda ainda precisa urgentemente de uma cura. Desde 2010, a australiana Kim O'Meara — apropriadamente conhecida como Angel Kimmy — tem espalhado a Ioga do Riso em Ruanda.

Um pouco da história de O'Meara: em 2000, ela foi diagnosticada com síndrome CREST, um subtipo de esclerodermia. Essa condição, cujo nome significa "pele endurecida", afeta muitos órgãos internos e pode se tornar uma ameaça à vida. Ela recebeu um prognóstico de três anos de vida. O'Meara descreve sua condição com grande hilaridade: "Os sucos e a elasticidade são sugados para fora de seu corpo e você se torna uma estátua para pombos, na qual eles podem pousar e fazer cocô em você, e no final você se torna uma fonte". Respondendo ao seu diagnóstico de uma forma que poucos poderiam imitar, O'Meara começou a rir. Ela ria de tudo que havia acontecido com ela até aquele momento, inclusive de ter sido abusada quando criança. Ela riu a um ponto que muitos considerariam inapropriado. No entanto, O'Meara é rápida em apontar que há sempre uma adequação, um significado em algo: "Se você pode rir até lá embaixo sobre algo que outras pessoas não podem nem sorrir, então você pode se curar, você tem a vida sob controle. Tudo acontece por uma razão, tudo é válido, tudo o que você precisa fazer é continuar até encontrar o lado engraçado da coisa".

Sem o riso, ela tem certeza de que já teria morrido. Uma verdadeira otimista, ela repete uma frase de um de seus filmes favoritos, *O exótico hotel Marigold*: "Se uma história não tem um final feliz, ainda não é o final", e acrescenta: "As histórias passam por drama, trauma, romance, comédia, e até chegar à parte em que a soma dessas experiências é a alegria de ser quem você é, a expressão de sua vida, então sua história não acabou". Apesar da marca visível de CREST na aparência de O'Meara, seu espírito está longe de ficar abatido. Ela é a personificação ambulante de viver o propósito da vida, apesar de — ou talvez por causa de — uma deficiência considerável.

A Ioga do Riso apresentou a O'Meara uma prática para o riso que ela produzia voluntariamente. Em 2010, ela fez as malas e partiu para Ruanda com duas missões em mente: passear com gorilas e explorar a introdução da Ioga do Riso nesse epicentro de traumas e torturas. Inspirada pela visão do dr. Kataria de trazer a paz mundial por meio do riso, ela acreditava que, "se puder fazer algo lá [Ruanda], você poderá fazer algo em qualquer lugar".

A primeira missão terminou com um coração partido. Um gorila em particular se apaixonou pelos encantos sedutores de O'Meara e teria ficado desolado com sua partida. A segunda missão foi muito mais bem-sucedida, resultando em uma parceria entre o Western Australian Laughter Yoga Club, em Perth, e a organização Rwanda Resilience and Grounding (RRGO), reabilitando comunidades por meio da Ioga do Riso. Em um distrito, Bugesera, uma aldeia de reconciliação foi criada após o genocídio para vítimas e sobreviventes viverem lado a lado. A Ioga do Riso foi escolhida pelo governo de Ruanda como uma das técnicas de reabilitação a serem utilizadas como forma de tentar tornar o país novamente um lugar pacífico, e pediu à RRGO que apresentasse a prática à comunidade. Faz parte da missão mais ampla da RRGO melhorar a saúde mental e a resiliência na comunidade de Ruanda, promovendo emoções positivas como amor, gratidão, bondade, otimismo e perdão. O treinamento de Ioga do Riso é combinado com a terapia de traumas, com base na formação de arteterapia de O'Meara, trabalhando com argila para ajudar a processar o trauma. Ela inspirou o inimaginável: sobreviventes rindo com aqueles que torturaram ou mataram suas próprias famílias. Não se trata de diminuir o trauma das pessoas, rindo insensivelmente ou tolerando ações que possam ter causado o trauma; em vez disso, o processo trabalha o efeito da endorfina do riso. Isso permite que os participantes alcancem um estado mental "amoroso" e, a partir daí, podem ver as atrocidades que vivenciaram no auge do riso, em vez de num estado emocional "normal", em espiral descendente.

O governo de Ruanda e pesquisadores independentes continuam monitorando as diferenças no bem-estar mental e na resiliência entre perpetradores e vítimas. Um participante regular da Ioga do Riso disse: "Estou me sentindo feliz, em paz, relaxado e gostaria de levar essa luz de paz para a minha família". Em vez de seguir uma fórmula de exercícios de riso populares em outras partes do mundo, eles personalizaram a prática criando exercícios culturalmente apropriados ao estilo de vida. Um desses exercícios usa uma minivassoura de palha para varrer o chão. E risos acompanham a tradição de lavar a roupa com pedras. Eles ainda dão uma série de risadas que envolvem o ato de pentear os cabelos cacheados sem sucesso, o que, segundo O'Meara, sempre garante risadas bem altas.

Uma subvenção do Rotary International em 2022 permitiu à RRGO iniciar clubes de formação de Ioga do Riso em quinze aldeias, com 230 facilitadores treinados e planos para uma escola de Ioga do Riso. Um dos clubes do riso consegue fornecer leite e queijo à sua aldeia, graças à desenvoltura de O'Meara. Ela levantou fundos e comprou uma vaca prenha — proclamando uma pequena vitória, "duas pelo preço de uma". O clube do riso é o lugar no qual os moradores vêm para rir e beber leite juntos. "O riso é a coisa mais preciosa do planeta", diz O'Meara, cuja grande ambição é incluir um minuto de riso na cerimónia nacional de comemoração do genocídio. A esperança é que o riso seja o fator que impede as pessoas de lutar, evitando outro genocídio. Um caminho para a reconciliação, cura e construção da paz.

A terapia do riso está sendo usada em outras partes do mundo, em lugares com conflito e onde as tensões se exaltam. Praticante da Arte do Nonsense (é sério) e da terapia do riso, o israelense Alex Sternick conduziu sessões conjuntas de Ioga do Riso para israelenses e palestinos. Sternick descobriu a Ioga do Riso enquanto estava na Índia e ficou tão inspirado pela mensagem do dr. Kataria de que "o riso nem sempre resolve o problema, mas ajuda a dissolvê-lo", que decidiu importar a prática para o conflito de longa data no Oriente Médio. Sternick já tinha ouvido falar de Sulhas, festivais de perdão — o nome é derivado da palavra árabe *sulh*, que significa "fazer a paz" ou "reconciliar". Assim, sensível às complexidades de unir judeus e palestinianos em 2007, em Beit Jala — uma cidade vizinha de Belém —, a Ioga do Riso foi integrada a um *workshop* de dois dias sobre resolução de conflitos. Os participantes vieram de toda Israel e dos territórios palestinos. Imediatamente, rótulos e identidades se dissiparam em um coletivo unido de seres humanos, não de indivíduos em guerra, e risos foram compartilhados.

As notícias correram rápido — para a Jordânia, de onde Sternick recebeu um pedido para treinar remotamente uma mulher jordaniana em Ioga do Riso. Depois disso, liderado por seu mais novo recruta, o Efeito do Riso se espalhou para os refugiados sírios. A paz, diz Sternick, começa com o eu. Se você não resolver seu conflito interior, a Ioga do Riso ou qualquer outra técnica só pode ir até certo ponto. "Quando se fala de guerras externas entre pessoas, é porque elas têm guerras internas — problemas pessoais ou desafios não resolvidos — que as levam a odiar os outros. Então, se você não trabalhar profundamente essas questões pessoais e não chegar a um acordo entre essas partes [dentro de você mesmo], você não poderá realmente rir com outra pessoa." Sternick comenta: "Quando puder ser gentil e aceitar a si mesmo, você vai parar de odiar os outros — e isso vai virar pó ao vento".

A conexão entre pessoas em conflito umas com as outras, acredita ele, precisa ser não verbal. "Pode ser riso, choro, tagarelice ou até mesmo cozinhar uma refeição juntos. Então, pelo menos em algum nível, a animosidade começa a desaparecer." Sternick observa que a conversa às vezes pode exacerbar o conflito. Isso separa as pessoas, mas, quando você traz algo do corpo, como o riso, pode acarretar uma conexão individual que fala diretamente ao coração. A Ioga do Riso aumenta o potencial para uma reconciliação mais profunda — consigo mesmo e com os outros.

Irmã Serotonina

Estou preocupado que as pessoas pensem que fiquei maluco se for visto rindo sem motivo.

Eu compreendo totalmente! Se você é tímido, ria em lugares onde se sente menos vulnerável. No chuveiro, sozinho em casa ou no carro. Além disso, pode ajudar lembrar por que você está rindo — pela alegria e pela saúde, os melhores motivos de todos.

Este é um pensamento comum, compartilhado no domínio do humor fora do mundo da Ioga do Riso, principalmente com comediantes que reconhecem o poder que vai além de "apenas uma risada". O comediante britânico Alistair Barrie, autor de *Are You Taking the Peace?* — um *show* de *stand-up* irreverente com assuntos sérios —, afirmou: "A única maneira como a humanidade sempre lidou com os horrores que a rodeiam foi rindo deles, e isso é pelo menos algo que todos temos em comum". Ou, como disse o comediante australiano Adam Hills, residente no Reino Unido: "Não faríamos o que fazemos se não pensássemos que o que estamos fazendo realmente torna o mundo melhor. O que é uma coisa terrível de admitir. Mas acho que, se você consegue unir uma sala com risadas, possivelmente terá uma divisão a menos no mundo".

Ioga do Riso — o ponto central

Luis Gomez, conselheiro e instrutor de Ioga do Riso, tem paixão por facilitar a Ioga do Riso no sistema penitenciário do México. Quando começou, em 2013, havia mais de 40 mil prisioneiros só na Cidade do México, em treze prisões — duas femininas e onze masculinas.[1] Sem muita escolha, Gomez começou a Ioga do Riso em prisões femininas, esperando que fosse uma aterrissagem mais suave, mas ele acabou tendo problemas nos dentes. Numa das primeiras sessões, a "risada do leão" foi representada de maneira demasiado literal. Infelizmente, algumas das mulheres tornaram-se hostis e agressivas e morderam suas companheiras de prisão. Depois disso, ele implorou às detentas que tentassem ver as sessões como algo positivo que pudesse realmente ajudá-las, e que participassem das sessões com respeito mútuo.

As melhorias na maneira como as detentas se relacionavam entre si durante as sessões deram a ele uma fome de leão por mais vitórias. Com psicólogos prisionais e assistentes sociais, Gomez planejou um programa de Ioga do Riso de 22 dias em prisões masculinas. Ele claramente não foge de um desafio porque, em vez de entregar o programa aos prisioneiros com algum grau de liberdade, escolheu prisioneiros em confinamento solitário para se misturarem ao projeto *Unleash Your Happiness* (*Liberte sua felicidade*). Apesar de sua pequena estatura física, Gomez se sentia seguro e forte, fortalecido por sua missão: "É uma questão de estar atento, de não ter medo". O programa combinou exercícios respiratórios, exercícios de Ioga do Riso adaptados para melhorar a reabilitação e — tem mais — salsa!

Embora encontrasse resistência, Gomez simplesmente disse: "Faça o que estou dizendo do começo ao fim do programa e veja...". Funcionou! Canais de comunicação foram abertos. Criminosos endurecidos pela vida, em grande parte condenados ao ostracismo pela sociedade e famintos por contato humano, se encontraram de perto e pessoalmente pela primeira vez. No começo, eles se sentiram desconfortáveis em compartilhar uma risada, quanto mais uma conversa, mas com o tempo já compartilhavam lágrimas de riso e de alegria. Gomez acredita que, mesmo quando você não está preso e tem sua liberdade, você ainda pode ser um prisioneiro em sua mente. Ele encorajou os prisioneiros a gritar: "*Soy libre*!" ("Sou livre!"). Apesar da réplica ocasional de "Não, você não é" ecoando pelas paredes das celas mais próximas, houve uma mudança. Como um prisioneiro compartilhou: "Por alguns momentos eu senti como se estivesse fora daqui". Testes psicológicos, atividades de desenho e depoimentos de familiares surpresos com a transformação de seus entes queridos, e "fotos" de antes e depois do fichamento, demonstraram visivelmente o sucesso do programa. Os dados iniciais sugeriram taxas de reincidência mais baixas em prisioneiros que compartilham o dom do riso.

• • • • • • • •

Ocasionalmente, todos nos sentimos presos ou impotentes. Enfrentar uma doença grave pode ser um desses momentos — tornar-se prisioneiro de seu próprio corpo. Foi assim que eu me senti. Por muitos meses, consultas médicas, cirurgias e, posteriormente, recuperação preencheram meus dias. Minha liberdade foi reduzida. A mentalidade de bem-estar do riso foi fundamental para minha cura. Se eu tivesse confiado apenas na diversão ou na alegria para inspirar magicamente uma mudança emocional positiva, teria esperado por muito tempo. Invocar intencionalmente o Efeito do Riso promoveu um empoderamento e a capacidade de prosperar, não apenas de sobreviver.

Uma mentalidade de bem-estar do riso me permitiu incorporar a energia da positividade — por meio de sorrisos e práticas de riso intencionais. Mas também pude desafiar minha voz interior (negativa) por meio da escrita. Essa é uma prática que exploraremos mais adiante, no capítulo 10. Ao fazer isso, facilitei uma mudança mental, emocional e física. Primeiro catalisando uma mudança em meu mundo, antes de estendê-la para o mundo externo.

RISADA AFIRMAÇÕES – "RISAFIRMAÇÕES"

Aqui está uma das minhas favoritas:

EU sou amor
EU sou riso e alegria
EU sou paz

"Cachorro preto" olhando para baixo

Às vezes, o riso e a energia que o acompanha são tão distantes que pode parecer que você nunca mais os experimentará. Isso pode acontecer para muitos milhões de pessoas em todo o mundo que sofrem de ansiedade crônica ou depressão: equilibrando-se à beira do penhasco, questionando o valor de sua vida. Ao longo das décadas, conheci pessoas que admitiram que a Ioga do Riso salvou sua vida — literalmente. Como o CEO da Ioga do Riso da Austrália, Merv Neal, explica: "Trata-se de uma resposta de comunicação social. Quando rio, estou dizendo às pessoas que estou me divertindo". Devido à energia contagiante do riso, os participantes ganham uma pequena trégua de seu desespero. Quanto mais o dia de alguém for repleto de momentos de riso, mesmo que cultivados a partir de exercícios simulados, maior será a probabilidade de que o ânimo desse alguém seja elevado — mesmo que de forma passageira. Cumprimente-se no espelho todas as manhãs com uma risadinha ou uma gargalhada. Ria sozinho no chuveiro. Nossos hábitos se tornam nosso hábitat, então construa um hábitat de riso.

FAZENDO AMIGOS

Por que não programar a risada? Encontre um colega de trabalho ou um amigo e ria pela saúde dele por alguns minutos. Em seguida, aumente para cinco minutos. Ligue para seu amigo, marque uma chamada com vídeo ou encontrem-se pessoalmente. Crie o hábito de rir. Está difícil encontrar um amigo de risadas? Seja seu próprio amigo risonho!

Sentimentos de mau humor, depressão e ansiedade aumentaram muito durante o isolamento induzido pela Covid em todo o mundo. O luto era real — pelos entes queridos de quem fomos separados e pelas vidas perdidas. Encontros sociais cara a cara com familiares e amigos, abraços e gargalhadas foram amplamente apagados. Os clubes do riso presenciais foram uma das primeiras vítimas de um mundo física e socialmente distanciado, numa época em que, mais do que nunca, as pessoas estavam desesperadas por rir.

Desistir não era uma opção, embora a questão que estava na boca de todos no mundo da Ioga do Riso fosse se sua energia efusiva poderia ser traduzida *on-line*. Aspectos críticos do impulso para o riso são o contato visual e a fisicalidade próxima. Ver risadas. Sentir risadas. Depois da minha primeira sessão virtual, que foi estressante, parei de entoar e de bater palmas, pois a dissonância e o atraso sonoro eram inacreditáveis — fiz do botão mudo meu melhor amigo e, em busca de criar um sentimento comunitário, continuei a olhar o mosaico de pessoas e suas câmeras ligadas. Também intensifiquei as práticas de respiração intencional para estimular a oxigenação após longos períodos colada a uma tela. Notavelmente, depois de alguns contratempos, a assimilação *on-line* foi quase perfeita. Os facilitadores da Ioga do Riso — inclusive eu — ajustaram sua prática para a unidimensionalidade, e toda uma nova geração de risadas nasceu, incluindo a risada de totó com o cotovelo e a risada da máscara facial. Em vez de sinalizar a sentença de morte da Ioga do Riso, a pandemia permitiu que ela ressoasse ainda mais alto, e grupos *on-line* surgiram por todo o mundo.

Abracei a liberdade que as sessões *on-line* ofereciam, permitindo-me prestar um serviço *essencial* — ria, se quiser —, mesmo no meio da floresta tropical. O universo sorriu gentilmente para mim. Eu estava em um retiro de ioga em Far North Queensland quando recebi um pedido para facilitar uma sessão *on-line* de Ioga do Riso para uma equipe de atendimento ao cliente que estava em *lockdown* em Melbourne. O moral estava mais baixo do que nunca, pois eles se relacionavam com um aumento de clientes insatisfeitos, muitos dos quais estavam passando por dificuldades financeiras. Ciente das disparidades em nossos ambientes e não querendo me vangloriar, pensei brevemente em esconder meu paradeiro. No entanto, o charme magnético da floresta tropical venceu. Eu inclinei meu *notebook* para que os participantes pudessem absorver a magnificência do cenário da floresta tropical atrás de mim. Ecos de risadas fluíram para o horizonte verdejante. O céu era o limite. Após a sessão, que foi deliciosa, encontrei participantes do retiro, muitos dos quais me conheciam como a "moça do riso". Eles comentaram como o som do riso ressoando pela floresta tropical iluminou sua mente e provocou um sorriso.

Ioga do Riso para iluminar a terceira idade

Quer aconteça *on-line*, cara a cara ou chegue até você pelo vento, a energia do riso é intensificada por pistas auditivas e visuais. Isso o torna uma ferramenta de bem-estar ideal para quando alguns de nossos sentidos podem nos deixar na mão. A geração de "prata" tem motivos suficientes para lamentar: cônjuges falecidos há muito tempo, perda de amigos de longa data e, para aqueles que invadiam o limite dos cuidados residenciais para idosos, perda de autonomia, de controle sobre o ritmo do seu dia ou talvez ter de se despedir de um animal de estimação querido. Uma enfermeira idosa compartilhou comigo um fato triste, mas não totalmente surpreendente, de que os antidepressivos são distribuídos à maioria dos residentes no início de sua transição. Em geral, a equipe de atendimento a idosos faz o possível para elevar o ânimo. No entanto, para de fato impactar o bem-estar, especialmente para os indivíduos que têm menos motivos para rir, o riso precisa ser programado, e não deixado ao acaso.

Não é apenas sobre o riso, mas aonde isso pode levar. Assim como sua música favorita, o riso age como um "gatilho" para provocar momentos "*você se lembra de quando...?*". Esses momentos podem ter ocorrido há uma vida inteira, mas as reminiscências se conectam ao riso no momento presente. Embora o riso possa ser efêmero — no máximo, cerca de dez a quinze segundos —, uma mudança inconsciente na mente é sustentada por meio desse exercício aeróbico suave e alegre. Os residentes entram na sala demonstrando sua idade e saem sob o feitiço juvenil do pó de riso e do brilho.

Já vi imitações, que são algo que está na base Ioga do Riso, reavivadas em risos como o riso da moto (as motos imaginadas são aceleradas ao ritmo das risadas). (Uma senhora revelou atrevidamente que andava na garupa quando tinha vinte e poucos anos.) As habilidades motoras grossas e a coordenação olho-mão são estimuladas ao agarrar uma bola sorridente de "risadas". Habilidades motoras finas, ativadas por batidas de dedos respectivamente para a frente e para trás, resultam em maior destreza e competência após apenas algumas sessões em pessoas que sofreram derrame. Cordas vocais e acordes divertidos são estimulados por gargalhadas musicais, onde *ha, ha, ha* substitui as letras, embora nem sempre. Em uma ocasião, durante uma versão da música "My Favorite Things", de *A noviça rebelde*, um homem se desviou de *ha, ha, ha*, cantando sobre sua coisa favorita, SEXO!

Em muitas sessões, eu ficava impressionada com a potência do riso. Testemunhei pés batendo no ritmo de *ho, ho, ha, ha, ha* em um usuário de cadeira de rodas sonolento. Alguém com demência avançada partilhou um momento de lucidez — sorrindo, mesmo que não tenha rido alto. Outro estava perdido em sonhos, mas juntou-se ao refrão de uma canção de risos. "When will you be coming back?" soava em meus ouvidos após a gargalhada final. Os funcionários estavam ansiosos para aprender como poderiam se apossar da prática e descobriram que poderiam difundir *ho, ho, ha, ha, ha* ao longo do dia em programas de exercícios, atividades artísticas e jardinagem, confiando no Efeito do Riso para promover o envolvimento emocional e o bem-estar físico em residentes e funcionários, o que fluiu para os entes queridos. A filha de um de meus participantes me pegou desprevenida. Ela se apresentou e perguntou: "O que você fez com a minha mãe?". Ao que pensei: *Que merda foi que eu fiz?* Na verdade, algo maravilhoso, pois o sorriso que há tempos estava ausente do rosto de sua mãe havia sido restaurado. Acontece que você *pode* ensinar novas risadas a um cachorro velho. Quer você seja jovem ou velho, acolher uma nova mentalidade ou um novo sistema de crenças não acontece da noite para o dia. Requer intenção e prática até que se torne uma segunda natureza. Ou, mais precisamente, sua primeira natureza, já que a disposição para sorrir e rir é, como já exploramos, inata. A Ioga do Riso e o método Bem-Estar do Riso nos tiram da cabeça e nos levam ao coração.

Às vezes, sentir-se seguro é necessário para diminuir a resistência interna, dando-nos permissão para rir e aceitar que, não importa como a risada começou, nossa mente e corpo se sentirão muito mais "ridos". Se o riso é um atalho para a felicidade, o riso intencional é um meio de chegar lá. Ele é uma habilidade de riso interpessoal que eleva nossa própria vibração e aprofunda nossa conexão com os outros.

Se você ainda não fez isso, eu o encorajo a experimentar a Ioga do Riso. *On-line* ou presencial. Pode significar o início de algo verdadeiramente belo.

5

Nosso sexto sentido: humor

O humor é a maior bênção da humanidade.

— Mark Twain

Você pode pensar que senso de humor é simplesmente algo que determina seu gosto por piadas e o que você acha engraçado ou não, mas é muito mais do que isso. O humor estimula múltiplas regiões do nosso cérebro, onde é processado, e merece ser classificado como nosso sexto sentido. As pessoas que exercitam regularmente o senso de humor tendem a viver, amar, liderar e aprender melhor. Daí porque é um elemento central do Efeito do Riso. E não se preocupe se você não for um comediante nato; como acontece com todos os nossos sentidos, o humor pode ser aprimorado.

O termo *humor* data das suposições feitas pelos médicos gregos antigos de que o corpo humano é governado por quatro líquidos elementares (os "humores") que influenciam a saúde e o temperamento de uma pessoa. A alegria é considerada um dos elementos.

Ao longo dos séculos, as mentes mais brilhantes tentaram compreender o como e o porquê do humor — mas eram muito sérias. Platão, Aristóteles, Hobbes e Descartes acreditavam que o humor era uma expressão de superioridade. "Acho que estou entretido" equivale a "Acho que sou melhor que você". Quando Darwin voltou sua mente para o humor, ele foi ridicularizado por defender que alguns dos animais — cucaburras e hienas à parte — riam e até demonstravam senso de humor. Imagens de Sigmund Freud, fundador da psicanálise, podem sugerir sobriedade, mas, como fornecedor e conhecedor de piadas e histórias engraçadas, o humor era uma de suas características definidoras. Vamos adicionar a teoria do alívio de Freud à mistura de humor: o riso permite que as pessoas desabafem ou liberem sua "energia nervosa" reprimida. O humor é uma válvula de pressão para a energia psíquica repressiva, que proporciona uma pausa mental. Freud teorizou que toda a sagacidade e o humor provinham da mente inconsciente e que esse era um mecanismo de defesa saudável, reduzindo a ansiedade e a dor emocional. Consistente com as letras escritas pela banda de *rock* australiana dos anos 1970 Skyhooks, Freud concordou que "ego" era uma palavra suja, acreditando que os indivíduos que usavam o humor para lidar com os desafios exibiam um ego positivamente forte:

> Assim como as piadas e o comediante, o humor tem algo de libertador; mas também tem algo de grandeza e elevação, que falta nas outras duas formas de obter prazer da atividade intelectual... a afirmação vitoriosa da invulnerabilidade do ego. O ego recusa-se a ficar angustiado pelas provocações da realidade, a deixar-se compelir a sofrer. Insiste que não pode ser afetado pelos traumas do mundo externo; mostra, de fato, que tais traumas nada mais são do que ocasiões para obter prazer.[1]

Sua teoria contrastava com a teoria da incongruência do humor, iniciada pelos filósofos Kant e Schopenhauer, que sugerem que o humor surge quando a lógica e a familiaridade são substituídas por coisas que normalmente não combinam — como uma camisa havaiana com gravata. Aqui está outro exemplo.

Um cara vê uma placa do lado de fora de uma casa que diz "CACHORRO FALANTE À VENDA".

Intrigado, ele entra.

“Então o que foi que você fez da sua vida?”, ele pergunta ao cachorro.

“Tive uma vida muito plena”, responde o animal. “Eu morei nos Alpes, resgatando vítimas de avalanches. Depois servi o meu país no Iraque. E agora passo meus dias lendo para os moradores de uma casa de repouso.”

O cara fica pasmo. Ele pergunta ao dono do cachorro: “Por que diabos você iria querer se livrar de um cachorro incrível como esse?”

O proprietário diz: “Porque ele é um mentiroso! Ele nunca fez nada disso!”.

Se você achou a piada do cachorro falante divertida ou não, não é um indicador confiável da saúde do seu esqueleto. Nem todas as incongruências são engraçadas, e nem todas as situações humorísticas resultam em risos. Como já estabelecemos, o riso pode surgir de situações não humorísticas. Geralmente, o humor é identificável por alguma forma de comportamento: mais comumente risadas e sorrisos com gargalhadas ou bufos ocasionais. É isso que distingue o humor da diversão ou do prazer.

Apesar das muitas tentativas de encontrar uma teoria unificada sobre esse sentido, analisar o humor é como tentar analisar o amor. É difícil quantificar. Mas isso certamente não impediu os teóricos quânticos de tentar. Pesquisadores canadenses e australianos aplicaram uma estrutura matemática para entender o humor cognitivo, o que resultou na Teoria Quântica do Humor. Ela afirma que a probabilidade de uma piada ser avaliada como engraçada ou não é proporcional à projeção da compreensão do indivíduo sobre a piada em uma base que representa graça.[2] Não sei você, mas eu me perdi em “proporcional”.

O humor é um sentido inato altamente sofisticado, um comportamento complexo que envolve respostas cognitivas, emocionais e motoras. Uma vez que um estímulo é percebido como humorístico, ele desencadeará uma reação consciente ou inconsciente, resultando em uma resposta fisiológica (riso), cognitiva (conhecimento) ou emocional (regozijo), ou uma combinação dessas três.[3] Para compreender o humor, o cérebro deve completar dois passos. O primeiro envolve ser sensível ao elemento surpresa do humor — de que algo inesperado ocorreu. O segundo é ir além do inesperado e buscar algo que faça sentido.

Os neurocientistas até descobriram (por engano) de onde vem esse sentido. Investigando a causa da epilepsia grave de uma jovem, eles inseriram um eletrodo em seu crânio. Quanto mais eles cutucavam, mais ela ria. Em vez de encontrar a causa raiz de seus ataques, eles descobriram o Comedy Central — o centro do riso no cérebro, uma parte do cérebro chamada *feixe do cíngulo*. Composto de matéria branca, esse feixe se conecta a muitas partes do cérebro que coordenam as emoções. Descobriu-se que estimular essa área do cérebro evoca tanto o riso quanto as emoções que o acompanham.[4] O que achamos engraçado vem de nosso convívio social, cultural e experiências da vida familiar. Como afirmou Norman Cousins: "O humor de um homem é a chatice de outro".[5] Eu *sei* que as piadas da minha "mã" são hilárias; minha família simplesmente discorda. Embora o humor não seja uma emoção, ele pode afetar nossas emoções. Embora nem todo humor ou brincadeira resulte em riso, ele prepara a paisagem interna da mente para o otimismo e a positividade. Diferentes neurotransmissores são sinalizados, quase como uma partição surgindo no cérebro — pensamentos negativos de um lado, pensamentos positivos do outro. O humor positivo geralmente está associado a uma maior autoestima, otimismo e satisfação com a vida, com redução da depressão, da ansiedade e do estresse. É um meio de expressar nossa humanidade de forma empática e gentil. Como disse Robin Williams: "Com a comédia, você pode rir da insanidade, você percebe quão absurdo tudo isso é, as coisas dolorosas e as coisas maravilhosas também. Por um breve momento, todos ficam conectados e todos dizem 'Ei, nós somos todos humanos'". Por outro lado, o humor negativo (sarcasmo, insultos) pode ser prejudicial à saúde mental, resultando em tristeza, e não em alegria.

A personalidade multifacetada do humor pode ser compreendida por meio do Humor Styles Questionnaire (Questionário de Estilos de Humor), que classifica quatro usos do humor individual. Dois estão positivamente relacionados com a saúde psicossocial e o bem-estar; os outros são negativos. Esses estilos de humor podem ser autoaprimorados, afiliativos (melhorar os relacionamentos de alguém com os outros), agressivos (melhorar o eu às custas dos outros) ou autodestrutivos (melhorar os relacionamentos às custas de si mesmo). Os homens pontuaram mais do que as mulheres em humor agressivo e autodestrutivo.[6] Estudos de imagens cerebrais também sugerem que homens e mulheres percebem o humor de maneira diferente.

As artes são uma das poucas áreas na qual os estilos de humor negativo ganham destaque. Pense nos insultos cômicos de Shakespeare, como "Tu és gordo como manteiga", de *Henrique IV*, ou, em tempos mais modernos o teatro satírico, filmes e programas de TV que apreciam o lado sombrio da comédia: O *Livro de Mórmon* (*Book of Mormon*), *A pequena loja dos horrores* (*Little Shop of Horrors*), *Avenida Q* (*Avenue Q*), *Os produtores*, *Jojo Rabbit*, *Morte no funeral* (*Death at a Funeral*), *South Park*, *Rick and Morty*, *Black Books* e Monty Python, repleto de membros decepados e sangue jorrando por toda parte, ou um pé gigante esmagando impiedosamente seu subordinado. Neles, o termômetro do humor está no quanto piadas mais sombrias agradam sua imaginação. Há uma linha tênue entre sátira e farsa, tragédia e comédia.

• • • • • • • •

Assim como as luvas se moldam ao formato de nossas mãos, o mesmo acontece com nossa marca de humor — que se desenvolve um pouco mais tarde do que nossa marca de riso, a partir dos sete meses. Nosso senso de humor nos serve ao longo da vida, saciando uma função social importante mais do que uma resposta a algo particularmente engraçado. O humor é um acompanhamento vital para as crianças, à medida que aprendem coisas novas e respondem ao ambiente ao seu redor. Com um instinto altamente adaptativo, o que estimula a diversão ou o riso nas crianças muda tão visível e rapidamente quanto o tamanho do sapato. De histerias de esconde-esconde a imitações engraçadas de animais, chega-se então a uma fase em que muitos pais temem que nunca acabe — o humor xixi-cocô-pum.

Como todas as crianças, meu filho adorava peidar humor. Uma lembrança ficou gravada em minha mente: uma entrevista com o diretor da futura escola primária do meu filho.

"Qual parte de vir para uma escola maior deixa você mais empolgado?", o gentil diretor perguntou.

"Cocô, cocô, cocô", meu filho respondeu. Mortificada, cutuquei meu filho para considerar uma resposta mais inteligente, para a qual ele olhou para cima e repetiu com naturalidade: "cocô, cocô, cocô".

Felizmente, a entrevista foi mais uma formalidade do que uma avaliação, e em poucas semanas ele se juntou às fileiras da escola, com seu uniforme acima do tamanho, felizmente sem saber que havia manchado o nosso tradicional (*ha, ha, ha*) nome de família.

Nosso senso de humor está tão sintonizado com o desenvolvimento humano que, assim como as crianças, ele também passa pela adolescência. Qualquer coisa remotamente inapropriada, como o dia do penteado ruim de uma professora ou misturar as palavras durante uma apresentação, é hilária. Depois, há SEXO. Quem dera o sexo fosse tão engraçado na vida real quanto é na mente dos adolescentes! Durante essa fase, quando espinhas e partes do corpo parecem surgir do nada, o humor costuma ser usado para disfarçar a angústia. Embora ele possa se tornar um pouco sarcástico quando os adolescentes competem por um lugar na hierarquia social.

Tal como o queijo, o nosso senso de humor amadurece, alimentado pelas nossas experiências de vida — boas e más. O que achamos engraçado quando crianças pode não agradar mais nosso esqueleto, à medida que nossos ossos se tornam mais sofisticados e sintonizados com o estresse da vida. Encontramos humor em situações como uma forma de tentar dar sentido a questões difíceis. Ele fortalece nossa imunidade ao estresse, entre outras coisas. Aranhas, por exemplo! Um estudo mostrou que a terapia do humor era tão eficaz quanto a dessensibilização tradicional para aracnofobia.[7]

É possível que nossa imunidade melhore, porque ativar regularmente nosso lado do humor nos mantém mais fortes. Afinal, trata-se de uma força que está listada na classificação da Values in-Action (Valores em Ação, ou VIA) de vinte e quatro forças e seis virtudes universais.[8] O humor foi considerado compatível com todas as virtudes, mais intimamente com humanidade, sabedoria e transcendência.[9] Impactando o corpo, a mente e o espírito, o humor encontra-se na categoria de transcendência (sem surpresa), com a apreciação da beleza e da excelência, da gratidão, da esperança e da espiritualidade. Pessoas que têm o humor como um de seus principais traços de caráter, também conhecidos como pontos fortes de assinatura, tendem a se concentrar em aspectos positivos de seu passado, presente e futuro. Talvez isso seja mais bem resumido por esta piada:

Passado, presente e futuro entram em um bar.

O tempo ficou tenso.

Existindo puramente em nossa mente, e não no mundo físico, o humor desafia regras e convenções. Surtos de humor e risadas podem ser encontrados nos lugares menos prováveis, durante os tempos mais sombrios. Neurologista austríaco, psiquiatra e autor de *Em busca de sentido: Um psicólogo no campo de concentração* (Editora Vozes, 1991), Viktor

Frankl transitou entre quatro campos de concentração ao longo de três anos, incluindo Auschwitz, onde seu irmão e sua mãe foram mortos. Enquanto estava preso, Frankl sabiamente não deixou o humor de lado. Junto com um amigo, ele prometeu inventar pelo menos uma história divertida diariamente sobre algum incidente que poderia acontecer um dia após a libertação. Embora estivesse morrendo de fome, sua imaginação foi alimentada. O humor possibilitou a prática da arte de viver e da sua leveza momentânea, apesar de estar em campos de concentração e o sofrimento ser onipresente. Embora suas histórias fossem orientadas para o futuro, elas influenciaram o momento presente — elevando-o para além do sofrido presente para um futuro mais esperançoso. O humor permitiu que as pessoas ainda se sentissem como seres humanos — a única coisa que os nazistas fizeram tudo para destruir. Ele as ajudou a se elevar acima da existência cotidiana para um reino diferente, onde as mesmas regras não se aplicavam. Uma forma de "resistência espiritual", as piadas eram usadas como armas; humor e risadas eram um poder. O próprio Hitler se preocupava com isso, reclamando em um de seus discursos que os judeus riram dele. O Führer pode ter se sentido invencível no campo de batalha enquanto seus tanques avançavam pela Europa, mas um de seus maiores medos era ser ridicularizado.[10]

Quase se poderia argumentar que o humor foi criado para a adversidade. Os sobreviventes do Holocausto contaram como uma pessoa com um senso de humor saudável era capaz de suportar mais.[11] O humor contribuiu para a sobrevivência emocional, quer fosse expressado na forma de caricaturas, canções satíricas ou representações teatrais. Comediantes e humoristas espalharam alguma leveza em meio ao medo e à superlotação que existiam nos guetos de Varsóvia e Łódź. "O humor não é para o longo prazo, é para o momento", compartilhou um dos sobreviventes. Enquanto houver riso, haverá esperança. Enquanto havia riso, havia vida. Em meio à desesperança, risadas estranhas, sacadas e piadas ocasionais foram compartilhadas. Mesmo que por pouco tempo, isso permitia que as pessoas se retirassem para "um mundo que já estava curado e no qual as misérias da condição humana haviam sido abolidas".[12] Como escreveu o autor Mark Twain, "A raça humana tem uma arma realmente eficaz: o riso".

É fácil entrar em sintonia com o humor quando a vida é um mar de rosas. O desafio é encontrar os momentos de humor quando há um mar de espinhos. É aí que entra o Efeito do Riso. Eu adotei essa filosofia anos atrás, ao fazer *check-in* no balcão do hospital para reconectar meu intestino. "Vou fazer o *check-in* com duas bolsas, mas vou sair com uma", brinquei com a enfermeira. Tardou um pouco para a ficha cair e ela perceber que eu estava me referindo a deixar minha bolsa de ileostomia para trás. Essa foi minha maneira de neutralizar a energia do nervosismo e do medo — coisas que eu tinha em abundância. Eu havia passado por meses difíceis. Pior ainda: meu senso de humor beirava o absurdo, e por isso precisei ir ainda mais fundo. Fiz piada com a equipe do hospital sobre o motivo de eu ter escolhido essa data para minha operação — bananas! Um ciclone avassalador destruiu as plantações de bananas na Austrália e os preços estavam exorbitantes, isso quando era possível encontrar alguma delas. Mas a cozinha do hospital me fornecia quantas bananas eu quisesse. Entender a graça dessa situação me fez sentir melhor, e compartilhar a brincadeira também alegrou o ânimo de enfermeiras e assistentes. Eles saíam da sala sorrindo, aumentando a probabilidade de o Efeito do Riso passar para o próximo paciente.

Passar por duas grandes operações em poucos meses foi difícil para toda a minha família, especialmente para os meus filhos. Ciente disso, tentei amenizar minha situação. Depois que meu intestino foi reconectado, fui informada de que o primeiro sinal de que tudo estava normal seria se eu pudesse peidar. Antes desse acontecimento importante, meu filho Zak ligava diariamente para o hospital e perguntava se eu já havia peidado. No terceiro dia de pós-operatório, eu mal consegui pegar meu telefone com rapidez suficiente para compartilhar minhas notícias emocionantes. Eu apreciei os ecos de alegria enquanto Zak transmitia minha notícia do outro lado da linha para o resto da família: "Mamãe peidou, mamãe peidou!". Isso só serve para demonstrar que piadas com peido são eficazes em todas as idades. Minha resposta humorística alimentou a resposta humorística da família, permitindo uma dose muito necessária de risadas para quebrar o ciclo de medo e tensão. Às vezes, a vida é séria demais para ser levada a sério! Como diz o autor e "alegrologista" Allen Klein em *The Healing Power of Humor* (*O poder curativo do humor*, sem edição em português), "às vezes não vemos a importância do riso nos nossos tempos sombrios porque estamos cegos pelas nossas lágrimas". Ele afirma ainda que "a dor pode não parar, mas o humor pode reduzir o sofrimento e dar a alguém uma sensação de ação e controle, apesar da situação geral de desamparo".

O psicólogo do humor Steve Sultanoff oferece a perspectiva de que "o humor nos ajuda a experimentar a felicidade. E, quando experimentamos a felicidade, outras emoções desaparecem, como a depressão, a ansiedade e a raiva — pelo menos por algum tempo —, uma vez que é impossível sentir felicidade, raiva e medo simultaneamente". As emoções negativas são muitas vezes armazenadas profundamente, em vez de expressadas. O riso e o humor fornecem uma maneira de liberar essas emoções de forma inofensiva.

O medo é o equivalente do nosso corpo à areia movediça. Ele é imobilizante e constritivo. Cultivar a leveza incentiva uma mentalidade mais expansiva e ajuda a ampliar e construir emoções positivas, conforme sugere a professora de psicologia positiva Barbara Fredrickson na teoria Broaden-and-Build. Ela se baseia na noção do efeito cascata das emoções positivas, ampliando a consciência e a resposta aos eventos, bem como construindo recursos pessoais e habilidades de enfrentamento que podem aumentar a resiliência ao estresse no futuro.[13] Quando conseguimos rir da nossa dor, ou ganhar uma nova perspectiva sobre ela, parte do trauma associado a isso desaparece. Essa atitude permite que nosso cérebro se lembre de um momento desafiador ou de um evento de vida com menos dor. E assim é relembrado "O Dia do Peido", que traz um sorriso à memória daquela época, em vez de focar a dor física ou o medo de que meu intestino nunca mais funcione corretamente.

Assim, assumi um papel de liderança ao dar oportunidade ao humor. Se a piada tivesse vindo da equipe, ela teria sido um risco calculado, razão pela qual o uso do humor no contexto terapêutico é muitas vezes evitado. No entanto, uma investigação realizada nos Países Baixos com oncologistas em um centro abrangente de câncer descobriu que o humor ajudou a aliviar o estresse associado a doenças e enfermidades. O humor foi supostamente usado por 97% dos especialistas em oncologia. Todos relataram rir às vezes durante as consultas, e 83% experimentaram um efeito positivo do riso.[14]

Você pode estar pensando: *Um estudo holandês, não me admira que estivessem rindo*, mas posso garantir que nenhum aditivo de folhas verdes foi usado. Apesar das complicações médicas, os pacientes acharam o humor benéfico ao abordar tópicos difíceis e minimizar os desafios. Mas a estratégia nem sempre foi bem-sucedida. Às vezes, o humor era visto como impróprio — principalmente em razão de uma diferença de gosto. No entanto, ele ajudou a amenizar a dor emocional ao demonstrar o lado humano da equipe de saúde. Ele permitia que todos enfrentassem e construíssem relacionamentos positivos, especialmente quando se tratava de uma escolha consciente do paciente.[15] Como havia sido a minha.

O humor negro (fazer graça de situações que ameaçam a vida ou outras situações sérias) deve ser evitado. Uma das coisas mais prejudiciais e desdenhosas que você pode fazer é dizer a alguém para rir dos próprios problemas. É essencial seguir a sugestão do paciente individual. Eles estão prontos para rir de sua dor? Como brincou o comediante Steve Martin: "Primeiro o médico me deu a boa notícia: eu teria uma doença com o meu nome".

UM MOMENTO DE LEVEZA COM GRAVIDADE

Você consegue se lembrar de uma época em que o humor (resultando em risos) aliviou uma situação estressante?
Você mesmo deu início a isso ou outra pessoa?
Como a resposta de riso impactou seus níveis de estresse naquele momento? Ao relembrar desse cenário agora, com qual aspecto você mais se conecta? O lado estressante ou o inesperado e engraçado?

Quando se trata de senso de humor, use o bom senso

A beleza do humor está nos olhos de quem vê. Em uma crise ou uma situação séria, se um tipo de humor é visto de forma negativa ou positiva, isso depende de qual significado que você atribui à crise específica e de como ela o afetou emocionalmente. Vamos nos lembrar dos primórdios da Covid, quando a falta de suprimento de papel higiênico virou uma piada. No entanto, se você brincar sobre a Covid com alguém que perdeu um ente querido na pandemia, estará brincando com fogo. Há uma grande diferença entre o humor na redução do suprimento de papel higiênico e na redução real de vidas. Geralmente, *Tragédia + X Tempo = Humor.* Mas, nesse caso, nenhuma passagem de tempo pode ser suficiente. O X é o componente de aderência — o quão emocionalmente "grudado" o evento ainda parece. Como explica Steve Sultanoff: "Indivíduos com alguma distância da crise têm menos probabilidades de experimentar uma fusão de si mesmos e da crise. Aqueles com alguma distância podem ser auxiliados pelo humor, porque ele reforça a perspectiva e cria uma distância segura da crise".[16]

No entanto, o medo de ser insensível ou de não levar a sério os acontecimentos críticos da vida pode significar que as pessoas muitas vezes se abstêm de partilhar o humor ou de aplicá-lo às suas próprias circunstâncias. Pode ser considerado tabu, onde a culpa está associada à expressão de emoções positivas diante da adversidade; o humor está ausente quando é mais necessário.

Uma de minhas clientes havia perdido os pais em um período de doze meses. Devastada, ela se privou de sentir alegria por mais de um ano, acreditando que qualquer coisa que não fosse tristeza desrespeitaria a memória deles. Estava entorpecida e não ria nem sorria mais com seu parceiro. Montamos um plano. Seu primeiro passo foi conceder a si mesma permissão para sentir emoções positivas novamente. Ela precisava aceitar que não era o desejo de seus pais querer que fosse esmagada pela dor. Em seguida, eu a encorajei a verbalizar e registrar os momentos em que todos riram juntos. Derramando algumas lágrimas ao longo do caminho, praticamos sorrisos e risos, acolhendo a alegria de volta em sua vida. Minha cliente passou a assistir a comédias com seu parceiro e, lenta, mas continuamente, o riso retornou ao relacionamento deles. Em semanas seu humor melhorou, assim como o relacionamento íntimo dela e de seu parceiro. O riso permitia uma pausa no peso da realidade.

Naturalmente, é necessário um certo grau de sensibilidade e de bom senso ao compartilhar ou convidar alguém em momentos de dor, trauma ou luto para o humor. A natureza dupla do humor exige avaliação e reflexão constantes para garantir sua utilização adequada e oportuna. Se você precisar explicar ou justificar seu uso, o tiro provavelmente saiu pela culatra. Como escreveu o falecido Clive James — crítico, jornalista, autor e radialista: “O bom senso e o senso de humor são a mesma coisa, mas eles se movem em velocidades diferentes. O senso de humor é quando o bom senso dança”.

O Efeito do Riso não só eleva o humor a nível individual, mas também pode ter um profundo impacto coletivo. Na verdade, pode até mudar o curso da história! Numa conferência da Associação de Humor Terapêutico Aplicado (cuja sigla em inglês é AATH), onde o humor é levado muito a

ESTUDO DE CASO: Maneiras estúpidas de morrer

Nós nos acostumamos a táticas de medo que nos assustam e nos levam a mudar comportamentos pouco saudáveis. A campanha Grim Reaper Aids (Aids, O ceifador da Morte) da década de 1980 ainda emite ondas de choque pela minha espinha. No entanto, existe outra forma comprovada de captar nossa atenção e influenciar nosso comportamento — o humor. Misturar fatos com graça resultou em algumas das campanhas de *marketing* social de saúde pública mais impactantes. Na Austrália, os anúncios sobre mau comportamento de segurança na região dos metrôs não chamavam a atenção de ninguém. Isso continuou até a Metro Trains mudar de direção, adotando a campanha de *marketing* idealizada pela agência de publicidade McCann, "Maneiras estúpidas de morrer". A mensagem principal da música e do vídeo, "falta de segurança perto dos trens significa que você é burro", tocou fundo nas pessoas.

"Maneiras estúpidas de morrer" teve como base o humor excêntrico, uma melodia incrivelmente cativante e um elenco de personagens animados engraçados. Pense no Bob Esponja Calça Quadrada com um toque de Minions. Apelando a todas as idades, o humor sublinhava as muitas maneiras estúpidas de morrer: "Coloque fogo no seu cabelo, cutuque um urso-pardo com um pedaço de pau, tome remédios fora de validade, use suas partes íntimas como isca para piranhas... venda seus rins na internet, coma um tubo de supercola, tire o capacete no espaço sideral...", antes de concluir com a mensagem principal da campanha: "Fique na beira da plataforma de uma estação de trem, passe direto com o carro pelas cancelas de uma passagem de nível, atravesse pelos trilhos entre as plataformas; elas podem não rimar, mas são possivelmente as maneiras mais idiotas de morrer".

O vídeo se tornou viral, visto 2,5 milhões de vezes em 48 horas e 4,7 milhões de vezes em 72 horas, e já acumulou mais de 300 milhões de visualizações. A música "Dumb Ways to Die" estava no top 10 do iTunes, e o aplicativo Google Play Games teve quase 4 bilhões (sem erro de digitação) de *minigames* jogados três meses após seu lançamento, tornando a música uma recordista entre os anúncios mais compartilhados. Mais importante ainda, após a campanha Metro Trains constatou-se uma redução de 21% nos acidentes e mortes nas estações ferroviárias e, até esta data, mais de 127 milhões de pessoas se comprometeram a ficar mais seguras perto dos trens por causa da campanha. Mais do que pura sorte, seu tipo de humor mudou vidas.

sério, o comediante e orador convidado Yakov Smirnoff contou histórias sobre a capacidade de pacificação do humor. Originário da Rússia Soviética, ele e sua família foram acolhidos nos Estados Unidos em 1977, quando ele tinha 26 anos. O humor se tornou sua tábua de salvação, ajudando-o a navegar na lacuna cultural entre o Oriente e o Ocidente. Ele até adotou um sobrenome mais "fácil de usar" — Smirnoff —, inspirado no primeiro emprego que obteve em seu novo país como bartender em Catskills, local que os comediantes frequentavam.

Não demorou muito para que sua estrela começasse a brilhar. Um dia seu telefone tocou. Do outro lado da linha, uma voz masculina. Alguém que fingia ser o presidente Reagan. Demorou um pouco para Smirnoff perceber que não era uma imitação. Reagan adorava as piadas de Smirnoff e o considerava um mestre da comédia. Ele acreditava que Smirnoff era o comediante perfeito para dar luz ao seu discurso da Guerra Fria, que ele planejava proferir no Kremlin, no Moscow Summit, em 1988. O cenário político entre os Estados Unidos e a Rússia era tenso. Os riscos para humor eram altos. Reagan abriu seu discurso com uma piada de Smirnoff, que sugeria fortemente que o próprio céu havia dotado os políticos comunistas de bundas preguiçosas. Foi uma aposta. Assistindo pela TV em sua casa nos Estados Unidos, Smirnoff ficou apavorado. E parecia que seus medos estavam se concretizando naquela sala cheia de *apparatchiks* do Partido Comunista, impassíveis, principalmente Gorbachev. O coração de Smirnoff saiu pela boca. Agora ele *já era*. Mas então, um momento depois, a sala foi invadida por aplausos. Ele se esquecera de esperar a demora da tradução simultânea. O gelo havia sido quebrado. As negociações foram retomadas, e o resto é história.

Quer se trate de uma questão de consequências globais ou algo mais pessoal, a natureza desarmante e perturbadora do humor nos ajuda a desviar da questão em pauta. Enquanto estava em uma casa de repouso, meu pai sofreu uma queda feia e foi levado às pressas para o hospital em uma ambulância. Papai parecia ter sido vítima de um arbusto de amora silvestre descontrolado. No entanto, ele estava notavelmente alerta e de bom humor. Talvez a batida em sua cabeça tivesse de alguma forma despertado sua mente crivada de Alzheimer, como uma cena de *Patch Adams*, com quem ele agora se parecia, com a diferença de estar com compressas de gaze e curativos e, por minha insistência, um punhado de *band-aids* infantis cheios de desenhos em seu rosto. Os desenhos sorridentes me distraíram do inchaço e dos machucados, ao mesmo tempo que geravam elogios adoráveis e risadas francas dos funcionários presentes. Apesar de ainda estar na emergência, foi um alívio desfrutar de alguns micromomentos de descontração.

Humor no local de trabalho

Quando as pessoas entram no mercado de trabalho, há uma tendência a cair num "abismo do humor" — tanto na frequência do riso como na autopercepção do que é ser engraçado. De acordo com Jennifer Aaker e Naomi Bagdonas, que ministram o famoso curso *Humor: Negócio Sério* na Stanford Graduate School of Business, existe a crença de que a graça não nos servirá bem em nossa vida profissional. Por isso, nosso riso e nosso humor entram em recessão — um Penhasco Global do Humor (PGH), um equivalente pessoal à Crise Financeira Global (CFG). Isso foi demonstrado em uma pesquisa do Gallup, que fez a pessoas em 166 países a simples pergunta: "Você sorriu ou riu ontem?". Na faixa etária de 16 a 20 anos, a resposta foi em grande parte "sim". Aos 23 anos, a resposta era basicamente "não". Somente nos últimos anos, com pessoas de 70 ou mais, é que a resposta voltou a ser "sim". Felizmente, alguns de nós chegamos a essa conclusão antes dos outros.

A pessoa média gasta um terço de sua vida no trabalho. Isso é cerca de 90 mil horas ao longo de uma vida. Não tenho certeza de quem é o sr. ou a sra. Média, mas é uma grande quantidade de tempo para se pendurar precariamente em um penhasco. Deixe para lá os MBAs tradicionais e dê boas-vindas a Mais Boas Alegrias. Piadas de uma linha podem melhorar os resultados financeiros, aumentando a satisfação no trabalho, o desempenho, a saúde e a coesão da equipe.

De acordo com uma pesquisa realizada no local de trabalho, 91% dos executivos acreditam que o senso de humor é importante para o avanço na carreira, e 84% acham que as pessoas com bom senso de humor fazem um trabalho melhor.[17] O Bell Leadership Institute descobriu que o senso de humor era uma das duas características mais desejáveis nos líderes, sendo a outra uma forte ética de trabalho.[18] Observe que o humor inspirado no grande sucesso *The Office* — no qual os líderes tentam ser engraçados e fracassam, envolvem-se em estilos de humor negativo como o sarcasmo, ou fazem troça de si mesmos ou dos outros — corre o risco de sair pela culatra em vez de funcionar.

Usar o humor positivo apropriado é uma habilidade adquirida que melhora com a prática. Compreender como calibrar bem o humor em seu local de trabalho pode levar tempo, mas, quando você o faz, é sempre muito gratificante. Em vez de nos distrair de tarefas importantes, o humor nos ajuda a fazer mais coisas, motivando os outros, dissolvendo a tensão e acalmando os conflitos. O humor é um líder de torcida para sua equipe, do departamento e do resto da empresa. Os líderes que demonstram humor são vistos como mais motivadores e admirados. De acordo com Jennifer Aaker, os funcionários ficam 15% mais engajados e satisfeitos em seus empregos e classificam seus líderes como 27% mais motivadores.[19]

O humor ajuda a deslocar a energia cognitiva do sistema límbico ou emocional para o nosso córtex pré-frontal, que é mais sábio. Isso significa um pensamento mais aguçado, melhor solução de problemas, maior criatividade e maior capacidade de prever o futuro. A capacidade do humor de criar vínculos e construir confiança ajuda a diminuir a arrogância e aumenta a probabilidade de as pessoas serem receptivas ao *feedback* (um atributo importante em qualquer local de trabalho). Como disse Eisenhower, ex-presidente dos Estados Unidos, "O senso de humor faz parte da arte da liderança, de se dar bem com as pessoas, de fazer as coisas".

Se ser engraçado não é o seu forte, não se preocupe. Escolha alguém em seu local de trabalho para assumir a liderança. Um embaixador do humor responsável por risadas de incentivo, se preferir. Fazer isso é uma jogada inteligente, de acordo com a neuro-humorista Karyn Buxman: "O humor é uma ferramenta vital para recuperar e manter nossa capacidade de pensar com clareza. Quando estamos estressados, nosso QI cai mais de dez pontos". Isso ocorre porque seu cérebro está muito ocupado apagando os incêndios para resolver problemas de forma criativa, se é que o faz. Buxman chama a isso de "cascata da capacidade cognitiva".

A graça pode ser a solução, economizando para sua empresa milhares de dólares em psicologia organizacional. As equipes que riem juntas antes de tentar resolver um desafio de criatividade têm duas vezes mais chances de sucesso do que aquelas que não o fazem. E há mais. Acrescentar uma linha engraçada como "E minha oferta final são X dólares, mais o meu sapo de estimação" no final de um discurso de vendas criou um salto de 18% na disposição dos clientes de pagar mais.[20]

O humor compensa — literalmente. Em vez de ser reprovado, o humor positivo no local de trabalho é a chave para um melhor desempenho. Pense em quantas vidas você salvará de cair do precipício também.

• • • • • • • •

O humor não apenas ajuda a resolver problemas, mas também pode ajudar a resolver crimes. Em um estudo com investigadores criminais, o humor desempenhou um papel importante na redução do estresse e na facilitação do trabalho nas equipes em ambientes de alta pressão. O humor serve para

Irmã Serotonina

Eu não sou particularmente engraçado. Como posso desenvolver meu senso de humor?

Esteja atento às coisas que despertam seu humor e as compartilhe com colegas, amigos e entes queridos — seja nas redes sociais, contando algo engraçado que ouviu, ou memorizando uma piada que pode incluir nas conversas. Isso treinará seu cérebro para procurar acontecimentos engraçados e aumentar sua capacidade humorística. Quanto mais *feedback* positivo você receber, mais sua confiança crescerá.

reduzir o estresse para que as tarefas do trabalho possam ser concluídas. Ele também é usado como termômetro nas negociação dos investigadores sobre suas cargas emocionais nesses tipos de trabalho.[21] Tem quem diga que o humor negro é seu método preferido para a execução de humor.

DIÁRIO DE HUMOR

Colete e compartilhe coisas que fazem você rir e adicione humor à sua vida para aliviar o estresse — citações, memes ou fotos engraçadas. Compile-os em um diário. Nos dias em que você se sentir um pouco desanimado, passe um tempo folheando seu diário ou procure algo divertido ou engraçado para adicionar. Viver o lado mais leve da vida elevará seu sorriso e impulsionará seu espírito.

A batalha de gargalhadas dos sexos

Devido à natureza subjetiva do humor, a sensibilidade precisa ser considerada quando se trata de estilos de humor individuais e diferenças culturais e de gênero. É uma regra que se aplica em qualquer lugar do globo terrestre, até mesmo no espaço!

Passar semanas ou até meses no espaço pode ser um negócio solitário. Os astronautas enfrentam muitos estressores internos e externos — embora o que vestir todos os dias não seja um problema para eles. Um estudo descobriu que astronautas que usam humor positivo demonstraram níveis mais baixos de solidão, depressão, estresse, tensão e ansiedade, bem como a melhora em seu bem-estar geral. O humor também aumenta os sentimentos de união, cordialidade, amizade e os levou a altos níveis de autoestima e otimismo. Isso é importante em qualquer ocasião, mas especialmente quando se está confinado com a mesma pessoa dia após dia por um longo período. Também foi relatado que usar o humor para lidar com a situação melhorou a empatia na tripulação e ajudou na comunicação.[22]

Em consonância com outras pesquisas sobre diferenças de humor entre os gêneros, as astronautas mulheres eram menos propensas a usar o humor como estratégia de enfrentamento. Em geral, os homens são mais inclinados a usar o humor, especialmente no trabalho.[23] O humor como mecanismo de enfrentamento foi mais usado em cosmonautas experientes, enquanto os novatos eram mais propensos a resolver problemas da maneira convencional. Verificou-se que as mulheres usam um grau maior de processamento executivo e decodificação baseada na linguagem ao processar o humor.[24] Isso prova que os homens são de Marte e as mulheres são de Vênus. Em resumo, gravidade misturada com gravidade = LEVEZA.

Desafiando a gravidade

Desafiar a gravidade nos ajuda a envelhecer bem. Em qualquer idade e fase da vida, o humor é importante, especialmente quando entramos em nossos anos de crepúsculo. Ele se torna um mecanismo vital no enfrentamento para diminuir o impacto das transformações, doenças e perdas da vida — de independência e entes queridos. Um dos principais arrependimentos de muitas pessoas no final da vida é não ter rido mais. Encontrar o humor nas situações cotidianas é o antioxidante da natureza. Uma dose regular de TRH (Terapia de Reposição do Humor) mantém nossos hormônios felizes. Como diz Jennifer Aaker: "É como fazer exercícios, meditar e fazer sexo ao mesmo tempo!".

Despertar o Efeito do Riso por meio do humor é uma resposta protetiva, natural e fortalecedora. Nosso sexto sentido convida à leveza, o que nos torna mais resilientes e confiantes para enfrentar o que vier a seguir. Como qualquer habilidade, ela precisa ser praticada conscientemente até se tornar inata. Se você parou de ver graça nas pequenas coisas que dão errado, há menos chances de conseguir vê-la nas coisas maiores. E uma palavra de cautela: por favor, faça de tudo para evitar cair do penhasco do humor. Como disse o escritor, editor, artista e filósofo americano Elbert Hubbard: "Não leve a vida muito a sério. Você nunca sairá dela vivo".

HÁBITOS DE HUMOR

Quais hábitos de humor você pode introduzir em sua vida, tanto pessoal quanto profissionalmente? Seja específico sobre o que é necessário, quem está envolvido e o resultado desejado.

Algumas ideias:

→ Antes de dar uma festa de aniversário, organize-se para que as pessoas escrevam lembranças engraçadas sobre o aniversariante. Leia essas notas em voz alta. Você ficará surpreso ao saber que, mesmo que as pessoas se lembrem do mesmo evento, a forma como elas o expressam e se lembram dele será diferente.
→ Crie siglas engraçadas para descrever um projeto em que esteja trabalhando.
→ Recapitule suas piadas.
→ Escreva legendas para desenhos animados e invente piadas em resposta a situações frustrantes do dia a dia.
→ Compartilhe seu trava-língua favorito, em casa ou no trabalho.

6

Brincando com o Efeito do Riso

Seu corpo não pode se curar sem brincar. Sua mente não pode se curar sem rir. Sua alma não pode se curar sem alegria.

— Catherine Rippenger Fenwick

Brincadeira de criança

Já vimos como o humor e o riso são parte do Efeito do Riso — assim como as brincadeiras. Nascemos para brincar. Mesmo que não resulte em momentos de gargalhadas, a brincadeira coloca o corpo e a mente em um estado emocional positivo. Seja estruturada ou orgânica, a brincadeira abre nossa mente e promove a imaginação e a criatividade. Importante em qualquer fase da vida, ela é uma fortaleza social, cognitiva e emocional, facilitando o desenvolvimento de habilidades e recursos. Sua capacidade universal de forjar laços sociais se traduz em um importante poder da humanidade.

Infelizmente, a brincadeira é muitas vezes restrita ao *playground* e deixada para trás em nossa infância. No entanto, evolutivamente, estamos programados para brincar. Nas observações de macacos brincando, Darwin notou que sons ofegantes e divertidos compartilhavam a mesma estrutura acústica que o riso humano. Em *A expressão das emoções no homem e nos animais*, ele destacou o riso, uma resposta natural à brincadeira, como a expressão primária da alegria. O riso constante das crianças enquanto brincam transmite aos adultos a garantia de que está tudo bem, de que não há necessidade de intervir. A brincadeira de criança mistura elementos físicos, mentais e de faz de conta e é fundamental para o desenvolvimento do sistema nervoso e das redes cerebrais do bebê. Sorrir costuma ser o primeiro sinal de um convite para brincar, enquanto o riso geralmente acontece durante o jogo interativo. A diversão em grupo é o cenário social para a maior parte das risadas. Quanto mais brincadeiras, mais risadas: quanto mais risadas, mais brincadeiras!

Crianças que riem juntas e crescem juntas usam as risadas mútuas como um auxílio no aprendizado sincronizado. Brincar é um estimulante para o desenvolvimento do humor — uma nova forma de se expressar. Como disse Albert Einstein: "Divertir-se é a melhor maneira de aprender". Alguns exemplos de aprendizagem lúdica incluem experimentos científicos em que as crianças criam bombas de refrigerante com Coca-Cola e Mentos; ou brincam com bolhas, *slime* e massinha. A brincadeira é fundamental para que alguém se torne um ser social de pleno direito.

Pode ser necessária uma crise para iniciar uma brincadeira. Durante o auge da pandemia de Covid-19, o TikTok estava repleto de pais em quarentena — e até avós — transformando cozinhas em estúdios de som e até dominando as danças irlandesas. Ser brincalhão e divertido, especialmente em casa, enviava um sinal claro de que, embora o mundo externo estivesse longe de ser perfeito na época, havia liberdade para escolher como responder. Jogar fora do quadrado da amarelinha revelou ser uma nova perspectiva para uma situação desafiadora. Pais dançando pela sala, se divertindo e fazendo bobagens transmitiam uma sensação de descontração e abriam caminho para o surgimento de emoções positivas, como alegria, amor e gratidão. Baseando-se no humor, a brincadeira ensina, tanto às crianças grandes quanto às pequenas, que há outra maneira de responder a conflitos e crises. Brincar para se distrair ou se readequar a uma situação ajuda a desenvolver a resiliência pessoal.

Crianças são brincalhonas naturais. Ao longo da vida, a brincadeira se torna mais intelectual e menos espontânea. Como parte de minha pesquisa para este livro, eu queria sentir a pulsação do *playground*. Havia uma conexão entre adultos rindo menos que as crianças porque brincam menos? Fiz uma pergunta a um grupo de crianças: "Quem brinca mais, as crianças ou os adultos?". Elas me observaram, certos de que eu estava brincando com eles. Certamente era óbvio. "Os adultos têm que trabalhar, então não podem brincar", elas disseram, rindo. Os adultos não trabalham o tempo todo, rebati, então poderia haver outro motivo? Uma vozinha soou: "As crianças são mais divertidas!". Aquilo colocou o assunto em pratos limpos, por um momento.

COLETANDO MEMÓRIAS FELIZES DA INFÂNCIA

Viaje no tempo de volta à sua infância. Faça uma lista de todas as coisas que lhe trouxeram alegria quando você era jovem. Permita-se sonhar acordado e reviver essas memórias como se estivessem acontecendo hoje. Durante esse processo de relembrar memórias felizes, há algum lugar do seu corpo em que você mais percebe essas sensações? Se houver, expanda e aprofunde esse sentimento. Respire, sorria, reconheça a alegria.

Brincando sem compromisso

Embora as crianças possam ser *mais divertidas*, sua capacidade de contar piadas vem com a idade, pois contar piadas é uma evolução mais elaborada do que o riso instintivo. Eu sou claramente subdesenvolvida e sofro de amnésia de piada — frequentemente me esqueço da piada ou já a destruo na ambientação. Outros já nascem com o tino para fazer os outros rir. Freud frequentemente usava piadas em seu trabalho analítico com seus pacientes. Ele afirmou: "Uma nova piada é passada de uma pessoa para outra como a notícia da última vitória".[1] Essa observação não poderia ser mais verdadeira, pois testemunhamos uma *epiadamia* junto com a pandemia, com memes humorísticos inundando as redes sociais enquanto estatísticas terríveis dominavam a grande imprensa. O freudismo de que "uma piada é a verdade envolta em um sorriso" serve a dois propósitos: agressão, como o sarcasmo; ou para expor desejos sexuais inconscientes por meio de piadas. Freud teorizou que, quanto mais sentimentos sexuais reprimidos uma pessoa tiver, mais ela gostará de piadas sobre sexo, liberando energia mental, permitindo o acesso à mente inconsciente dessa pessoa.[2] Em outras palavras, as piadas são uma oportunidade de obter prazer de algo que normalmente não tem a oportunidade de desfrutar de outra maneira. Ele observou com riqueza a resposta física de rir de uma piada como "fazer nosso diafragma pulsar e o peito arfar, liberando energia psíquica que de outra forma teria sido usada para reprimir nossa ansiedade sobre a morte que a piada expressa!".[3]

Freud observou como as piadas dependem de uma troca entre o contador e o destinatário. Um senso compartilhado de camaradagem lúdica é alcançado quando o contador de piadas e seu receptor riem de maneira audível, sinalizando que ambos "sacaram". Em *O chiste e sua relação com o inconsciente*, Freud observou ainda que "uma piada começa como uma brincadeira, derivando um prazer a partir da liberação do absurdo, mas então ela pode se avolumar para ajudar em propósitos maiores, como combater a repressão e lutar contra as forças do julgamento crítico e da opressão".[4]

Não tenho certeza se as percepções profundas dele se aplicam a piadas comuns ou de salão, como:

O que Alexandre, o Grande, e Mowgli, o Menino Lobo, têm em comum?

O mesmo nome do meio.

A maioria das interações lúdicas e piadas improvisadas surge de respostas a experiências cotidianas: contratempos, lapsos de linguagem, incongruências, observações sociais ou trocadilhos. No entanto, às vezes, apesar de ser transmitida em tom de brincadeira, uma piada chega muito perto da medula. São essas piadas que Freud acreditava capazes de revelar o potencial de descobrir algo novo ou importante sobre nós mesmos. Décadas depois, ele continua a inspirar uma nova geração de admiradores e piadas. Falando nisso:

O que é um lapso freudiano?

É quando você disse uma coisa, mas queria dizer sua mãe.

As piadas se baseiam em elementos reais misturados com incongruência ou desorientação. Parece que você está indo para um lado, mas então vai para outro lugar. Veja o exemplo da comediante Sarah Silverman: "Uma vez eu estive com dois homens em uma só noite. Mas eu nunca poderia fazer isso de novo. Eu mal consegui andar depois. Dois jantares? É muita comida".

Minha sogra, Lillian, era uma contadora de piadas por natureza. Era assim que seu cérebro funcionava. Durante anos, ela foi nosso serviço particular de *streaming* "Judeus idosos contando piadas". Aquilo era uma extensão natural de sua mente fluida e sem filtro. Ela perguntava "Já te contei essa, Ros?", ao que eu respondia: "Sim, muitas vezes". Isso nunca a dissuadiu de contar de novo, e de novo, e de novo. Uma de suas joias mais contadas:

Tinha um casal de aposentados, Betty e Abe. Ambos estavam ficando meio esquecidos. Eles estavam assistindo a um *Vale a pena ver de novo* na TV quando apareceu um anúncio.

Betty disse: "Abe, vou pegar um sorvete com cobertura de morango. Você também quer?".

"Claro", ele disse, "mas é melhor você anotar, senão vai esquecer."

"Eu vou me lembrar", ela disse apressadamente.

Pouco tempo depois, Abe grita do outro lado da casa: "Betty, por que você está demorando tanto? O filme começou de novo!".

Finalmente, ele ouve os passos dela cada vez mais altos no corredor e relaxa em seu assento.

Ela lhe entrega um prato de ovos mexidos.

Ele dá uma olhada nos ovos e exclama: "Viu só, eu disse que você ia se esquecer de algo. Cadê a minha torrada?".

O jeito brincalhão de Lillian de contar piadas era uma característica cativante. Digamos que isso ajudou a amenizar as inevitáveis frustrações da dinâmica familiar (na minha outra vida eu era diplomata). Era um encanto que atraía estranhos para ela como um ímã. Seu repertório de piadas garantiu que sua criança interior permanecesse intacta.

Prontos para brincar

Brincar é um estado de espírito. A gente segura bem essa. Sem uma atitude lúdica, um evento pode ser interpretado de várias maneiras — assustador, intrigante, tolo ou frustrante, mas certamente não é engraçado. Todos nós já experimentamos isso, quando não estamos com disposição para brincadeiras e nada desperta o nosso eu amante da diversão. A ausência de uma mente brincalhona desativa o processamento de estímulos humorísticos.

A brincadeira tem características libertadoras, relaxando a necessidade de controle e abrindo a mente para novas possibilidades. O escritor Mark Matousek observa, em *Writing to Awaken: A Journey of Truth, Transformation and Self-Discovery*: "Levar o nosso caminho rumo ao despertar significa aprendermos a brincar". Ao fazermos isso, nos conectamos ao nosso lado mais sábio, apaixonado e criativo, e a uma nova perspectiva que estimula nosso cérebro a descobrir novas possibilidades. Ou como David Cronin, médico palhaço australiano, iogue do riso e autor de *Breathe Play Laugh*, comentou: "É como se todas as luzes da sua casa estivessem acesas e você tivesse acesso a todos os cômodos".

A jovialidade ilumina nosso cérebro — quase literalmente. Pesquisas por meio de um eletroencefalograma (EEG) foram usadas para examinar a atividade cerebral quando os participantes visualizavam material humorístico e identificaram a Central da Piada — as áreas do cérebro que se iluminam em resposta a um estímulo de humor.[5] Dentro de 0,4 segundo, os pesquisadores observaram uma onda elétrica se movendo para o córtex cerebral no hemisfério esquerdo do cérebro, que é onde as palavras e a estrutura das piadas são analisadas, e para o hemisfério direito, onde ocorre o processamento intelectual. As respostas socioemocionais ocorrem no lobo frontal, e os sinais visuais (sorrir) e as respostas motoras (risos), no lobo occipital. Parece que o hemisfério direito do nosso cérebro ri por último. Se ele for prejudicado por lesão ou doença, isso também pode afetar a capacidade de uma pessoa de processar o humor, o riso ou até mesmo um sorriso.[6]

Pioneiro no campo do humor, o dr. Paul McGhee criou uma escala de senso de humor em que brincar é essencial. McGhee identifica oito áreas de comportamentos relacionadas ao humor: (1) prazer do humor, (2) seriedade/humor negativo, (3) brincadeira/humor positivo, (4) riso,

(5) humor verbal, (6) encontrar humor na vida cotidiana, (7) rir de si mesmo e (8) humor sob estresse. Observe que este último é o mais difícil de desenvolver.[7] Um sistema de avaliação gera um Quociente de Humor: quanto maior, melhor. McGhee acredita que "seu senso de humor é uma forma de brincadeira — um jogo mental ou um jogo com ideias".

A brincadeira pode ser expressada de várias maneiras — jogo de palavras, jogos de tabuleiro, jogos *on-line*, piadas, brincadeiras espirituosas, jogo físico, e a lista continua. Para algumas pessoas, um tipo de jogo pode ser mais dominante, enquanto para outras é algo menos importante. Há uma fragilidade associada à diversão, na qual uma versão mais nua de nosso eu bruto é exposta. Ser visto como bobo pode ser interpretado por alguns como fonte de vergonha. A vulnerabilidade é uma qualidade tão universal que muitas vezes não a reconhecemos até que algo nos chame a atenção. O psiquiatra americano, pesquisador clínico e fundador do US National Institute on Play, dr. Stuart Brown, reconhece que rir histericamente pode nos fazer sentir um pouco fora de controle. Revelar nosso lado lúdico pode nos posicionar fora de nossa zona de conforto.

Evitar o constrangimento e o julgamento é uma das muitas explicações de por que nosso lado brincalhão se torna tímido. *O que as pessoas vão pensar? Cresça! Você é ridículo, controle-se.* Ou como meus pais disparavam: "Rosalind, acalme-se". Somente abraçando nosso eu brincalhão é que criamos mais confiança para nos envolvermos na brincadeira. Caso contrário, ele pode permanecer escondido — preso em um jogo interminável de esconde-esconde.

ESTUDO DE CASO: Voar com convicção e oração — e uma piada!

Dos muitos voos que fiz ao longo dos anos, um se destaca. Não por causa das turbulências ou das crianças chutando o encosto do meu assento, mas por causa das piadas. A Southwest Airlines faz as coisas de maneira um pouco diferente. Em vez de filas com rostos sérios ou ansiosos nos passageiros, é mais provável que você ouça e veja sorrisos e risadas. Sua cultura organizacional trouxe de volta a diversão de voar, não apenas para os passageiros, mas também para os funcionários. Parte do compromisso da empresa é "Expressar quanto nossa atitude é carinhosa não levando tudo muito a sério". E sua lista de humildes valores corporativos continua: "Não se leve muito a sério; mantenha a perspectiva", e meu favorito, "Não seja um pé no saco".

Com cerca de 40% da população experimentando algum tipo de ansiedade para voar — desses, de 2,5% a 5% enfrentam ansiedade incapacitante —, incorporar humor e riso como parte do serviço de bordo faz muito sentido. Para a Southwest, as piadas também fizeram sentido para os negócios, com um grupo de consultoria independente descobrindo que contar piadas durante as demonstrações de segurança resultou em US$ 140 milhões de receita por ano.[8] Esta piada, por exemplo, recontada sete dias por semana, perfaz um belo total de US$ 0,0000002 milhão a cada vez que é anunciada: "Coloque a máscara de oxigênio primeiro em você, depois em seu filho. Se você estiver viajando com mais de um filho, comece com aquele que tem maior potencial ou o que tem menos probabilidade de colocá-lo em uma casa de repouso".

Embora nem todo humor agrade à imaginação geral, a proximidade dos passageiros aumenta a probabilidade de risadas contagiantes e, no mínimo, eleva as vibrações. A leveza sustenta o serviço de voo, desde a mensagem de boas-vindas do capitão a bordo: "Senhoras e senhores, bem-vindos a bordo deste voo da Southwest para Denver. Vamos decolar assim que eu terminar a página dez deste manual de voo"; e comissários de bordo apelam para os passageiros que tentam colocar suas malas nos compartimentos de bagagem superiores, brincando: "Se sua bagagem de cabine não couber nos compartimentos superiores, ficaremos felizes em colocá-la no Mercado Livre para você".

No final da viagem, um dos organizadores de bagagem cria mais harmonia para o momento sacando seu ukulele com um comentário como: "Ninguém fica bravo com você quando está tocando um ukulele".

Não se trata apenas de piadas, a Southwest também é a personificação perfeita do Efeito do Riso, e digo isso não porque adoraria ser recompensada com permutas de voos grátis. Enquanto a maioria das companhias aéreas se recuperava da pandemia e apertava os cintos de segurança financeiros, em 2021 a Southwest Airlines celebrou seu quinquagésimo ano inspirando 1 milhão de Atos de Bondade, doando passagens da Southwest a 52 organizações que defendiam a gentileza em suas comunidades.

Sua abordagem holística se estende a elogios à equipe em boletins informativos da empresa, mensagens de incentivo do CEO transmitidas em reuniões de equipe e jantares nos quais as refeições são servidas em uma bandeja homenageando um funcionário de destaque. Os elogios recebidos nas redes sociais ou em outros meios de comunicação são encaminhados tanto ao colaborador quanto ao seu gestor. Em média, são recebidos mais de 7 mil elogios por mês — o que é especialmente impressionante, porque a maioria das companhias aéreas é perseguida por um número cada vez maior de reclamações.[9] Não é de admirar que a rotatividade voluntária na Southwest seja de 2% e que seja classificada como a nº 1 com o menor número de reclamações de clientes. Se a sua atitude determina a sua altitude, a Southwest está voando alto. Na minha opinião só falta um Plano de Milhas Sorridentes!

Dotada de perspicácia, Eleanor Roosevelt proclamou: "Você não cresce até dar a primeira boa risada de si mesmo". Os seres humanos não são máquinas e precisam ser motivados, sejam eles bebês ou adultos. Apesar da ideia geral, o humor apropriado no trabalho pode ser uma forma bastante segura de expressar nossas vulnerabilidades. Lamentavelmente, na cultura de hoje, a autoestima costuma estar ligada à nossa produtividade, o que significa que gastar tempo brincando parece contraproducente. Décadas antes do iPhone, no início dos anos 1900, o filósofo Bertrand Russell escreveu em *O elogio ao ócio* que "anteriormente havia uma capacidade de despreocupação e de diversão, que até certo ponto foi inibida pelo culto à eficiência". Parece que temos um certo talento em viver no passado.

De local de trabalho para *playground* corporativo

O dr. Stuart Brown frisa a falta de propósito da brincadeira como o motivo pelo qual muitas empresas a consideram uma perda de tempo. No entanto, não estamos falando como se a empresa tivesse de promover um jogo de Banco Imobiliário até todas as casas serem completadas e alguém ir à falência; são as pequenas interações lúdicas que dão o tom. Isso é o que nos motiva a continuar a tarefa atual, especialmente quando os obstáculos surgem em nosso caminho e nos ajudam a atingir um objetivo, pequeno ou grande, com sua devida descarga de dopamina. Interações lúdicas dão um refresco para nossa mente racional. O uso intencional do humor também aumenta a empatia relacional e gera confiança. Um estudo da indústria australiana com 2,5 mil funcionários descobriu que 81% acreditavam que um ambiente de trabalho divertido os tornaria mais produtivos, 93% disseram que rir no trabalho ajuda a reduzir o estresse relacionado e 55% afirmaram que topariam ganhar menos para se divertirem mais no trabalho.[10] Algum CEO ou administrador financeiro pode querer levar isso

Irmã Serotonina

Não sou naturalmente brincalhão, a menos que eu possa incluir um jogo sério de Scrabble (palavras cruzadas). Eu me sinto menos constrangido perto de crianças. Como posso me tornar mais brincalhão sem me sentir bobo?

Muito poucas pessoas apreciam a ideia de estar fora de sua zona de conforto. Comece devagar e escolha seu público. As crianças podem ser menos julgadoras. Como a maioria dos adultos se sente menos constrangida em expressar seu lado brincalhão perto das crianças, esse é um bom público para começar. Apesar de acreditar que ser bobo é uma coisa "ruim", na verdade é saudável. Caso você esteja se perguntando, bobo e estúpido são duas coisas diferentes, pois um pouco de bobagem pode libertar você do estresse, resultando em maior criatividade e na melhora do humor. Tenha em mente que a brincadeira vem de várias formas — física, formal ou até intelectual. Que tal experimentar brincadeiras intelectuais na companhia de pessoas mais maduras que podem não estar tão abertas a bobeiras?

adiante — mas, por favor, não interprete isso como uma simples desculpa para reduzir sua folha de pagamento.

Nos últimos anos, os locais de trabalho olharam para os cães. Com isso, quero dizer que mais empresas têm incentivado os funcionários a trazer seus cachorros para o escritório. Há até um Dia Internacional de Levar seu Cachorro para o Trabalho, em junho! Existe melhor maneira de ativar a brincadeira, a diversão e a alegria do que com um amigo de quatro patas? Eles ajudam a aliviar o estresse e a ansiedade, pois seu bafo e seu fedorzinho criam magia, reduzindo o cortisol e estimulando a oxitocina e outros hormônios associados ao bem-estar positivo. Os cães são uma ótima desculpa para ser um pouco bobo, conectar-se com sua criança interior e também ver o lado brincalhão dos colegas de trabalho. Um chefe obstinado que se depara com um nariz úmido e um rabo balançando pode se transformar em um ser humano que gosta de se divertir, em oposição a uma "atitude humana" abrasiva. Cães no local de trabalho nos tornam menos vulneráveis à vulnerabilidade!

Quase sempre, testemunho os demônios da vulnerabilidade, especialmente durante as sessões corporativas de Ioga do Riso, quando não há escolha de não participar, nenhum lugar para onde correr, nenhum lugar para se esconder. Às vezes eu me pergunto se as pessoas resistiriam menos se eu pedisse que ficassem só de roupa íntima — um conhecido gatilho de vulnerabilidade. A dra. Brené Brown, lendária professora da Universidade de Houston, conduziu uma extensa pesquisa sobre coragem, vulnerabilidade, vergonha e empatia. Ela vê o riso como um componente importante da resistência à vergonha. Em vez de conectar e promover relacionamentos significativos, para muitos ela os desconecta, alimentando uma sensação de medo. Afastar-se da vergonha requer mover-se em direção à empatia, o que exige compaixão. Enfrentar nossas vulnerabilidades requer imensa coragem, mas isso nos abre a porta para rir e brincar sem medo de ser julgado ou ridicularizado.

PLAYGROUND CORPORATIVO

"Duas verdades e uma mentira" é um jogo divertido para quebrar o gelo, que mistura divertidamente humor com vulnerabilidade. Como parte de uma reunião ou de um dia de bem-estar, peça a cada membro da sua equipe que revele duas verdades e uma mentira sobre si mesmo. O resto da sua equipe precisa adivinhar qual é a mentira.

De acordo com o psicólogo dr. Michael Gervais, um dos maiores debilitadores de potencial é o Medo das Opiniões das Pessoas (Fear of People's Opinions, FOPO). "Nós brincamos sem abusar e com cautela porque temos medo da crítica que pode vir do outro lado", afirma Gervais.[11] Poucas coisas são piores do que se sentir envergonhado. Ser ridicularizado alimenta "o sentimento de vergonha do lobo", e é por isso que, às vezes, uma suave reformulação do riso para uma respiração alegre pode ajudar a aliviar o medo. Poucos podem ser condenados pela forma como respiram. Nas sessões de Ioga do Riso em grupo, uma vez que o aceno silencioso de permissão foi concedido para deixar seus cabelos soltos (pessoas carecas inclusive), há uma expiração coletiva. Com as mangas arregaçadas e as gravatas afrouxadas, as pessoas relaxam no fluxo da brincadeira, e o muro de vergonha e de vulnerabilidade desmorona.

O que você resiste persiste. Se você não respeitar seu lado brincalhão, como uma criança de três anos, ele continuará fazendo birra até que lhe seja permitido brincar. Pelo que tenho testemunhado ao longo dos anos, há muitas crianças de três anos vestindo terno! Está na hora de os locais de trabalho se tornarem *playgrounds* corporativos.

Maximizando o aprendizado com brincadeira

Autora e cofundadora da Humour Academy da Association for Applied and Therapeutic Humor (Academia do Humor, na Associação para Terapia e Humor Aplicado), Mary Kay Morrison criou um nome dedicado a esses tipos sérios — Extermina-humores. Como educadora, Morrison descobriu que brincar e rir maximizam o aprendizado. Mesmo o aluno mais relutante se beneficiará ao brincar com o Efeito do Riso, afirma ela. Uma crença repetida pelo professor de psicologia da Universidade de Miami e autor da série *The Laughing Guide to*, Isaac Prilleltensky, explica como as emoções positivas geram criatividade e resolução de problemas e que com isso, literalmente, nos tornamos "mais inteligentes através do riso", pois o cérebro evolui mais rapidamente quando estamos brincando e nos divertindo.

Morrison explica que a ação direciona a atenção e a atenção direciona o aprendizado — o que explica por que alguém pode não se lembrar do que você disse, mas vai se lembrar de como isso o fez se sentir. Também prestamos mais atenção se algo nos surpreende, que é o que a brincadeira e o humor podem fazer. Com mais de setenta anos de idade, Morrison é a pessoa mais divertida que conheço. Talvez porque ela seja uma balançadeira. Eu sei porque eu balancei com ela. Ah, não dessa maneira! Em um assento suspenso por cordas. Ela tem onze balanços em sua propriedade e aproveita todas as oportunidades para usá-los. Seu mantra pessoal é: *Encontre tempo todos os dias para brincar! Se você não tem certeza do que fazer, pense no que gostava de fazer quando criança.*

Outro adulto que resistiu à seriedade terminal é o escritor e humorista Lenny Ravich, um jovem de 88 anos. Durante a maior parte de sua juventude, ele reprimiu suas emoções. Ele não sabia nem que as tinha! Vulnerabilidade e masculinidade andavam juntas como meias estampadas e sandálias abertas em uma festa de formatura. Um mergulho na terapia Gestalt alterou a paisagem emocional interna de Ravich, expondo suas vulnerabilidades. Com suas emoções libertadas, ele transformou sua vida. Após identificar as quatro emoções básicas universais — raiva, alegria, tristeza e medo —, ele percebeu onde essas emoções se expressavam em seu corpo, e elas começaram a se acalmar, ele explicou, "como uma criança que puxa a manga da sua camisa para de fazê-lo assim que você der o que ela está pedindo".

Ravich deu para mim o seguinte exemplo: "Uma das vantagens de ser idoso é andar na frente do ônibus". Em uma das viagens de ônibus em sua cidade natal, Tel Aviv, Ravich embarcou e sentou-se apressadamente ao lado de outro veterano que, Ravich jura, se transformou em um vampiro raivoso, repreendendo Ravich por bater nele com sua mochila. Sua reação deixou Ravich furioso! Ele poderia ter gritado e berrado de volta, criando uma grande cena, provavelmente resultando em uma rebelião ativa de outros passageiros (qualquer um que tenha passado algum tempo em Israel entenderá o que quero dizer). Também poderia ter se desculpado docemente, ignorado ou batido nele de novo. No entanto, ao reconhecer a onda de raiva em seu peito, outra opção — mais divertida — lhe veio à mente. Ravich ergueu sua bolsa, olhou para a superfície de couro e começou a bater nela, dizendo: "Sua bolsa travessa, travessa!". A princípio ele se sentiu vulnerável — não tinha certeza de como sua abordagem seria acolhida —, mas seu gesto criou intimidade instantaneamente. O vampiro raivoso tornou-se um amigo sorridente. Juntos, eles passaram de loucos para felizes. Observando o brilho nos olhos de Ravich e seu comportamento gentil, posso ver que as décadas de esforço de reconhecimento de suas emoções claramente funcionaram.

ENTRADAS NO DIÁRIO

- → O que você faz para dar liberdade de expressão à sua criança interior? Inclua atividades e relacionamentos facilitadores que respeitem a sua criança interior, e assim por diante.
- → Você sente culpa ou vergonha quando se solta? Nesse caso, considere o que você pode dizer a si mesmo para diminuir sua vulnerabilidade. Por exemplo, *eu me permito me divertir.*
- → Como você pode incorporar um senso de brincadeira e diversão em sua vida diária e no trabalho? Faça uma lista com etapas concretas sobre como você alcançará essas coisas.

Uma abordagem mais leve do conflito é comumente associada à criação dos filhos ou aos cuidados infantis, mas não às interações dos adultos. Com a idade adulta, surge a crença de que as mensagens serão mais impactantes se forem transmitidas de um ponto de vista sério. Embora uma abordagem bem-humorada e lúdica não seja adequada para todos os cenários, ela é — conforme comprovado pela prática de Morrison — o acompanhamento perfeito para o ensino e a aprendizagem. O Efeito do Riso pode lubrificar até mesmo o mais árido dos assuntos.

Tanto na graduação em artes quanto no mestrado em Saúde Pública, tive o prazer de estudar o "sauvignon blanc" das disciplinas — a estatística. Em uma conferência da US Association for Applied and Therapeutic Humor, o *jet lag* me derrubou. Quando uma apresentação terminou, não consegui me levantar da cadeira e fiquei encantada ao notar que a próxima apresentação seria feita por um professor de bioestatística. Bem, seria ótimo dormir na cadeira. Infelizmente, não consegui dar nenhum dos cochilos que havia planejado! Um professor emérito da Universidade John Hopkins, Ron Berk, irrompeu no palco sincronizado com uma trilha sonora estrondosa de *Star Wars*. Sua apresentação divertida, inteligente e bem-humorada penetrou em minha mente com *jet lag* e tudo.

É isso que o Efeito do Riso faz. Ele cria uma mente alegre e prepara o cérebro para aprender. Usados com sensibilidade, o humor e a brincadeira melhoram o desempenho do aluno, atraindo e sustentando sua atenção, reduzindo a ansiedade, aumentando a participação e a motivação.[12] (Isso é especialmente importante quando estatísticas estão envolvidas.) O humor pode iniciar interações sociais e conversas com alunos interessantes, inspirar uma atitude mais positiva de resposta social ou acadêmica. Também pode aumentar as interações entre alunos e professores, bem como entre os alunos e seus colegas, e atrair alunos mais introvertidos.[13] O humor mostra aos alunos que um professor se sente à vontade para cometer erros e compartilhar suas experiências com a turma. No entanto, não é preciso lhe dizer que, ao usar o humor para aprender, nunca tire sarro de ninguém de maneira ofensiva ou insensível.

Às vezes, uma abordagem lúdica pode levar a resultados surpreendentes e profundos. Um estudo descobriu que o humor lúdico permitiu que um jovem de quinze anos se abrisse depois de três anos de mutismo e recusa em frequentar a escola. Após algum tempo, desenvolveu-se uma troca mútua de humor lúdico entre paciente e terapeuta.[14]

Em 2021, a líder e educadora australiana de Ioga do Riso, Annie Harvey, introduziu o Giggle Game (o "jogo da risadinha"), que compreende atividades de Ioga do Riso, em centros de aprendizagem infantil. Depois de apenas algumas semanas, uma garota que não havia falado durante os dois anos em que esteve lá pediu pelo "jogo da risadinha". O caminho estava pavimentado para a comunicação vocal futura. Em ambos os casos, a brincadeira que resultou em risos derreteu a parede de gelo do silêncio. Em um momento de jogo, a transformação é possível, criando uma mudança na forma como experimentamos o mundo. Ninguém faz isso melhor do que o escritor e educador Dr. Seuss — "Daqui pra cá, daqui pra lá, coisas engraçadas estão em todo lugar". Muitos de nós aprendemos a contar e nos lembrar do nome das cores com *One Fish, Two Fish, Red Fish, Blue Fish.*

No entanto, às vezes, brincar com o Efeito do Riso em um ambiente de aprendizado pode rapidamente derivar caos, criando o cenário perfeito para o palhaço da classe entrar em ação. Embora o humor seja uma característica quase universal dos palhaços de classe, muitos também relatam menor satisfação com a vida e menor envolvimento com a escola e com a vida. Uma *persona* de palhaço pode ser usada para mascarar a dor e a insegurança. Ou, como a atriz e comediante Magda Szubanski expressou em suas memórias sinceras, *Reckoning*, "Em termos de política escolar, o *status* de palhaço de classe é uma forma de imunidade diplomática. Finalmente eu estava segura".[15] Estatisticamente, os homens assumem mais esse papel do que as mulheres, com comportamento de palhaço associado a ter mais amigos, mas também a um comportamento mais agressivo na sala de aula.[16]

Brinque como terapia em tempos difíceis

Devido à natureza ambígua da personalidade de um palhaço, nem todos combinam com sapatos grandes e meias de pares diferentes, como Patch Adams. Os palhaços médicos são uma raça especial, que brinca para obter vitórias terapêuticas — não apenas para rir — nas enfermarias pediátricas de hospitais em todo o mundo. Em Israel, uma equipe dedicada de Dream Doctors "opera" em todos os hospitais. Eles estão entre os primeiros a responder na linha de frente do conflito, fazendo de palhaçadas para as crianças palestinas e suas famílias a brincadeiras para crianças judias e suas famílias, de vítimas a perpetradores, conectando-se por meio da linguagem universal da brincadeira e do absurdo. Eles ajudam a aliviar a tensão emocional, demonstrando que as aparências externas não são o que parecem. Atrás de um *kaffiyeh* (um lenço de cabeça árabe), de um quipá (o boné judaico) ou do rosto pintado de um palhaço está um ser humano.

Há também os Palhaços Sem Fronteiras, que espalham diversão com seus narizes redondos e vermelhos e sua mala de truques, com alegria e risadas em campos de refugiados, zonas de conflito e outros lugares onde a ajuda humanitária é necessária: um papel cada vez mais vital, com mais de 1% da população mundial deslocada internamente, refugiada ou solicitante de asilo. Quase metade dessas pessoas são crianças.[17] Os Palhaços Sem Fronteiras usam o Efeito do Riso para reduzir o estresse e animar pessoas de todas as idades, a fim de lidar com situações desafiadoras ao extremo quando, para muitos, toda a esperança já foi perdida.

Depois, há o outro mundo "perdido" de cuidados com idosos no qual os Palhaços Velhos entram no mundo dos residentes de lares para idosos, compartilhando suas habilidades únicas com maluquices profissionais para viabilizar interações positivas por meio de brincadeiras, músicas, danças, lembranças e improvisação. Eu gostaria que houvesse Palhaços Velhos na casa de repouso do meu pai. A doença de Alzheimer tirou seu verniz de seriedade. Ele estava mais em contato com sua criança interior em seus anos crepusculares e teria gostado dessa atenção brincalhona. Não é o mesmo caso para todos. Lembro-me de uma participante carrancuda e de rosto impassível em uma das sessões de LOL que facilitei. Ela não demorou a me informar que não participaria porque era tudo muito bobo (alguém deve ter pedido que ela fosse, pois sua permissão estava concedida). Sentada ereta, num *tailleur* sob medida, com um caderno no colo, ela exibia o ar de profissionalismo de uma vida passada. Eu lhe disse que estava livre para ir, mas senti que estava curiosa. Sua hesitação em se conectar à leveza e à brincadeira me levou a incluir uma risada de "monstro das cócegas". Eu encorajei todos a mexer seus dedos monstruosos que fazem cócegas — fazer movimentos de cócegas — sem tocar. Gradualmente, o

Efeito do Riso tomou conta de Madame Stern. Cercada por outras pessoas rindo e viajando mentalmente à época de sua infância, suas rugas suavizaram e seu rosto se iluminou. A alegria — assim como a tristeza — pode ser contagiosa. Isso é um fato.

Minha razão para escolher a risada do monstro das cócegas foi em parte porque fazer cócegas é um comportamento evolutivo inato. Darwin observou que era um meio de comunicação social entre primatas, e trata-se de um comportamento que compartilhamos não apenas com eles, mas também com ratos.[18] Brincar + fazer cócegas em ratos = ratos rindo alto! Pesquisadores da Universidade da Califórnia em San Diego construíram uma "máquina de fazer cócegas" e descobriram que o riso de cócegas vem de uma parte diferente do cérebro daquela em que se inicia por uma resposta emocional.[19] Eles também observaram uma resposta de riso mais dramática quando as cócegas são direcionadas às áreas do corpo para as quais alguns animais direcionam suas próprias brincadeiras — sob as axilas. No entanto, seja primata, rato ou humano, você não pode fazer cócegas em si mesmo. Ainda que tente fazer cócegas em si mesmo exatamente da mesma forma que outra pessoa as faz em você, isso não lhe provocará risos. Por quê? Porque estamos perdendo a tão importante dimensão de brincadeira e o elemento *surpresa*. Faça o teste!

Ser lúdico não significa ser reservado exclusivamente para os momentos divertidos e alegres de nossa vida. O desafio é brincar com o Efeito do Riso quando essa é a última coisa no mundo que você quer fazer. O funeral do meu falecido pai foi uma dessas ocasiões. A dor me envolveu. A honra de seu elogio foi concedida a mim. Como entregar uma lembrança solene teria sido minha ruína, a única maneira de conter as lágrimas era recorrer ao Efeito do Riso. Esse estilo também refletia o homem que meu pai havia sido e nosso relacionamento pessoal, caracterizado por brincadeiras espirituosas, risadas atrevidas e uma reverência amorosa um pelo outro.

Comecei a contar como papai era, em grande parte, um homem

reservado. Apenas alguns fiéis amigos saberiam sobre o tempo que ele passou na prisão de Pentridge — como parte de uma equipe de debate visitante. Essa foi a primeira rodada de risos. A tensão na sala se dissipou, e, mais encorajada, narrei como a frustração por não se tornar um cirurgião foi saciada mais tarde na vida com um passatempo de escultura em madeira. Um dia ele exibiu orgulhosamente sua última escultura — um cubo perfeito enrolado em uma fita vermelha. Normalmente éramos instruídos a admirar de longe, mas, nessa ocasião, papai me disse para colocar o cubo no tapete e depois dar a volta nele. Rindo muito, ele me parabenizou por dar uma volta no "bloco"! Mais risadas. E assim continuei, uma valsa de lágrimas de alegria e de tristeza.

Enquanto entoava um diálogo bem-humorado, minha tristeza em parte foi amenizada, e seu espírito continuou vivo. Nos dias e semanas que se seguiram, a abordagem que fiz tornou as conversas mais leves com familiares e entes queridos e me ajudou a superar as garras da dor. Minha experiência é apoiada por pesquisas sobre luto e humor. Os enlutados que relataram momentos de risadas nos seis meses após a perda foram identificados com 80% menos de raiva e angústia. Risos genuínos são mais positivos para nos mover adiante após a perda, trazendo maior satisfação com os relacionamentos pessoais.[20]

Não importa a sua idade, brincar com o Efeito do Riso faz bem à alma, ilumina a mente e desperta a criança interior. Convidar conscientemente a brincadeira para a festa libera todo o acúmulo de risadas que podem estar presas internamente. Ele desenvolve a capacidade cerebral para a criatividade e o aprendizado, além de fortalecer os vínculos. Seja bem-vindo a ter a diversão de volta em sua vida. Deixe de lado a preocupação com o que as outras pessoas pensam e encontre uma maneira de brincar todos os dias. Esse monopólio não é só das crianças. Como disse o dramaturgo irlandês George Bernard Shaw: "Não paramos de brincar porque envelhecemos. Nós envelhecemos porque paramos de brincar".

7

Sorria, e o mundo inteiro sorrirá com você

Nunca vou entender todo o bem que um simples sorriso pode realizar.

— Madre Teresa

Só de pensar em sorrir já me dá vontade de sorrir. Existe uma qualidade imensa encapsulada nesta simples ação. O sorriso é o irmão silencioso do riso, que elimina a negatividade num piscar de olhos, ao mesmo tempo que desperta uma riqueza de atributos de bem-estar. Ele é transitório, mas sinaliza uma conexão social. Sorrir é um mecanismo evolutivo de sobrevivência projetado para aumentar a interação e o vínculo entre a mãe e o bebê.

Como você deve lembrar do capítulo 1, Charles Darwin ficou tão intrigado com a ciência do riso que mergulhou de cabeça em sua pesquisa. Não por coincidência, também foi a primeira pessoa a examinar a natureza da evolução do sorriso. Por meio de sua exploração global, ele notou que a natureza universal do sorriso é diferente da comunicação verbal ou da linguagem corporal, que são distintas entre as culturas. Darwin observou como os músculos ao redor dos olhos são os menos sujeitos ao controle voluntário, explicando por que fingir um sorriso convincente pode falhar. Suas observações o levaram a concluir que os sorrisos humanos eram parecidos no recuo das gengivas e na exposição dos dentes como nos primatas. Ele estudou seus próprios animais de estimação e os de outras pessoas e acabou dando uma boa notícia para os amantes de cães quando concluiu que eles realmente sorriem.

O sorriso de Duchenne

Darwin colaborou com o neurologista Duchenne de Boulogne, que descobriu o "sorriso de Duchenne": um sorriso que atinge os olhos, franzindo os cantos deles em pés de galinha, e que é amplamente reconhecido como expressão de verdadeira felicidade. A evidência fotográfica de Duchenne levou Darwin a concluir que o sorriso está relacionado com a felicidade, enquanto o riso está relacionado com a diversão. Isso foi elucidado em *A expressão das emoções no homem e nos animais*, de Darwin: "Toda a expressão de um homem de bom humor é exatamente o oposto daquele que sofre de tristeza... Na alegria, o rosto se expande, na dor, ele se estreita."

A crença inicial de Darwin de que esses dois estados comportamentais — sorrindo e rindo —, que podem resultar em lágrimas, originavam-se dos mesmos caminhos neurológicos atualmente foi descartada por pesquisadores. Além disso, o sorriso é silencioso enquanto o riso é vocalizado, com diferentes propriedades visuais.[1]

Os sorrisos podem ser amplos, sinceros, dramáticos ou espontâneos. O nome de Duchenne está associado a um sorriso genuíno, sincero e do fundo do coração, conforme capturado neste delicioso relato poético do próprio homem:

> No recém-nascido, a alma é desprovida de qualquer emoção, e a expressão facial em repouso é bastante neutra... Mas, a partir do momento em que o bebê passa a experimentar sensações e começa a registrar emoções, os músculos faciais retratam as várias paixões em

> seu rosto. Os músculos mais utilizados pelas primeiras ginásticas da alma tornam-se mais desenvolvidos, e sua força tônica aumenta proporcionalmente.[2]

Duchenne, eu romantizo, é o Pai do Sorrir. Sem sua pesquisa sobre o sorriso, quem como estaríamos? Certamente sem um sorriso Duchenne.

Antes de descobrir como ele obteve seus resultados, eu tinha certeza de que eram fruto de uma atividade alegre e divertida. Eu o imaginei sentado na calçada de um café parisiense, saboreando um *croissant* perfeitamente folhado, transmitindo uma disposição esfuziante e sorrindo para todos os transeuntes. Infelizmente, eu estava errada.

Duchenne era um homem altamente prático. Inicialmente, para sua pesquisa, ele buscou cabeças recém-cortadas de revolucionários, até que um dia conheceu um paciente no hospital Salpêtrière em Paris, onde o pesquisador trabalhava. Esse pobre sujeito desdentado sofria de paralisia, e seu rosto estava dormente; ele se tornou a musa de Duchenne. Ao longo de vários anos, aplicou dispositivos elétricos a esse homem infeliz e ao rosto de outras pessoas, contorcendo-os em todas as dobras — contorções mantidas por tempo suficiente para serem registradas em fotografias (lembre-se de que estávamos no século XIX e tempos de exposição muito longos eram necessários para captar a luz e evitar imagens desfocadas). Foram descobertas cerca de sessenta expressões faciais diferentes de emoções humanas, cada uma dependendo de um grupo específico de músculos faciais. Apenas uma proporção deles se traduziu em sorrisos de bem-estar associados a sentimentos positivos. Quanto aos seus infelizes objetos de estudo, é provável que nenhum deles tenha escapado de algum tipo de manipulação.

A partir dos estudos revolucionários de Duchenne, ele descobriu que um sorriso envolve a contração de dois músculos. Principalmente o zigomático maior, que fica na bochecha e puxa os cantos da boca para formar um sorriso. Quando combinado com o movimento do músculo *orbicularis oculi* ao redor dos olhos, as bochechas são puxadas para cima, e, da melhor maneira possível, as rugas se formam e o brilho dos olhos se intensifica. (Para sua informação, o principal músculo envolvido em franzir a testa é o supercílio corrugador — uma joia de termo.)

O *feedback loop* facial, onde a expressão facial afeta seu estado emocional, conforme observado por Darwin, explica por que é difícil franzir a testa quando se olha para alguém que sorri. São aqueles neurônios-espelho disparando e conectando-se, suprimindo o controle que normalmente temos sobre nossos músculos faciais.

Estudos sobre sorrisos

Felizmente, os pesquisadores modernos da emoção positiva não dependem de cabeças decepadas para realizar seu trabalho. Uma importante pesquisa do psicólogo Paul Ekman envolveu a compilação de uma taxonomia de sorrisos. Num projeto, foram mostradas aos participantes de cinco continentes fotografias de indivíduos exibindo diferentes expressões faciais. Eles foram então solicitados a julgar qual emoção achavam estar sendo exibida em cada fotografia. Houve concordância majoritária para a ampla gama de emoções, incluindo prazer, deleite, alegria, diversão, contentamento, satisfação, afeto e flerte. As fotografias também demonstraram constrangimento, vergonha, superioridade e tristeza.[3]

A taxonomia de Ekman reflete a amplitude da experiência humana; uma vida inteira sorrindo para muitos e variados objetos animados ou inanimados — um animal de estimação, um lindo pôr do sol, filhos ou a pessoa amada. Ron Gutman, autor de *Smile: The Astonishing Power of a Simple Act* (*Sorriso: O poder avassalador de um ato simples*, sem edição no Brasil), diz que mais de um terço de nós sorri mais de vinte vezes por dia, enquanto menos de 14% sorriem menos de cinco vezes. As crianças, por outro lado, podem sorrir até 400 vezes por dia. Embora essa estatística possa não ser 100% precisa, não há dúvida de que as crianças sorriem com maior frequência, assim como riem mais livremente.

A maioria dos sorrisos ocorre em saudações e partidas, diferentemente do riso, que se manifesta na conversa. Assim como temos nossa marca de riso e nossa marca de humor individuais, também temos nossa própria marca de sorriso. Ela é em grande parte reflexo do nosso estado emocional, com quem estamos e o que estamos fazendo. Um sorriso serve como *feedback loop* facial e também é a expressão facial mais fácil de ser reconhecida — mesmo a distância. Compartilhar um sorriso impacta positivamente tanto o sorridente quanto o "sorrido", pois um coquetel de hormônios felizes é acionado, dosando nosso sistema e mudando instantaneamente o nosso humor.

Sorrir é mais do que uma recompensa interna. Em um estudo no Reino Unido conduzido pela gigante da informática Hewlett Packard, o psicólogo dr. David Lewis e sua equipe investigaram o que há por trás de um sorriso. Usando uma máquina de varredura cerebral eletromagnética e um monitor de frequência cardíaca, eles descobriram que, dependendo do sorriso que você vê, ele pode fornecer o mesmo nível de estimulação cerebral de até 2 mil tabletes de chocolate! Nesse estudo, ver o sorriso de uma criança rendeu a maior recompensa, o equivalente a 2 mil tabletes de chocolate. O sorriso de um ente querido valia cerca de 600 pedaços de chocolate e o sorriso de um amigo valia cerca de 200.[4]

Mudanças visíveis no cérebro sugerem que emoções poderosas são desencadeadas quando vemos alguém importante em nossa vida sorrindo para nós e sorrimos de volta. Lewis interpreta isso como a criação de um efeito de "halo" que nos ajuda a lembrar de outros eventos felizes de forma mais vívida, e também a nos sentirmos mais otimistas, positivos e motivados. Uma auréola muito querida. Deixando de lado a terapia comum, a terapia sexual ou o consumo de guloseimas, outra pesquisa descobriu que ver um sorriso era mais provável de criar uma euforia de curto prazo melhor do que sexo, chocolate ou compras.

Políticos ou aspirantes a políticos, por favor, tomem nota. Muitas coisas podem ser fingidas, mas *não* um sorriso. Nessa pesquisa, os sorrisos políticos foram eleitos os piores — seguidos pelos sorrisos da realeza —, principalmente no que diz respeito à confiança associada ao sorriso. Tudo se resume à autenticidade. Um sorriso genuinamente feliz serve como um convite claro para interagir. Não é de admirar que os políticos se aproximem de bebês em sessões de fotos antes de uma eleição: se há uma coisa que eles geralmente podem ganhar é o sorriso de uma criança!

Ganhos sorridentes

Mostrar seus dentes brancos perolados compensa — generosamente. Funcionários que parecem mais felizes e genuinamente engajados em seu trabalho transmitem uma sensação de prazer aos compradores, aumentando a probabilidade de uma venda. Eu já sabia desse fato antes de descobrir a ciência por trás disso. Pessoalmente, vou sair correndo de uma loja se eu for "saudada" por uma carranca ou por completo desinteresse. Por outro lado, quando se trata de compradores sérios, um supermercado dinamarquês em particular resolveu o problema. As portas automáticas são programadas para abrir apenas quando um sorriso é detectado. Sem sorriso, sem loja. O resultado final — corredores de sorrisos.

Os sorrisos não se limitam à nossa vida pessoal; eles também permeiam nosso ambiente de trabalho e influenciam a natureza de nossas interações. Quando você sorri, não apenas parece mais simpático e cortês, mas também mais competente.[5]

No início dos anos 2000, um estudo alemão usando ressonância

ESTUDO DE CASO: Sorrisos por hora

Tal como a maioria dos municípios governamentais locais, a cidade de Port Phillip, em Melbourne, Austrália, investe fortemente nas necessidades dos seus residentes, mesmo que isso signifique recorrer a meios pouco convencionais. Em 2005, Port Phillip entrevistou os residentes sobre a simpatia e a coesão dos seus bairros. Quase todos expressaram o desejo de um bairro mais amigável, notando a ausência de relações com outras pessoas da sua rua. As pessoas não apenas passavam umas pelas outras na rua sem sorrir, mas também olhavam para baixo e para longe. Assim nasceu o projeto de coesão social "Sorrisos por hora".

*

---

* (N.E.) Tradução do texto da imagem: Você está entrando em uma zona de três sorrisos por hora.

O projeto de indicadores de progresso comunitário sustentável está monitorando esta área. Para mais informações ou para se tornar um espião de sorrisos ligue para 9209 6777 ou acesse www.portphillips.vic.gov.au 'Sorrisos por hora'

Três a quatro vezes por ano, voluntários treinados como "espiões do sorriso" da vizinhança caminhavam por um trecho definido de uma rua por um período de quinze minutos com a cabeça erguida e uma expressão neutra. Os transeuntes do seu lado da rua foram contados. Foram contabilizadas separadamente as pessoas que sorriram, acenaram com a cabeça ou fizeram algum tipo de saudação positiva ao voluntário ao passar por ele na rua. Esses dois números foram convertidos em percentuais, totalizando a classificação de Sorrisos por Hora daquele trecho da rua. A classificação mais alta que uma rua poderia obter era 100, e a mais baixa era zero. As placas de rua "SMILES PER HOUR" foram exibidas de forma proeminente, com os residentes incentivados a se envolver como um "sorridor", um "treinador de sorrisos" não oficial ou oficialmente como um "espião de sorrisos" catalogado. Uma rivalidade amigável foi incentivada com competições para os títulos informais de Bairro Mais Amigável, Rua Mais Amigável e Centro Comercial Mais Amigável.

Dados compilados ao longo de um período de sete anos mostraram quais bairros eram os "mais sorridentes" de todos e quais poderiam se beneficiar de uma infusão de sorrisos. Isso resultou em residentes mais felizes, que criaram uma cultura local mais amigável, sorriso a sorriso. Sorrisos por Hora foi apoiado pelo departamento de saúde e pela Polícia de Victoria, cruzando posteriormente fronteiras internacionais para Filipinas, Canadá e Escócia.

magnética mediu a atividade cerebral antes e depois da injeção de *botox* — que suprime os músculos sorridentes — e descobriu que sorrir estimula nosso mecanismo de recompensa cerebral de uma forma que nem mesmo o chocolate consegue igualar. Ele demonstrou de maneira conclusiva que, independentemente do seu humor atual, o ciclo de felicidade do cérebro é ativado quando você sorri.[6] E, diferente do chocolate calórico, o sorriso frequente pode nos tornar mais saudáveis, reduzindo os hormônios do estresse e aumentando aqueles que melhoram o humor, o que ajuda a reduzir a pressão arterial.

E, ao contrário, estudos clínicos no tratamento da depressão descobriram que, dependendo de onde é injetado, o *botox* pode resultar em franzir a testa constantemente, contribuindo para um estado depressivo.[7] Ou, por outro lado (de um sorriso), a paralisia de músculos carrancudos com *botox* pode bloquear essa associação, o que aumenta as emoções positivas e diminui a depressão. No entanto, antes de encher os bolsos dos cirurgiões plásticos e agendar sessões de *botox* para induzir nosso sorriso, segure sua onda! Uma abordagem medicinal não pode competir com um verdadeiro sorriso natural.

Todos nós fazemos julgamentos com base nas primeiras aparências. Mesmo antes de escolhermos conscientemente confiar, gostar, evitar ou não gostar de alguém, nosso cérebro já fez uma avaliação. Sorrir é fundamental para as primeiras impressões, fazendo-nos parecer bem aos olhos dos outros. Um projeto de pesquisa de 2010 da Wayne State University em Detroit, Michigan, investigou se a intensidade do sorriso em fotos afetava a longevidade. Usando cartões de beisebol pré-1950 de jogadores da Major League, os pesquisadores descobriram que o sorriso de um jogador pode prever o tempo de sua vida. As fotos foram divididas em três categorias: sem sorriso, sorriso parcial, em que apenas o movimento dos músculos ao redor da boca estava envolvido, ou sorriso completo de Duchenne. Os sorrisos foram usados como medida da intensidade da positividade de um jogador. Os jogadores que não sorriam ou sorriam apenas com a boca viveram em média 72,9 anos, enquanto aqueles com sorrisos radiantes de Duchenne viveram em média quase 80 anos.[8]

A última coisa que quero fazer é envergonhar os dentes/sorrisos de alguém. Pode haver razões pelas quais as pessoas escondam seus sorrisos. Algo com o qual estou muito familiarizada. Deixe-me levá-lo de volta a uma versão mais jovem de mim mesma. Eu era uma menina risonha que não precisava de injeção alguma para me tirar um sorriso. Bastava algum colega de classe sorrir. Embora eu fosse tímida demais para assumir o papel de palhaça da turma, eu aproveitava qualquer oportunidade para demonstrar minha habilidade física no que dizia respeito aos meninos — às vezes literalmente. Como na música "Anything You Can Do (I Can Do Better)", do filme musical *Bonita e valente*.

Um dia importante mudou a trajetória do meu sorriso. Um enorme poste de concreto oco havia sido instalado no pátio da escola, e naturalmente, na hora das brincadeiras, havia uma corrida para ver quem conseguia chegar primeiro ao topo dele. Sem sequer um segundo de dúvida, disparei, sentindo-me muito satisfeita comigo mesma. Alegremente, eu me projetei em direção àquele gigante de concreto até que não apenas as palmas das minhas mãos e as protuberâncias dos meus joelhos fizessem contato, mas também a minha boca. Meu primeiro dente adulto, que havia nascido recentemente, quebrou! Mandada para casa com um lábio em formato de *airbag*, fui rapidamente escoltada ao dentista, que apresentou à minha mãe duas opções: uma coroa branca ou uma prata significativamente mais barata (falsa). Crianças de oito anos não tinham opinião em nossa casa, e mamãe tinha mentalidade econômica. Meu dente ficou prateado, com promessas de uma coroa branca mais perto da idade adulta. Qualquer fotografia da escola — ou *qualquer* foto — minha antes que essa promessa se concretizasse é de boca fechada.

Passei muitos anos sorrindo categoricamente com meus lábios

firmemente selados, e hoje eu me pergunto qual impacto isso teve em meu bem-estar, se é que houve algum. Esta é uma hipótese explorada pelos psicólogos LeeAnne Harker e Dacher Keltner, da Universidade da Califórnia, em Berkeley.[9] Eles conduziram um estudo longitudinal de trinta anos que examinou fotos de estudantes do sexo feminino em um antigo anuário para medir o sucesso e o bem-estar ao longo da vida. Descobriram que as mulheres cujas fotos aos 21 anos exibiam sorrisos calorosos e irradiavam felicidade tinham melhor saúde, casamentos mais felizes e expressavam maior satisfação em geral com a forma como sua vida haviam acontecido quando chegaram aos cinquenta anos. Elas também eram mais propensas a serem mais organizadas, contentes, carinhosas, compassivas e sociáveis do que as mulheres com sorrisos menos intensos. Talvez, se eu tivesse passado menos anos com um dente de prata, hoje eu fosse mais organizada!

Isso também levanta a questão: As mulheres mais jovens estão felizes porque estão sorrindo ou sorriem porque estão felizes? Ou poderia ser como escreveu o líder espiritual e poeta Thich Nhat Hanh: "Às vezes a sua alegria é a fonte do seu sorriso, mas às vezes o seu sorriso pode ser a fonte da sua alegria".

Quando vejo fotos minhas da infância, há timidez e reserva na "Era do Dente de Prata". Um dente cheio de trauma deixava meu sorriso na sombra. No entanto, quando meu sorriso era totalmente branco, involuntariamente ele se tornou minha marca registrada. Décadas depois, em um festival de música, uma mulher que eu não conhecia chamou pelo meu nome. Era a minha professora de francês do ensino médio. Comentei o quanto fiquei impressionada como depois de todos esses anos, em um contexto totalmente diferente, ela podia ter se lembrado de mim. Ao que ela respondeu: "Eu nunca poderia ter me esquecido do seu lindo sorriso".

Nada se compara a um sorriso deslumbrante, o que me leva à pergunta de um milhão de dólares: Será que meu marido, Danny, teria se apaixonado por uma garota com um sorriso prateado e ainda estaríamos casados hoje? O sorriso é uma medida do estado do casamento? Pesquisadores da Universidade DePauw, em Indiana, descobriram que o grau de sorriso em fotografias tiradas no início da vida revela a probabilidade de uma pessoa se divorciar mais tarde na vida. Eles primeiro examinaram o comportamento expressivo positivo dos participantes nas fotos do anuário da faculdade e, em seguida, em uma variedade de fotos dos participantes desde a infância até o início da idade adulta. Em ambos os estudos, o divórcio foi previsto pelo grau em que os sujeitos sorriam nas fotografias tiradas na infância e no início da idade adulta, sugerindo que o comportamento sorridente nas fotografias é uma indicação de disposições emocionais subjacentes, que podem ter consequências diretas e indiretas na vida.[10]

Laços interpessoais mais fortes aumentam as emoções positivas ao longo da vida, equipando as pessoas com as habilidades necessárias para serem capazes de lidar melhor com emoções negativas e avaliar eventos ambíguos de forma mais positiva.[11] Sorrir e rir com seu parceiro transmitem uma disposição de conexão com o outro — um efeito de contágio emocional positivo que ocorre ao longo de nossa vida com um parceiro de longo prazo. É o equivalente facial de um cobertor de estimação do bebê.

O que há por trás de um sorriso?

Nosso sorriso é um marcador de como nos sentimos sobre nós mesmos. Em uma fuga romântica perfeita para Noosa Heads, Queensland, Danny e eu vimos tudo rapidamente se transformar em um pesadelo no espaço de uma refeição. Quando mordi algo, minha coroa branca e perfeita se deslocou. Bastava um papagaio pousar no meu ombro para complementar meu novo visual de pirata. A janela no meu dente abalou minha confiança. Apesar de ser menos de um quarto do meu dente, eu me senti feia e mantive o envolvimento com os outros ao mínimo, evitando até fotografias.

A garota tímida e constrangida que permaneceu adormecida por muitos anos veio à tona. Meu sorriso se tornou minha assinatura. Sem isso, eu era anônima. (Felizmente, meu dentista restaurou meu dente e meu sorriso perfeito um dia depois de voltarmos para casa.)

Minha experiência adulta semidesdentada (e a sombra prateada da minha juventude) me lembra de quando eu estava estabelecendo um programa de refeições alternativas apoiado pelo conselho para pessoas em risco de insegurança alimentar. Os participantes precisavam ser avaliados quanto à sua elegibilidade. Ao ser apresentada a um cliente em potencial, um homem de trinta e poucos anos, tive que conter o choque. Duas gengivas responderam ao meu sorriso. Se tivéssemos nos encontrado num beco escuro, eu teria fugido na direção oposta. Mas, como diz o ditado, *nunca julgue um livro pela capa*. Depois de falar com ele por um ou dois minutos, percebi que, enterrada sob seu comportamento duro, havia muita doçura. Ele esperava se qualificar para o programa, apesar de comer muitos vegetais por dia: batatas fritas! Desempregado e dormindo na rua, sua vida dura estava estampada em seu rosto — especificamente em sua boca. Não pude deixar de pensar que, sem o dom dos dentes, era improvável que suas perspectivas melhorassem, pois as pessoas fariam suposições sobre seu caráter. Estremeço ao pensar que, na ausência de privilégios, eu poderia ter continuado como um pirata pelo resto da vida.

Existem perspectivas animadoras para as pessoas bonitas do mundo, ou pelo menos é o que as empresas de publicidade querem nos fazer acreditar. Somos convencidos de que a vida não vale nada se não tivermos dentes perfeitamente brancos e alinhados. Isso ajuda a explicar o crescimento avassalador da odontologia estética, incluindo o negócio multibilionário de branqueamento dentário. Depois da maquiagem, essa é a maior indústria de beleza não cirúrgica. Você pode dizer o nome de uma estrela de Hollywood com dentes ruins? Nas últimas duas décadas, o número de tratamentos ortodônticos realizados em adolescentes nos Estados Unidos quase dobrou. De acordo com um estudo de 2012 financiado pela fabricante Invisalign Align Technology, 38% dos americanos descartariam um segundo encontro com alguém com dentes tortos, e aqueles com dentes retos têm 38% mais probabilidades de serem considerados inteligentes. Os americanos supostamente preferem um belo sorriso a uma pele limpa e estão dispostos a fazer qualquer coisa para conseguir um sorriso perfeito: 87% renunciariam a algo por um ano para ter um sorriso bonito para o resto da vida, até mesmo desistindo da sobremesa (39%) ou das férias (37%).[12] Embora a Invisalign lucre com as pessoas que compram seu equipamento para endireitar os dentes e as estatísticas possam estar ligeiramente defasadas, o que conta é que a história parece ser bem convincente.

No entanto, nem todos os sorrisos brilham. Desde a infância, somos condicionados a sorrir ao som da fotografia, "Xis". Ou, como ficou famoso no primeiro *reality show* do mundo, o *Candid Camera* (ou *Câmera Escondida*): "Sorria, você está sendo filmado". Mas fazer um julgamento sobre a felicidade de alguém a partir de um "flash de felicidade" é um negócio arriscado. Os sorrisos em fotografias sépia da minha falecida sogra com o marido do primeiro casamento sugerem uma imagem de contentamento — uma unidade familiar sorridente. O que não se vê é disfunção, amargura e, em poucos meses, divórcio. Mais recentemente, quando "comemorei" meu segundo aniversário de confinamento devido à Covid em Melbourne — com Danny preso em uma filmagem interestadual e meus falecidos pais ausentes —, apesar de uma chuva de mensagens amorosas de todos os cantos do mundo, bem como de meus dois lindos meninos, havia um grande aperto no coração por trás do meu sorriso. Claro que eu sorri para a câmera. Eu sorri para os meninos, sorri para o mundo ver que eu estava comemorando a bênção da vida. Mas, como nas fotos da minha sogra, aquilo representava apenas um quadro em uma imagem muito maior.

Embora os sorrisos possam não contar toda a história, eles podem ajudar a contar parte dela. Abrir um sorriso foi algo que fiz durante as visitas ao meu pai no lar para idosos, à medida que a linguagem começou a perder o significado. Praticamos o espelhamento do sorriso. De frente um para o outro, primeiro eu sorria, depois o encorajava a sorrir, e assim sucessivamente até que de vez em quando, como um diamante raro, seu sorriso se transformava em uma risada terna ou um riso abafado. Aquilo era um fabuloso treino facial com liberação de endorfinas e do hormônio do amor, a oxitocina. Era uma deliciosa conversa em silêncio — uma "desconversa". Era uma conexão de alma sincera, que forjava um vínculo com o qual as palavras não poderiam competir. Naturalmente eu teria adorado conversar, até mesmo para quebrar a monotonia do som da minha voz, mas até o dia de sua morte eu me senti grata e abençoada por ser a receptora de seu sorriso.

Mesmo que os sorrisos de papai fossem desprovidos de significado situacional, estou convencida de que eles eram reais. Deduzir o verdadeiro estado emocional a partir de um sorriso confundiu até os cientistas mais conceituados. Como mercadores de galerias de arte, eles desenvolveram métodos criativos para separar os falsos dos autênticos. Na década de 1980, Fritz Strack e colegas da Universidade de Würzburg, na Alemanha, pediram a voluntários que avaliassem quão engraçados eram os desenhos animados enquanto seguravam uma caneta entre os dentes (isso tem o efeito de produzir um sorriso sem que a pessoa perceba). Outro grupo posicionou a ponta da caneta entre os lábios, franzindo a testa sem nenhum traço de sorriso. Os participantes foram informados de que estavam testando métodos para ajudar pessoas com deficiência a escrever. Voluntários com uma caneta entre os dentes, imitando um sorriso, classificaram os desenhos como os mais engraçados.[13]

Por favor, tente isso em casa.

SORRISO DESLIGADO

Ache um parceiro. Encarem um ao outro. Decidam quem será o primeiro a fazer a outra pessoa sorrir. A outra pessoa precisa resistir a sorrir o máximo que puder. Meça quanto tempo leva para desarmar o adversário com um sorriso. Aviso: há uma boa chance de tudo terminar em risadas. Troquem os papéis. Observe que, quando você está sorrindo, fica preso no estado emocional de sorrir — você não estará pensando em seu estresse, e sim muito mais empenhado em compartilhar seu sorriso.

Antes de você sair bradando que qualquer um pode simplesmente colocar uma caneta entre os dentes para se sentir mais feliz ou até mais engraçado, ouça isto: toda vez que esse experimento foi replicado, ele falhou em corresponder aos resultados originais. Com sua honra em jogo, Strack repetiu o experimento em 2016. Para sua descrença, fracassou. A experiência com a caneta foi repetida até que investigadores israelitas modificaram as condições do teste — um com uma câmera de vídeo e outro sem ela.[14] O que aconteceu é que Strack, que recebeu tantas críticas, tinha razão, afinal. Quando os participantes souberam que estavam sendo filmados, não acharam os desenhos animados mais engraçados, mas, sem a câmera, o resultado original de Strack se manteve verdadeiro, até mesmo na quantidade de graça.

Levando essa ideia um passo adiante, pesquisadores da Universidade do Kansas pediram a voluntários que mordessem um par de pauzinhos: mordendo uma extremidade com os lábios fechados para não produzir sorriso ou mordendo ao longo do comprimento do pauzinho com os lábios afastados, imitando um sorriso-padrão. Participantes foram submetidos a duas tarefas estressantes — uma era um desafio mental e a outra era uma indução de dor — enquanto mastigavam os tais pauzinhos. Os pesquisadores mediram os batimentos cardíacos e os níveis de estresse dos participantes durante e após o desafio mental e a tarefa de dor. Aqueles que imitaram um sorriso genuíno ficaram menos estressados e mostraram uma recuperação fisiológica mais rápida das tarefas estressantes do que aqueles que imitaram um sorriso falso ou nenhum sorriso.[15]

O truque do lápis/pauzinho funciona porque força seu rosto a imitar um sorriso genuíno, envolvendo os músculos da boca, das bochechas e dos olhos que despertam sentimentos felizes. A contração dos músculos do sorriso muda a forma como percebemos o mundo e como o mundo nos vê, fortalecendo os caminhos neurais para a alegria. Só não conte isso ao seu cérebro, ou ele não vai responder mais. Usar um sorriso em vez de uma carranca não apenas torna as coisas mais engraçadas; isso nos torna mais atraentes. Participantes de um estudo sueco foram instruídos a sorrir ou a franzir a testa quando expostos a imagens emocionais positivas e negativas e depois avaliar a agradabilidade dos estímulos. Eles classificaram as imagens como mais agradáveis durante o sorriso em comparação com a carranca. Contudo, o resultado durou pouco, sem efeitos residuais após cinco minutos ou um dia.[16]

O efeito endorfina

Um motivo importante para trabalhar nosso sorriso é o aumento da satisfação com a vida. Praticar o sorriso durante um período prolongado tem um grande impacto — como demonstrado pelo estudo sueco —, uma vez que libera endorfinas no corpo. E elas não estão apenas em nosso cérebro. Vinte tipos de endorfina foram descobertas no sistema nervoso central, fluindo por todo o nosso corpo. Elas são pequenos hormônios inteligentes que agem como neurotransmissores, carregando sinais elétricos dentro do sistema nervoso. Seu impacto em nossa saúde e em nosso sistema imunológico é substancial, modulando dor, temperatura, batimentos cardíacos e respiração. As endorfinas ainda auxiliam a fisiologia intestinal e o parto e melhoram o sistema imunológico ativando células T, que destroem células defeituosas ou cancerígenas. Elas também estão indiretamente envolvidas na redução do estresse, melhorando o aprendizado, a memória e a motivação.

SORRINDO PARA O SEMÁFORO

Fervendo dentro do terno? Os semáforos podem ser o melhor lugar para despertar sua consciência sobre o seu sorriso. O melhor lugar porque você está sentado, ocioso, com tempo disponível, e isso é tudo que você precisa. Quando estiver em um semáforo, sentindo-se agitado, conecte-se à sua respiração e dê as boas-vindas a um sorriso. Sorria para si mesmo e inspire mais profundamente. E, caso esteja se sentindo ousado, sorria para a pessoa no carro ao seu lado. Depois de aproveitar seu suprimento de endorfina, você ficará decepcionado porque o sinal já não está vermelho.

As endorfinas relaxam o tecido para que os anticorpos essenciais possam viajar para as regiões afetadas do corpo em funções de reparo e cura. Quando estamos estressados ou em estado de choque, o fluxo de endorfina congela. Uma das minhas clientes, "Rachel", foi diagnosticada com câncer de ovário em estágio quatro. Em uma tentativa de conter seu humor em espiral descendente, ela procurou minha ajuda antes de uma bateria de radiação, cirurgia e quimioterapia. Não era surpresa que Rachel não estivesse rindo ou sorrindo muito. Nos meses seguintes, selecionamos práticas para melhorar o bem-estar durante a doença e gerar alegria em meio ao medo e à incerteza. Uma dessas atividades foi um Quadro de Endorfina — uma representação visual dos gatilhos da endorfina, adaptada de *The Endorphin Effect*, de William Bloom. Semelhante a um quadro de referências, é um mapa visual do seu sorriso interior e do que faz seu coração disparar.

QUADRO DE ENDORFINA DO SORRISO INTERIOR

Esta atividade é um convite para criar uma representação visual de coisas que lhe dão prazer, recorrendo às seis principais categorias de gatilhos de endorfina que fazem você se sentir bem por dentro e por fora:

- → pessoas ou animais de estimação
- → lugares
- → atividades
- → experiências de vida memoráveis
- → figuras ou símbolos religiosos ou espirituais
- → texturas, aromas, sons, sabores e cores.

Não deixe que ele se torne um quadro teórico. Reserve um tempo para se conectar a essas coisas ao longo de sua rotina para melhorar o humor e aumentar sua calma e sua alegria. Pouco espaço na parede? Você pode anotar seus gatilhos em um pedaço de papel, dobrá-lo e mantê-lo na carteira ou colocar *post-its* em algum lugar em que você os veja com frequência. Selecione imagens, fotos ou palavras de "poder" que você considere genuinamente significativas e causem uma resposta positiva em você. Os gatilhos de endorfina não são estáticos, portanto verifique e os atualize regularmente.

A regra de ouro para enriquecer seu fluxo de endorfina é:

1. Perceber
2. Pausar
3. Absorver

Essa atividade também pode ser realizada como prática de atenção plena.

Separamos uma folha de papelão A3 para ela montar seu quadro. Rachel compilou imagens de pessoas que ela amava, pessoas que a inspiraram, coisas que a fizeram se sentir bem e a conectaram à alegria: esses eram seus estimuladores de endorfina. Ela possuía amostras de seu *hobby*, o *ikebana* — a arte japonesa de arranjos florais. Também havia citações inspiradoras, com amostras de suas cores favoritas, palavras de "poder", e muito mais.

Então o Quadro de Endorfina foi pendurado em uma parede de seu quarto. Quando a quimioterapia consumia sua energia, Rachel tinha esse quadro para olhar e extrair energia dele. Ela podia sonhar acordada com tudo o que a fazia sorrir. Nos dias em que se sentia mais forte, eu a incentivava a irradiar essa sensação reconfortante para os entes queridos que a acompanhavam durante esse período desafiador.

Inicialmente, ela não tinha certeza se estava fazendo isso da maneira "certa". Eu pude tranquilizá-la dizendo que, fosse praticando uma meditação sorridente ou sintonizando seu Quadro de Endorfina, a consciência fisiológica aumenta. Pode ser um brilho caloroso ou uma sensação difusa, um brilho nos olhos, um coração aberto ou um relaxamento geral do corpo. O processo de perceber, pausar e absorver esses estímulos e ativar os "olhos doces e amorosos" ajuda a explorar esse elixir da vida. Como explica William Bloom: "A mente inconsciente e o sistema psiconeuroimunológico não conseguem distinguir entre o que é real e o que é imaginado".[17] A mente acredita que os acontecimentos dentro dela são reais. Aproveitar o efeito da endorfina muda sua bioquímica.

Nos meses seguintes, apesar de tudo, Rachel estava sorrindo mais. Até o riso foi despertado, ajudado por filmes alegres e séries de comédia. Depois de vários meses, recebi a melhor mensagem de todas. Ela estava em remissão. Nem Rachel nem eu podemos afirmar que as práticas de sorriso que aumentam as endorfinas podem levar todo o crédito por sua recuperação. Contudo, isso demonstra como o Efeito do Riso pode coexistir harmoniosamente com os tratamentos convencionais. Para Rachel, a integração dessas técnicas despertou seu sorriso interior e exterior, otimizando a cura e enviando sua energia para os ovários (ou para onde quer que seja necessária), para estimular o fluxo de endorfinas. Essa integração exercitou seu sorriso interior do corpo para a mente e da mente para corpo, e conectou novos caminhos neurais para o bem-estar.

PRÁTICA DE ATENÇÃO PLENA AO SORRISO INTERNO (5 A 15 MINUTOS)

1. Sentado ou deitado, feche os olhos e estampe um sorriso no rosto. Pode ser útil pensar em um momento de sua vida no qual tudo estava indo bem ou um em que você se sentiu amado incondicionalmente.
2. Sente-se com esse sorriso e observe como seus lábios, faces e olhos se sentem enquanto você usa esse lindo sorriso de

afirmação de amor e alegria. Inspire o sorriso e, ao expirar, compartilhe-o mais profundamente em seu corpo.

3. Agora convide seu sorriso para dentro do espaço do seu coração, enchendo-o de amor e de uma sensação de tranquilidade e paz. Passe um ou dois momentos inspirando e expirando esse sorriso mais profundamente para dentro do seu coração.
4. Em seguida, direcione a energia do seu sorriso para a barriga, enchendo-a de alegria, acalmando qualquer ansiedade ou tensão. Inspirando seu sorriso e compartilhando-o por toda sua barriga e intestino.
5. Agora permita que essa energia sorridente descanse onde for mais necessária. Inspirando e expirando. Imagine a energia do seu sorriso fluindo por todo o seu corpo, preenchendo cada célula, tecido, fibra e músculo com essa energia sorridente. Você está incorporando um sorriso.
6. Saiba que, seja o que for que esteja acontecendo no mundo externo, colocar um sorriso sincero em seu rosto muda seu mundo interior. Quando estiver pronto, abra os olhos e abandone suavemente essa prática.

As superestradas do bem são pavimentadas quanto mais percebemos e apreciamos conscientemente as coisas que trazem alegria à nossa vida. O que *você* percebe como prazeroso e faz suas endorfinas fluírem é diferente para qualquer outra pessoa. Se eu lhe pedisse para se lembrar de uma porção de pudim de tâmaras, com uma bola aveludada de sorvete de baunilha ao lado, isso poderia resultar em uma resposta prazerosa (com saliva e tudo) ou uma resposta neutra, ou — se você é avesso ao glúten, aos laticínios, às tâmaras ou ao açúcar — uma resposta muito negativa. Só *você* sabe o que lhe dá prazer e o que o faz sorrir por dentro e por fora. Depois de identificar seus próprios gatilhos de endorfina, o truque é aproveitá-los regularmente — para prolongar esses momentos de prazer e permitir uma experiência e uma conexão mais profundas. Esse processo torna as experiências prazerosas mais aderentes, como o pudim, de modo que nosso cérebro presta mais atenção a elas.

Em qualquer fase da vida, as práticas do sorriso interior podem ser um grande tônico. No entanto, você não precisa esperar por uma crise de saúde (ou outra qualquer) para integrar essas práticas ao seu dia. É muito melhor criar novos hábitos quando a vida corre tranquilamente, em vez de adicionar outra pressão ao navegar em águas agitadas. Uma das vítimas do *tsunami* de Covid foi nosso sorriso. As máscaras faciais prejudicaram nossa ligação com a normalidade — nosso sorriso —, o que é particularmente importante se estivermos socialmente isolados, com medo ou privados do toque humano. Nossos sorrisos foram amplamente escondidos. Essa ausência de uma pista visual amigável pode reconectar inconscientemente nosso cérebro ao medo e à ansiedade (particularmente em crianças, devido à elasticidade do cérebro e à rápida formação neural, ou em pessoas propensas à ansiedade ou à depressão). Houve uma vantagem, no entanto. Fomos presenteados com a oportunidade de praticar olhos sorridentes — permitindo que a intimidade, a simpatia e a sociabilidade se mostrassem acima da linha do tecido.

Abordar a ausência de sinais faciais durante períodos de maior estresse na pandemia provocou a revolução do minissorriso na equipe hospitalar. Equipados da cabeça aos pés com equipamentos de proteção individual (EPI), muitos profissionais de saúde afixaram um retrato brilhante e sorridente de si mesmos em seu equipamento de proteção. O terapeuta respiratório Robertino Rodriguez, do Hospital Scripps Mercy em San Diego, descreveu o motivo: "Um sorriso ajuda muito a confortar um paciente assustado, trazendo um pouco de brilho para estes tempos sombrios". O ato literal de sorrir diminui o trauma, tanto nos pacientes quanto na equipe.

Irmã Serotonina

Eu trabalho em casa sozinho. Qual é a melhor coisa que posso fazer para melhorar meu humor?

Trabalhar em casa lhe dá a liberdade de responder espontaneamente às suas necessidades de bem-estar. Você poderia sair para dar uma caminhada. Sintonize-se ou adicione algo à sua compilação de intensificadores de endorfina. Faça uma pausa consciente de dez minutos, adicionando respirações sorridentes à sua rotina. Ria assistindo a um vídeo de comédia ou ouvindo um *podcast* engraçado.

O cérebro, ao ver um sorriso, o entende como real e sinaliza a atividade dos neurônios-espelho, o que desencadeia o circuito de *biofeedback* do sorriso. O fluxo de endorfina perfura a fachada do EPI, revelando um ser humano empático e atencioso.

Não importa o que esteja acontecendo no seu mundo — se você é idoso, jovem, vibrante ou doente —, ativar seu sorriso faz com que você se sinta melhor. Ele ilumina a mente e energiza o corpo. Cultivar um sorriso interior, com intenção e atenção, anula o rancor. Não importa o tom do seu dia, os desafios que você enfrenta ou a fase da vida em que se encontra, por mais clichê que possa parecer, a vida é melhor quando começa e termina com um sorriso. O sorriso nutre o bem-estar, fortalece a conexão e se espalha pelo mundo. Para citar um dos meus filósofos favoritos, Snoopy: "Sorria, e o mundo inteiro sorrirá para você. Se você babar, eles vão te colocar lá fora".

8

Gratidão alegre

Seja grato pelo que você tem e você acabará tendo mais. Se você se concentrar no que não tem, nunca terá o suficiente.

— Oprah Winfrey

Agora você está mais familiarizado com a natureza multifacetada do Efeito do Riso. Nenhuma exploração desta questão estaria completa sem acrescentar uma dimensão de gratidão — uma das formas mais simples e potentes de mudar sua perspectiva de vida e sua forma de transitar no mundo. Aplicar o Efeito do Riso à gratidão resulta não apenas no fortalecimento dos caminhos neurais de tudo pelo que somos gratos, mas também daqueles associados à alegria. Aproveitar o brilho da gratidão aprofunda e enriquece seu impacto no bem-estar — esse é o fator de incorporação. É um antídoto maravilhoso contra não valorizar o que temos, algo de que todos nós já fomos vítimas em algum momento de nossa vida. A gratidão repleta de alegria abre nosso coração e nossa mente para o que já existe. Cícero, apresentado no capítulo 1, observou: "Um coração agradecido não é apenas a maior virtude, mas também o pai de todas as outras virtudes".

Gratidão e o Efeito do Riso

Nossos dias são compostos por minutos, mas quantos deles podem ser classificados como edificantes, alegres ou simplesmente bons? Aplicar camadas de gratidão conscientemente ao longo do dia multiplica os micromomentos de alegria, de modo que são esses, e não os momentos não tão bons, que definem seu ritmo. Isso leva a uma maior felicidade geral sem a necessidade de esperar pelas coisas maiores da vida para comemorar. Caso contrário, conforme opinou o especialista em cultura da gratidão Steven Farrugia, seria como ir a uma partida de futebol e segurar o grito de torcida até o apito final. Com a prática, a gratidão intencional, que vamos explorar, torna-se tão inconsciente quanto colocar um pé na frente do outro quando caminhamos. É como uma tocha que ilumina as muitas coisinhas maravilhosas de nossa vida cotidiana, por menores ou mais insignificantes que pareçam.

Quando você incorpora a gratidão, aparentemente manifesta ainda mais experiências pelas quais ser grato. Um simples exemplo: digamos que esteja procurando um carro novo. Você adoraria um Maserati, mas tem de se contentar com um Mazda vermelho. Uma vez que você começa a pensar em Mazdas vermelhos, magicamente eles aparecem aqui e ali. Mazdas vermelhos aparecem em todos os lugares. Sem dúvida, eles estiveram por aí o tempo todo, mas agora, inconscientemente, você preparou seu cérebro para prestar atenção. Para onde vai nossa atenção, a energia flui. Isso não é tão maravilhoso quando o alerta vai para as coisas de que você não gosta. Infelizmente, há um empuxo mental maior para um evento com carga negativa do que positiva. Mas não há necessidade de se preocupar com isso — é um mecanismo de sobrevivência evolucionário que devemos à gratidão. Caso contrário, correríamos o risco de sair correndo no meio de uma estrada movimentada, queimar as mãos em panelas quentes ou assistir a programas tediosos na Netflix. O problema é quando nosso cérebro vasculha constantemente em busca de problemas para resolver, mesmo na ausência de uma ameaça aparente. Às vezes estamos cegos para o padrão negativo do nosso cérebro, mas outras vezes ele nos domina e pode ser a causa de noites de insônia. Isso pode ser explicado por um viés de negatividade embutido em nossa mente, ou, como explica o autor e neuropsicólogo Rick Hanson, o cérebro é como um velcro (grudento) para o negativo e como Teflon (escorregadio) para o positivo.[1]

Considere o seguinte: no final do dia, você está relatando meia dúzia de eventos ou interações. Três foram positivas, duas foram neutras e uma foi negativa. Em qual você vai ficar deitado na cama pensando? Eu suponho que a negativa. Apesar de essa interação ou evento ter ocorrido no passado, seu cérebro continuará a responder da única forma que conhece — enviando hormônios de estresse que refletem os acontecimentos nos olhos da mente.

A gratidão com o Efeito do Riso desperta nosso cérebro consciente para prestar atenção aos muitos hábitos que estão tão arraigados que raramente os notamos. Tarde da noite nos empanturramos de chocolate, pegamos o celular ou apertamos o botão soneca, de novo e de novo. E de novo. Somente quando tomamos consciência de um comportamento, hábito ou padrão de pensamento é que podemos decidir aceitá-lo ou mudá-lo. Ao fazermos isso, nos tornamos motoristas no banco da frente em nossa jornada, em vez de passageiros no banco de trás.

Como a gratidão não é essencial para a sobrevivência, nosso cérebro mal presta atenção: sem ameaça existencial, sem luzes piscando, sem interesse. Com atenção, intenção e repetição (AIR), o cérebro passa a tratar as experiências benéficas com a mesma reverência que aquelas ligadas à nossa sobrevivência. Caso contrário, embora agradável no momento, um pensamento ou uma experiência benéfica se dissiparão em um dos outros 6 mil ou mais pensamentos sobre os nossos dias. Isso ocorre porque essas coisas "boas" são geralmente leves na escala de intensidade — um ou dois em dez —, mas são tão reais quanto os pensamentos negativos.

A maioria das forças psicológicas, de acordo com Hanson, é adquirida de estados passageiros ou de experiências de força interior, como gratidão, que se instalam no cérebro. Quanto mais longas e intensas forem essas associações, mais neurônios benéficos disparam juntos, ajudando o cérebro a passar da memória de curto prazo para o armazenamento de longo prazo — o que cria um recurso pessoal duradouro, que pode ser utilizado posteriormente. Essa é uma habilidade que pode ser aplicada a qualquer força interior que você gostaria de desenvolver — bondade, confiança, equilíbrio emocional, paciência, alegria, autoconsciência ou gratidão.

De acordo com Hanson, gastar apenas cinco ou dez segundos apreciando uma boa experiência e construindo associações amplifica sua benesse. Adicionar alguma forma de incorporação, turbinando com um sorriso sincero ou uma série de respirações sorridentes, aprofunda ainda mais essa associação. E depois disso reconhecer conscientemente como isso faz você se sentir e banhar o seu corpo, sua mente e sua alma em seu brilho. Esse é o Efeito do Riso.

Experiências levemente benéficas não mudarão sua vida, mas, assim como um copo d'água é enchido gota a gota, seu dia também pode ser preenchido com micromomentos de alegria. Refletir sobre as coisas pelas quais você é grato ajuda a criar emoções positivas, permitindo que fique mais satisfeito com o que já tem e ajudando a criar reservas que podem ser utilizadas no futuro para gerenciar melhor ameaças ou tensões. Quanto mais focado você estiver no que é bom, mais sorrirá e mais terá vontade de rir.

Lamentavelmente, isso não acontece da noite para o dia. A mudança comportamental é um processo. O modelo de "Competência Consciente" nos ajuda a compreender como o cérebro responde a uma mudança de hábitos. A princípio, não temos noção ou desconhecemos um determinado hábito, sem considerar se ele está nos servindo bem ou não — esse é o começo do processo, incompetência inconsciente. Então algo acontece ou alguém nos alerta que esse hábito ou comportamento não está nos fazendo bem. Decisão tomada. Precisamos mudar nossos hábitos. Roer as unhas é um exemplo. Infelizmente, você não pode apenas estalar os dedos para inspirar mudanças num passe de mágica; é necessário um esforço consciente. Precisamos praticar o novo comportamento que gostaríamos de adotar (ou rejeitar), até que primeiro nos tornemos conscientemente competentes — ainda assim precisamos pensar sobre o que estamos fazendo e então, com repetição, nos tornar competentes de maneira inconsciente; quando não mais pensamos sobre esse hábito ou comportamento, nós simplesmente o realizamos.

Essa mesma teoria pode ser aplicada a pensamentos habituais ou estados emocionais passageiros, como a gratidão. Sem fazer uma ressonância magnética, podemos monitorar as alterações em nosso cérebro, no conforto de nossa casa.

PRÁTICA DA APRECIAÇÃO ATENTA DOS DEZ DEDOS

Esta é uma atividade divertida para apresentar às crianças. Todos os dias, contando com cada dedo das mãos, lembre-se de dez coisas pelas quais você é grato. Se você fizer essa prática todos os dias, pode haver repetição, mas tudo bem. Elas realmente se somam! Dez coisas por dia, setenta coisas por semana, 280 coisas por mês etc. Esta é uma ótima maneira de conectar caminhos neurais para o bem.

Cultive gratidão

Aqui está uma técnica para aumentar a gratidão. Se você usa relógio, durante a próxima semana ou depois, coloque-o no outro pulso todos os dias. Se você não usa relógio, coloque qualquer joia no outro pulso ou na outra mão, ou escove o cabelo ou os dentes com a mão não dominante. Escolha qualquer hábito que você faça de uma maneira e tente fazer de outra. Inicialmente, seu cérebro terá um leve ataque de ruído branco e lançará muita resistência contra você. *Isso demora muito. Por que ela me obrigaria a fazer isso? Isso é tão frustrante... Não, eu não quero fazer isso.* Depois de alguns dias, a resistência diminuirá, e, em mais ou menos uma semana, você provavelmente colocará o relógio na outra mão ou pegará a escova de dentes com a mão não dominante sem pensar duas vezes.

Com a prática, as atividades podem se tornar uma segunda natureza — roupas sujas geralmente jogadas no chão podem dar um grande salto para a cesta da lavanderia; engolir a comida antes de falar, em vez de espirrá-la pela boca; valorizar o que seu parceiro faz por você, em vez de criticar todas as suas falhas. É aí que entra a reconexão. É o equivalente a levar seu cérebro para a academia — supino para a neuroplasticidade positiva.

Uma atitude de gratidão alimenta um ciclo ascendente de emoção positiva. Aprimorar nosso radar interno para aproveitar as oportunidades que podem se apresentar para nós. Inclinar-se para o bem, o que significa afastar-se do não tão bom. Nem mesmo o dançarino mais talentoso pode se inclinar simultaneamente em duas direções!

• • • • • • • •

Praticar a gratidão é muito mais fácil quando a vida está tranquila, mas, quando as coisas não estão indo tão bem — durante um luto ou uma perda, um estresse financeiro, uma tensão no relacionamento ou uma doença —, isso pode parecer tão remoto quanto um dia quente de verão no meio do inverno. Eu percebi isso três dias após minha ressecção intestinal, quando recebi a maravilhosa notícia de que o câncer não havia se espalhado. Dizer que fiquei aliviada seria um eufemismo; eu fiquei impressionada com a gratidão. No entanto, era como se meu corpo não soubesse o que fazer com

Irmã Serotonina

Recentemente, perdi meu parceiro de quarenta anos e há dias em que não consigo encontrar uma coisa pela qual eu seja grato. Sentir-se grato parece inautêntico. O que posso fazer?

Uma vez que permitimos que nossa mente saia do buraco que a dor abre em nós, podemos começar a nos inclinar para as muitas coisas boas do nosso dia. Divida aquilo pelo que você é grato em pequenas porções — sua cama confortável, um banho quente relaxante ou belas lembranças que você compartilhou com seu ente querido — em vez de tentar identificar grandes pedaços. Outro ângulo é voltar-se para dentro, para as qualidades que você aprecia em si mesmo e podem ajudá-lo neste momento desafiador.

ela. Isso só veio quando comecei a escrever com lápis preto no papel do hospital enquanto concentrava minha atenção nas muitas coisas e pessoas pelas quais eu era grata: meu corpo, por me apoiar com leveza durante o ataque cirúrgico de cinco horas; ser operada em um hospital de extrema qualidade; minha amada família e amigos. Destilei momentos de gratidão até incorporá-los tanto no nível neural quanto no celular. Era a energia edificante do Efeito do Riso inundando cada célula, tecido e músculo. Quanto mais eu era grata, mais expansivo era o sentimento. Uma "viagem" sem a necessidade de uma recarga de morfina.

A partir daquele momento, assumi o compromisso de cultivar um coração agradecido. Primeiro, mergulhando o dedo do pé no poço de gratidão e, em seguida, imergindo totalmente. Fui inspirada pelo fundador da Psicologia Positiva, o professor Martin Seligman, cuja pesquisa sobre a recontagem diária de Três Coisas Boas "demonstra efeitos duradouros na depressão e na felicidade".[2] Três Coisas Boas envolve fazer um balanço mental ou por escrito das "coisas boas" básicas, muitas vezes não valorizadas. À beira do sono, em vez de contar ovelhas, eu contava três coisas boas que aconteceram no meu dia: bênçãos ou gestos de bondade que observava ou recebia. Perdida nesses momentos, inclinando-me para o bem, recebi uma pequena trégua das preocupações passadas ou futuras.

Nos dias em que meu humor estava baixo e a ansiedade alta, minha resistência atingia o pico e eu me perguntava como havia pensado em três coisas *completas*. No entanto, uma vez que o néctar da gratidão começa a fluir, é difícil de estancar. Inclinar-se para o bem é bom e até um pouco viciante, o que pode ser explicado em parte pela liberação de dopamina, pois ocorre uma conexão fabulosa entre o comportamento e o sentimento. Quanto mais expansiva a prática da gratidão, mais doses de dopamina. Até que ficamos bêbados de gratidão.

UMA TOMOGRAFIA SORRIDENTE DE GRATIDÃO

1. Fique à vontade. Inspire e expire profundamente, repita. A cada respiração, entregue-se um pouco mais. Todos os dias sua respiração está lá para você e tem estado em todos os momentos de sua vida. Não é preciso pedir que ela aconteça, ela apenas flui. Ofereça gratidão por sua respiração. Sorria em sua respiração e expire profundamente.
2. Agora volte sua atenção para seu rosto. Podemos ser bastante críticos com nosso rosto. Traga a consciência para suas bochechas, seus lábios, seu nariz. Torne-se consciente de seus olhos e suas sobrancelhas. Tente não se perder em nenhum julgamento — apenas observe. Traga a consciência para o pescoço e para a parte de trás da cabeça. Agora para toda a sua cabeça. Sinta a gratidão por todo o seu rosto e sua cabeça com um sorriso sincero. Inspire esse sentimento de gratidão e, ao expirar, compartilhe-a do rosto para o corpo.
3. Agora leve sua atenção para ombros, braços, cotovelos, antebraços, pulsos, palmas das mãos, dorso das mãos e dedos. Abra-se para um sentimento de gratidão. Inspire esse sentimento de gratidão e, ao expirar, compartilhe a gratidão com um sorriso sincero por seus braços e por tudo o que eles fazem — dos ombros à ponta dos dedos. Expresse gratidão com um sorriso e, ao expirar, compartilhe esse sorriso com seus ombros, braços e mãos.
4. Desloque a atenção para o peito, o plexo solar, o abdome, o quadril e a região pélvica. Agora para seu tronco e a parte inferior das costas, o meio e a parte superior das costas. Inspire um sentimento de gratidão por toda essa área e, ao expirar, compartilhe esse sentimento mais profundamente. Traga um sorriso ao seu

rosto e, ao expirar, compartilhe esse sorriso com o seu peito e as costas, o plexo solar, a barriga, o quadril e o tronco.

5. Repita esse exercício e concentre-se nas coxas, na frente e atrás dos joelhos, na parte inferior das pernas, nos tornozelos, nos calcanhares, na sola dos pés e nos dedos dos pés.
6. Agora leve a atenção para todo o corpo, do topo da cabeça até a ponta dos pés. Sinta sua respiração entrando e saindo do seu corpo. Agradeça por tudo o que ele faz. Como ele suporta e carrega você pela vida. Como ele permite você tocar e sentir, ver e cheirar, ouvir e provar, viver e amar. A cada inspiração, o sentimento de gratidão cresce, e cada expiração permite que ela reinicie cada célula do seu corpo.
7. Seu corpo está sempre com você, assim como o sentimento de gratidão. Você não precisa de um convite especial para sentir gratidão por qualquer parte do seu corpo. Pratique agradecer a elas. As partes que você ama, as partes que você não gosta tanto, aquelas que trabalham duro para você e até mesmo as que aparentemente não servem para nada. Seu corpo sempre tenta fazer o melhor.
8. Gentilmente abandone esta prática e permita que seus olhos se abram.

Como a gratidão beneficia o corpo

A gratidão alimenta o antidepressivo interno em nosso corpo, a serotonina, que entra em ação quando refletimos sobre conquistas significativas do passado ou coisas que correram bem em nossa vida. Ou mesmo as coisas que pensamos. Uma nova pesquisa do dr. Joe Dispenza — professor, quiroprático, pesquisador e autor — revelou que também podemos ser gratos pelo futuro. Podemos nos conectar à emoção da gratidão antes mesmo de um evento real acontecer. Agir assim engana o nosso corpo, fazendo-o acreditar que esse evento futuro está acontecendo no momento presente ou já aconteceu. Isso oferece uma oportunidade para que mente e corpo experienciem mentalmente esse estado de gratidão antes de provar fisicamente seus frutos. A escolha é nossa — sonhar acordado ou ter pesadelos. No final, o corpo responde da mesma forma.

Usando a variabilidade da frequência cardíaca e exames cerebrais, a pesquisa de Dispenza revelou que trocar emoções como raiva e medo, frustração ou impaciência, duas ou três vezes ao dia por quinze minutos, por sentir gratidão resulta em 50% a mais na produção de imunoglobulina química A (IgA) — a nossa "vacina natural contra a gripe". Incorporar emoções superiores centradas no coração, como amor, alegria ou gratidão, em seu ambiente interno sinaliza a mudança do sistema nervoso simpático para o parassimpático. Com menos hormônios do estresse circulando como tubarões e mais hormônios associados ao bem-estar, o nível de ameaça no ambiente externo é rebaixado de perigoso para inofensivo, aumentando a capacidade de cura e fortalecendo nosso sistema imunológico.

Praticar a gratidão muda o ritmo do coração e as mensagens que ele envia ao cérebro, ativando emoções edificantes e sinalizando ao sistema nervoso autônomo para fazer uma pausa no medo. Ativar a energia do Efeito do Riso e mergulhar em um sorriso agradecido permite que nosso corpo saiba que está recebendo emoções. Isso resulta na cadência dos batimentos cardíacos ou, quando compartilhado, aumenta a gratidão no coração da outra pessoa. E, a partir daí, estende-se para a esfera energética mais ampla.

Quinze minutos podem parecer cansativos, mas você pode abraçar a gratidão assim que acordar, para definir o tom emocional do seu dia e ancorar a energia da gratidão em seu ser. Com um sorriso gentil estampado no rosto, lembre-se de três ou mais coisas que você aprecia em si mesmo ou nos outros. Então, ao longo do dia, alimente-se dessa gratidão. Busque e invista intencionalmente em momentos de bondade — nas refeições, durante a meditação, quando você está caminhando ou escrevendo seu diário. Cultive a bondade que já existe. Consequentemente, você dará impulso a um movimento no sentido de viver com gratidão, em vez de apenas ter experiências de gratidão.

CARTA DE GRATIDÃO PARA VOCÊ MESMO

Escreva uma carta de gratidão para si mesmo, agradecendo por tudo o que você faz. Permita que uma sensação de gratidão sincera banhe seu corpo enquanto escreve. Use isso como oportunidade para acolher quaisquer imperfeições autopercebidas, talvez o formato do seu nariz ou cicatrizes (sejam emocionais ou físicas) que você carrega. Aqui está um exemplo para você expandir e direcionar sua gratidão, genuína e abundantemente.

Para o meu querido eu,

Obrigado(a) por não desistir de mim, mesmo quando eu desisti de você. Obrigado(a) por uma vida inteira de ver, ouvir, sentir e pelas batidas do meu coração. Obrigado(a) por todas as experiências com as quais você me envolveu, mesmo que na época eu as achasse difíceis de aceitar.
Obrigado(a) pelas minhas amizades, familiares e conhecidos, por todo apoio em minha vida.
Obrigado(a) por aceitar tudo de mim e abster-se de julgamentos.
Obrigado(a) por me acompanhar ao longo da vida, transmitindo sua infinita sabedoria, mesmo quando eu não queria ouvi-la.
Com minha amorosa apreciação e gratidão,

Eu. bjs

Ser grato compensa de maneiras estranhas e maravilhosas. Uma pesquisa realizada na Northeastern University, em Massachusetts, pediu a 105 alunos de graduação que concluíssem uma tarefa específica em um computador. O computador foi programado para dar pau quando eles estivessem perto da conclusão. Quando a falha era corrigida, os participantes eram informados de que precisariam recomeçar do zero. Atores contratados como "nerds" de TI foram chamados para resolver o problema. Só podemos imaginar que a primeira pergunta que fizeram aos participantes foi: "Você já tentou desligar e ligar novamente?". Então, ao pressionar um botão, o computador era reativado e a tarefa em que trabalhavam estava salva. A maioria dos participantes do estudo relatou sentir gratidão pelo ator. Seus níveis de gratidão foram medidos nas três semanas seguintes. Os alunos que sentiram maior gratidão durante o exercício de pane do computador também se sentiram mais gratos durante a semana. Na hora de serem remunerados por seu tempo na pesquisa, os que demonstraram maior gratidão ficaram felizes em morder uma quantia maior em dinheiro, ao contrário dos participantes menos gratos, que acabaram recebendo uma quantia menor.[3]

Práticas de gratidão para indivíduos

Praticar a gratidão promove a resiliência e ajuda a proteger contra o impacto negativo do esgotamento, e é por isso que ela sempre está na minha lista de favoritos como forma de enriquecer a vida dos clientes. Um de meus clientes, "Steve", era um gerente pleno esgotado em licença prolongada de uma grande empresa de TI. Ele estava curioso para dar uma chance ao treinamento de resiliência de positividade, para tirá-lo de sua fossa. Eu não tinha certeza de como ele responderia à minha recomendação de uma prática diária de gratidão. Talvez ela não correspondesse à seriedade que ele esperava. Porém, intuitivamente acreditei que ela seria fundamental para reavivar seu espírito esgotado.

O primeiro passo foi expandir sua compreensão de gratidão, da noção simplista de agradecimento para uma noção ampla de apreciação por aquilo que dá sentido e valor à vida. Destaquei uma das técnicas de aumento de gratidão mais testadas e eficazes — um diário de gratidão. (Discutiremos mais sobre diários no capítulo 10.) Ciente de seus níveis de estresse, passei a ele um estudo em que um grupo de pacientes cardíacos foi instruído a manter um diário de gratidão por oito semanas e a escrever cerca de duas ou três coisas pelas quais eles eram gratos — parceiros ou filhos, animais de estimação, amigos, empregos — na maior parte dos dias da semana. O outro grupo seguiu apenas as recomendações clínicas. No final do estudo, os pacientes que mantiveram diários de gratidão apresentaram mais humor, melhor sono, menos fadiga e outros fatores relacionados à saúde cardíaca.[4] Dois meses depois, eles foram testados novamente. Aqueles que continuaram escrevendo em seus diários apresentaram níveis mais baixos de inflamação e melhoraram o ritmo cardíaco com uma diminuição no risco de doença cardíaca.

Outra razão para o esgotamento de Steve eram os relacionamentos com seus entes queridos. É difícil se doar emocionalmente aos outros quando você está no vermelho. De acordo com Robert Emmons, professor de psicologia e pesquisador da gratidão na Universidade da Califórnia, a gratidão fortalece os relacionamentos porque exige que vejamos como fomos apoiados e afirmados por outras pessoas. E demonstrar nossa gratidão aos entes queridos faz com que eles se sintam bem, o que, por sua vez, nos faz sentir bem. Era hora de Steve deixar seus entes queridos saberem quanto os valorizava, para transmitir que não considerava o amor ou o apoio deles como algo normal. Ele precisava ativar o Efeito do Riso, alimentando uma espiral ascendente recíproca de comportamento positivo.

Em nossas sessões, Steve foi informado sobre o entendimento de que pessoas gratas também são mais propensas a se sentir otimistas, tanto sobre sua própria vida quanto sobre o mundo ao seu redor. Elas também são mais inclinadas ao pensamento flexível do que as pessoas pessimistas. Um estudo revelou aumento de 5% a 15% no otimismo após a prática do diário de gratidão.[5] Quanto mais desamparado Steve se tornava, mais seu otimismo diminuía. Desenvolver uma perspectiva positiva para o futuro foi a chave para tirá-lo de seu estado de esgotamento. No final de nossa sessão inicial, ele me disse que estava pronto para o desafio da gratidão. Aquele foi o momento perfeito para lhe apresentar tarefas de casa para a semana seguinte — para começar, usar o relógio no outro pulso e iniciar um diário de gratidão, expandindo o exercício das Três Coisas Boas.

Ao longo de alguns meses, a transformação de Steve foi notável e claramente ligada à sua dedicada prática de gratidão. Ele conseguiu reprogramar seu cérebro para atenuar a negatividade, concentrando-se regular e profundamente nas coisas boas de seus dias. Seus caminhos neurais em direção à positividade foram encorajados, e ele se sentia consideravelmente mais otimista sobre seus relacionamentos, a perspectiva de volta ao trabalho e a vida em geral. Steve relatou sorrir mais por dentro e por fora. Anos depois, eu o encontrei na rua. Entusiasmado, ele apontou para o relógio: ainda o usava no outro pulso. Expliquei estar surpresa que ele continuasse com essa prática, e sua resposta foi de que gostava de ter um lembrete visível para começar cada dia com uma mente agradecida. Agora de volta ao mercado de trabalho, Steve me contou como buscou avidamente oportunidades para compartilhar gratidão com seus colegas de trabalho, celebrando e apreciando as muitas pequenas vitórias, conquistas e progressos de sua equipe.

ESCREVA UM DIÁRIO DE GRATIDÃO

Por que você não experimenta o diário de gratidão? Capture as coisas boas do dia, escrevendo três coisas que correram bem, e forneça uma explicação de por que isso ocorreu. Os itens de que você se lembra podem ser relativamente insignificantes (tive uma conversa adorável com...) ou relativamente notáveis (consegui o emprego dos meus sonhos). Escreva o que aconteceu com o máximo de detalhes possível, incluindo o que você fez ou disse e, se houver outras pessoas envolvidas, o que elas fizeram ou disseram. Observe como esse evento fez você se sentir no momento e como ele o fez se sentir mais tarde. Você sorriu por dentro e/ou por fora? Se você navegar em direção a sentimentos negativos, concentre sua mente no bom evento e permita que os sentimentos positivos fluam. Observe onde em seu corpo você nota a sensação de gratidão, sorria para ela e permita que a energia do Efeito do Riso penetre mais profundamente dentro de você. Essa prática é uma ótima maneira de treinar seu cérebro para perceber e absorver o que há de bom no seu dia. Com o tempo, você não precisará entrar em tantos detalhes para se conectar à sua gratidão.

Locais de trabalho gratos

Os locais de trabalho podem ser um dos principais contribuintes para o estresse pessoal. Vimos como o Efeito do Riso pode melhorar o bem-estar social, emocional e psicológico ao se valer do humor, do riso e da brincadeira — o mesmo pode acontecer com uma cultura institucional de gratidão. No entanto, a pesquisa sugere que as pessoas são menos propensas a sentir ou expressar gratidão no trabalho do que em qualquer outro lugar, com alguns funcionários hesitando em agradecer, temendo que isso possa ser visto como um sinal de fraqueza ou possa inadvertidamente constranger seus colegas.[6] Se calcularmos a quantidade de horas passadas no trabalho ao longo da vida, este é um cenário que clama pelo toque gracioso e estimulante da gratidão.

Empregar a gratidão no trabalho pode ter impacto positivo significativo na saúde mental, no estresse e na taxa de rotatividade dos funcionários. Isso ajuda a inspirar um ambiente de trabalho relacional em vez de puramente transacional e é uma forma poderosa de transmitir a funcionários e colegas que eles são valorizados. Encontrar coisas pelas quais agradecer no trabalho, mesmo em trabalhos estressantes, pode ajudar a proteger a equipe dos efeitos colaterais negativos de suas funções.[7] Funciona melhor quando os estilos de líderes e gerentes criam hábitos persistentes de gratidão e não a deixam ao acaso, com agradecimentos regulares ajudando a diminuir o esgotamento. Isso cria um filtro de cima para baixo em todos os níveis de uma organização, independentemente de seu tamanho ou configuração — uma escola, um governo local, um escritório corporativo ou uma organização comunitária. Demonstrar apreço serve para unir e motivar de uma forma que o dinheiro não pode alcançar, resultando numa mentalidade coletiva de gratidão.

A gratidão no local de trabalho também é contagiosa — quanto mais é expressa e amplificada em toda a organização, mais é retribuída entre os funcionários. É um meio de criar ondas de bondade de maneira autêntica, incentivando o comportamento pró-social e centrado em nós, produzindo resultados que CEOs e gerentes buscam: desempenho aprimorado, produtividade e retenção de pessoal. O efeito cascata da gratidão é muito superior se estiver incorporado aos valores centrais de uma organização, em vez de apenas expressá-lo no Dia Mundial da Gratidão.

Como extensão do piloto de Ioga do Riso (LOL) que realizei nas instalações de cuidados para idosos, organizei um programa de treinamento para a equipe, para prepará-la com as habilidades necessárias para introduzir atividades de riso em seu local de trabalho. Uma instituição de cuidados para idosos que eu ainda não havia visitado se ofereceu para sediar uma das sessões de treinamento. Um charmoso membro da equipe me mostrou o local antes de eu começar o treinamento formal. A leveza e a jovialidade dos corredores me impressionaram imediatamente. Sorrisos e conversas ecoaram entre funcionários e residentes — muito mais do que em outras instalações que visitei. Minha visita culminou em uma xícara de chá rápida na copa dos funcionários, antes do início do treinamento formal. Me encarando diretamente, uma parede quase inteira estava repleta de *post-its* coloridos — um "Mural de Agradecimento", com mensagens cordiais entre os colegas de trabalho. Agora a atmosfera fazia sentido. Esse mural servia como estímulo visual, motivando a equipe a ter um melhor desempenho no trabalho e, em um nível mais profundo, a se tornarem seres humanos mais ricos.

As qualidades positivas eram celebradas, ao contrário de tantos outros locais de trabalho onde há uma tendência para a ampliação das negativas. Naquele lugar eram incentivados elogios e outros gestos de agradecimento, resultando em funcionários aparentemente mais felizes e satisfeitos. No entanto, você não precisa construir um mural. Há muitas maneiras pelas quais indivíduos e equipes podem incorporar uma cultura de gratidão.

• • • • • • • •

Procure oportunidades para satisfazer seu lado altruísta através do voluntariado. Experimente a satisfação de quem ajuda e gere uma série de benefícios e bem-estar. Gere um *bem duplo* — criando um ciclo de *biofeedback* de gratidão entre doador e destinatário. Como o romancista e dramaturgo escocês *Sir* James Matthew Barrie, criador de *Peter Pan*, disse no início do século XIX: "Aqueles que trazem a luz do sol para a vida dos outros não podem mantê-la longe de si mesmos".

Torne-se fluente na linguagem da gratidão

Vale muito a pena falar a linguagem da gratidão — tornar-se fluente na linguagem da abundância, das bênçãos e dos dons. O Efeito do Riso desenvolve fluência na gratidão, não apenas passando pela *ação*, mas também pela *emoção*. Ela nos ajuda a nos apaixonar pela vida que já temos. Assim conseguimos reconhecer as qualidades que enriquecem nossa existência e o milagre ainda maior de estar vivo.

AFIRME SUA GRATIDÃO

Este é um dos meus favoritos:

Sou grato(a) por este momento
Sou grato(a) por cada respiração
Sou grato(a) por todas as minhas bênçãos
Sou grato(a) pela minha vida.

Depois de redigir sua afirmação, turbine essas palavras com um sorriso de corpo inteiro e repita regularmente.

Ao reservar um tempo para se banhar na energia da gratidão, você se sentirá mais otimista e alegre. Gravitar em direção à gratidão torna a vida mais gratificante. Quanto mais você se ancorar em um momento presente de bondade e permitir que sua potência seja absorvida, mais começará a sorrir por dentro. Esse é o Efeito do Riso. Com o coração e a mente cheios de gratidão, você se sentirá melhor consigo mesmo e terá mais a oferecer aos outros. O que há de bom neles também aumentará, ampliando as ondulações visíveis e invisíveis. Se em algum momento vez você tiver alguma dúvida, faça uma pausa e pergunte a si mesmo: *Neste momento, pelo que posso ser grato?* Porque sempre há algo pelo que ser grato. Como afirmou Eckhart Tolle: "Reconhecer o bem que você já tem em sua vida é a base para toda a abundância".

ESTUDO DE CASO: Uma receita de sopa de gratidão

Na década de 1960, os trabalhos artísticos com latas de Andy Warhol fizeram da sopa Campbell's um nome familiar. E em 2001, quando Douglas Conant assumiu como presidente e CEO da Campbell's Soup, ele acrescentou outro golpe de mestre. Na época, as finanças estavam péssimas. Os funcionários estavam desanimados, a confiança estava baixa e as demissões eram comuns. Entre todas as maiores empresas alimentares do mundo, eles estavam com o pior índice de desempenho corporativo — uma empresa que estava pronta para fechar. O ambiente era tão tóxico que um gestor da Gallup descreveu o engajamento dos funcionários como "um dos piores que já vi entre as 500 empresas da Fortune".[8]

Conant gosta de pessoas, então uma de suas prioridades era aumentar o engajamento dos funcionários. Literalmente um andarilho, ele usava um pedômetro no cinto, com a meta de dar 10 mil passos por dia para interagir de forma significativa com o maior número possível de funcionários. Não importava se ele estava na sede de Nova Jersey ou em outra fábrica no mundo, ele encontrava e cumprimentava os funcionários, desde o pessoal da manutenção até os executivos. Além disso, todos os dias escrevia à mão até vinte bilhetes para os funcionários, comemorando o sucesso e as contribuições específicas. Isso totalizou mais de 30 mil notas nos dez anos de sua liderança, e isso porque havia apenas 20 mil funcionários. Só podemos imaginar o mar de sorrisos gerados a partir dessas encapsulações manuscritas de "estou vendo você", "eu admiro você", "eu valorizo você".

Conant e sua equipe alcançaram resultados extraordinários. As vendas e os lucros estavam em alta. Os negócios floresciam, e o engajamento dos funcionários era de nível internacional. Suas cartas de agradecimento valeram a pena de uma maneira que ele nunca imaginou quando, em 2009, sofreu um grave acidente de carro. Ele se viu inundado em notas de melhoras de todos os cantos do mundo da sopa Campbell. "Quando minha esposa e eu nos sentamos para ler os bilhetes no quarto do hospital, pude senti-los ajudando a acelerar minha recuperação. As bênçãos nesses bilhetes me lembraram que, quanto mais *feedback* de apoio você der aos outros, mais receberá em troca."[9]

Com mais de trinta anos de carreira, Conant divulgou sua receita secreta de gratidão com base nestas três regras:

1. Faça uma conexão pessoal desde o início. Seus colaboradores sabem dizer quando você está sendo direto, sincero e autêntico. Quando você faz isso, estabelece confiança. Quando não faz, você não estabelece. Uma ferramenta poderosa para construir relacionamentos é compartilhar sua experiência, valores, filosofia de liderança, expectativas e até mesmo citações favoritas com as pessoas com quem você se encontra. Em seguida, peça a elas que compartilhem algo com você.

2. Procure oportunidades para comemorar. Conant e seus assistentes executivos passavam de 30 a 60 minutos por dia examinando correspondências e seu *site* interno em busca de notícias de pessoas que tivessem feito a diferença na Campbell'.

3. Pegue sua caneta. Deixe as pessoas saberem que você está prestando atenção e comemorando suas realizações. Procure oportunidades de escrever para pessoas que fazem parceria e colaboram com sua empresa e ajudam a trazer sucesso. Escrever notas à mão pode parecer perda de tempo, mas, na experiência de Conant, elas geram boa vontade e levam a uma maior produtividade.[10]

9

Autocompaixão com um sorriso

Se eu não for por mim, quem será por mim?

Se eu não sou para os outros, o que sou eu?

Se não agora, quando?

— Rabino Hillel

O Efeito do Riso fornece um escudo para alguns dos desafios de saúde mental impostos por um mundo obcecado pela perfeição. A autocompaixão com um sorriso está associada a inúmeros benefícios de bem-estar, incluindo níveis mais elevados de positividade, otimismo, felicidade e níveis mais baixos de ansiedade e depressão. Essas são habilidades com as quais eu gostaria de ter crescido. Ser capaz de sorrir com amor e me abraçar por inteiro. No entanto, tenho uma condição hereditária. Chama-se "bondosite". Você pode ter ouvido falar disso antes. Talvez você mesmo tenha sua própria forma de fazer isso. Essa síndrome varia de uma necessidade crônica de fazer o bem a uma condição mais branda em que você procura passivamente, em vez de ativamente, fazer o bem. Dar aos outros às custas de si mesmo é um componente fundamental. Isso é sustentado por um valor moral sólido: tratar os outros como gostaria de ser tratado. Conselhos sábios à primeira vista, mas que muitas vezes são unilaterais. Se ao menos *nos* tratássemos como tratamos aos outros...

Tenho certeza de que a doação é uma condição genética que pode ser rastreada por várias gerações na minha árvore genealógica. Herdei isso dos meus genes maternos e paternos, principalmente da linhagem feminina. Isso era reforçado todas as noites no jantar, quando eu era criança. Minha mãe servia a todos primeiro e aparentemente ficaria satisfeita com o que restasse, mesmo que fosse a carcaça do frango. Ela era uma "benfeitora" crônica, e nós literalmente digerimos os frutos da sua abnegação durante anos enquanto ela testava todas as receitas do livro de receitas de angariação de fundos que ela coordenava para nossa sinagoga local. A bondade de mamãe transbordou em muitas funções, incluindo décadas como membro ativo do B'nai B'rith (o equivalente judaico do Rotary). A vida consistia em servir e enriquecer a vida dos outros, e a ideia de aplicar esse mesmo grau de reverência a si mesma era inédita.

Sem um exemplo, não foi surpresa que tornar-me mais autocompassiva tenha sido um dos meus maiores desafios. Observe que escrevi *tornar-me* em vez de *ser*. Tornar-se mais autocompassivo é um processo contínuo. Quando entrei na idade adulta, a autocompaixão interior não chegava nem perto de rivalizar com outras práticas de autocuidado, como alimentação saudável e exercícios. Eu era "inteligente" o suficiente para saber que havia influências muito mais significativas no meu bem-estar do que ser "amorosa" comigo mesma. Mas eu teria sido poupada de muita dor se tivesse percebido a importância da autocompaixão. Quando nosso senso interior de amor ou autoestima vacila, enfrentamos as tempestades de outras pessoas, levamos tudo para o lado pessoal e nos tornamos vítimas de seu mau tempo. Um coração autocompassivo não apenas nos protege disso, mas também nos protege de nossa própria turbulência.

Muitas vezes na vida me enganei ao achar que estava nadando quando estava me afogando. Tantos anos atrás, depois de minhas operações de câncer de intestino, quando as refeições preparadas com carinho pelos amigos acabavam, eu mancava até o fogão para preparar uma refeição caseira para a família. Eu sei o que você está pensando. Por que simplesmente não pedi mais ajuda? Ou pedi um *delivery*? Porque isso exigiria um grau de autocompaixão que eu não possuía. Era muito melhor sofrer por dentro do que correr o risco de incomodar alguém, ou desembolsar fundos para algo que eu poderia preparar e pagar mais barato. Como eu poderia me tornar mais autocompassiva quando nem sabia que isso existia?

VOCÊ É MUITO COMPASSIVO?

Reserve um momento para avaliar, em uma escala de 1 a 10, o quanto você é compassivo com os outros: 1 é nada compassivo, e 10 é supercompassivo. Agora classifique seu nível de autocompaixão, usando a mesma escala, de 1 a 10. Há semelhança entre as duas classificações?

Vou contar uma coisa pessoal sobre mim. Tenho habilidades psíquicas altamente desenvolvidas... e sinto que, se você é uma mulher e está lendo isto, é mais compassiva com os outros do que consigo mesma. Estou certa? Se assim for, você está em boa companhia. Pesquisas mostram que, em média, as mulheres têm significativamente mais compaixão pelos outros do que os homens, mas também que têm menos compaixão por si mesmas. Estatisticamente, as mulheres sentem ter menos direito de satisfazer as próprias necessidades e, em vez disso, são valorizadas pelo autossacrifício e pela satisfação das necessidades dos outros.[1] Este é, claramente, um resultado das estruturas sociais e do papel maternal que as mulheres desempenharam durante milhares de anos, e hoje ainda vivemos com suas consequências. No entanto, não significa que isso seja verdade para todas as mulheres ou todos os homens.

Se a autocompaixão não se aprende nos círculos familiares ou de amizade, de onde ela vem? Não é como se precisássemos passar em um exame de autocompaixão para terminar o ensino médio. Embora a autocompaixão ainda não tenha sido considerada uma habilidade crítica para a vida, ela certamente merece ser. No meu caso, a curiosidade profissional, em vez de uma busca pessoal, permitiu que eu tropeçasse na autocompaixão como um conceito e uma técnica para melhorar o bem-estar.

Autoestima *vs.* autocompaixão

Na conferência anual Happiness and Its Causes (Felicidade e Suas Causas), a professora associada de psicologia educacional Kristin Neff, da Universidade do Texas em Austin, explicou os três componentes principais da autocompaixão — bondade, humanidade comum e percepção de sentimentos dolorosos em plena consciência. Até aquela conferência, meu entendimento de autocompaixão era rudimentar, na melhor das análises. Neff desmistificou algumas das percepções errôneas mais comuns de autocompaixão, como ela de forma alguma se relacionava à autoindulgência ou à autoestima. Ao contrário da autoestima, que tende a envolver a avaliação de si mesmo em comparação com os outros, a autocompaixão não é avaliativa. É uma resiliência interna que permite que você supere as dificuldades e o sofrimento sem ficar muito para baixo, um ponto de partida quando as coisas estão difíceis — não onde você para. Ocorre quando um sentimento de cuidado é nutrido com amor após um revés, um pensamento fortalecedor. Mesmo que você não se sinta particularmente bem consigo mesmo, esteja sentindo dor ou passando por um momento desafiador, você ainda pode ser compassivo consigo mesmo, assim como demonstraria compaixão por outra pessoa que estivesse passando por algo semelhante, independentemente de aprovar totalmente suas ações ou palavras ou apreciar sua situação.

Neff falou da autocompaixão como forma de se relacionar positivamente consigo mesmo, de como atenuar a turbulência interna decorrente do autojulgamento e da autocrítica. Eu me peguei concordando com sua explicação de como pode ser mais fácil ser autocrítica do que a voz vulnerável que sabe que errou. Essa autocompaixão é uma atitude que envolve tratar a si mesmo com carinho e compreensão em momentos difíceis e reconhecer que cometer erros faz parte da arte de ser humano.

Eu estava confortavelmente recostada em minha cadeira, anotando tudo furiosamente, quando chegou a hora de colocar a teoria em prática. Uma breve pausa de autocompaixão em três partes. Cinco minutos de "afago" interior. (Estou ciente de que a palavra completa seria afogamento, mas eu estava "afagando" — gritando interiormente para não me afogar.) Primeiro, Neff nos convidou a trazer à mente um pouco de sofrimento. Nada muito grande. Ao mencionar "sofrimento", como os pelos de um cachorro, minha resistência se eriçou, agravada pela minha voz interior me repreendendo por ser tão resistente. "Sofrimento" parecia um pouco extremo. Eu não estava *sofrendo*. Achei que esse termo deveria ser reservado para pessoas fragilizadas, sobreviventes de vítimas de violência doméstica ou moradores de rua. Não uma mulher branca privilegiada de meia-idade.

Neff nos convidou a trazer uma qualidade de atenção plena para testemunhar nossa dor ou nosso sofrimento de uma perspectiva mais distante. Ao trazer à mente esse "sofrimento", nomeie-o e deixe de lado o julgamento. Espere um segundo, *o julgamento* era um padrão que eu prezava. Foi assim que permaneci responsável perante mim mesma. Eu temia que, se me liberasse do julgamento, ficaria oca por dentro. No entanto, agora eu estava sendo solicitada a dar um passo para trás e observar conscientemente, sem julgamento; voltar-me, com consciência amorosa, para meu sofrimento ou minha dor.

Suas palavras perfuraram meu escudo protetor, ignorando minha mente e disparando diretamente para meu coração. Meus demônios interiores entraram em pânico. Eles foram expostos. Nus. Eu estava com medo de que eles pudessem ser vistos por cerca de mil outras pessoas no auditório. Engoli em seco. Percebi naquele momento: eu me destacava em compaixão pelos outros, mas em autocompaixão... nem tanto.

O segundo passo era trazer um senso de humanidade comum à minha situação, e então comecei a descomprimir. Todos nós falhamos, cometemos erros e enfrentamos sérios desafios na vida. Ninguém é perfeito ou leva uma vida perfeita. Todos nós sofremos, enfrentamos doenças, perdemos pessoas que amamos... Ufa, talvez eu não fosse tão fracassada assim. Somos todos *perfeitamente imperfeitos*.

O terceiro passo era convidar sua bondade própria. Trata-se de ser atencioso e compreensivo consigo mesmo, em vez de ser duramente crítico por quaisquer deficiências pessoais percebidas. Devemos nos oferecer calor e aceitação incondicional com um abraço gentil ou palavras calmantes. Tudo isso pareceu um pouco desconfortável até que — e tenho certeza de que Neff estava lendo minha mente — ela sugeriu que gostaríamos de lembrar palavras de conforto ou calmantes que ofereceríamos a um ente querido em uma circunstância semelhante. Depois de encontrarmos as palavras certas, poderíamos recorrer a essa linguagem para nós mesmos.

Autocompaixão *vs.* autopiedade

Após a apresentação da dra. Neff, fiquei pensando que, se o sofrimento provém do autojulgamento e da autocrítica interiores, então, sem dúvida, experimentei *vários* momentos de sofrimento ao longo da vida. Eu simplesmente nunca os reconheci como tal, mas apenas cerrava os dentes e continuava cegamente. Um exemplo é amamentar dolorosamente meu primogênito, quando uma enfermeira antiquada me aconselhou que, "não importa se os mamilos estão rachados ou seus seios ingurgitados, você deve continuar a amamentar". Eu absorvi o conselho dela. Bem-vinda à maternidade. Nariz para cima. Leite, fora! Somente depois de algumas semanas agonizantes, quando a candidíase inflamatória me venceu, comecei o tratamento para aliviar os sintomas e a dor. Nunca pensei que houvesse uma maneira de expressar quão triste eu estava me sentindo sem soar como vítima. A maternidade foi um presente e uma bênção; como eu poderia reclamar se, quando escolhi ser mãe, dei à luz em um hospital de primeira linha e tinha uma família que me apoiava e me amava? Eu confundi autocompaixão com autopiedade. Oferecer compaixão a mim mesma em meu papel como uma nova mãe era tão estranho para mim quanto a compreensão de meu filho recém-nascido de que ele era um ser humano já nascido. Certamente eu o banharia com amor incondicional, mas não a mim mesma.

Os humanos estão programados para sobreviver. Quando as circunstâncias se tornam estressantes, entramos no modo consertar, administrando a crise da melhor maneira possível. Raramente reservamos um tempo para fazer uma pausa e validar quão difícil uma situação pode ser ou nos encorajar ou motivar de uma maneira autoconfortável. Receber cuidado ou apoio de uma fonte externa pode parecer mais natural do que quando ele é autodirigido, pois é mais consistente com o modelo de cuidado ao qual estamos acostumados. Faremos de tudo para evitar nos sentirmos estranhos ou desconfortáveis, mesmo que, ironicamente, seja "apenas" para nós mesmos. No entanto, terceirizar o atendimento nem sempre é a solução. Além disso, por que esperar pelo que podemos fornecer a nós mesmos? Vinte e quatro horas por dia, 7 dias por semana, se assim o desejarmos.

Pratique o que você prega

Após minha introdução impactante à autocompaixão com Kristen Neff, comecei a colocá-la em prática. Dei meus primeiros passinhos, sorrindo amorosamente e sem me julgar no espelho. Eu me esforçava para evitar minha vergonha, saudava a mim mesma olho no olho, com a mesma aceitação que teria para com um ente querido. Uma espinha não destrói um rosto bonito! Coloquei *post-its* estampados com corações na cabeceira da cama, na mesa ou sorrateiramente posicionados em lugares que só eu pudesse ver, para evitar "por que esses bilhetes estão por toda parte, mamãe?". Eu terminaria o dia com uma afirmação positiva: *sou linda, estou fazendo um ótimo trabalho, eu me amo.* Eu gostaria de poder dizer que foi fácil, que não pareceu forçado e que essas palavras fluíram sem esforço de dentro mim, sem me engasgar. Eu me lembrava de que estava me tornando mais compassiva, de que aquilo era um processo. Assim como todo mundo, eu era um trabalho em andamento. Alguns caminhos para a compaixão interior se mostraram mais fáceis. Sorrir ou rir amorosamente de mim mesma sobre ocasiões que não foram tão tranquilas quanto eu gostaria não era fácil. Tentei engrenar em um estado de espírito carinhoso antes de entrar no modo autocrítico ou culpado. Eu me confortava, dizia a mim mesma que estava tudo bem, que eu estava bem, que eu estava mais do que bem, e definitivamente eu me demorei um pouco a me acostumar.

Em minhas meditações diárias, abracei minhas necessidades emocionais por meio de palavras, sentimentos, toques ou mantras. Guiada pelo meu coração, comecei a sentir mais alegria, contentamento e positividade em geral — sobre mim e a vida como um todo. Foi um marco poder ver e sentir meu lado positivo, independentemente do tipo de dia que eu havia tido.

À medida que minha confiança crescia, as quebras de autocompaixão se tornaram um elemento regular entre mim e meus clientes individuais e corporativos. Para qualquer que fosse o público, eu colocava a questão sobre sua compassividade própria *vs.* sua quantidade de autocompaixão. Na maioria das vezes, as pessoas avaliavam seus níveis de compaixão como altos, mas infelizmente não acontecia o mesmo em autocompaixão. Eu frisava para elas que não se tratava de tirar de um pote para colocar em outro. Não se julgar e ser gentil consigo mesmo era uma boa prática para tratar os outros com compaixão. Não importa quanto as pessoas sejam educadas, não apenas seus diálogos internos são inertes, como em muitos casos elas são valentonas consigo mesmas. Aparentemente um padrão estava emergindo: quanto mais compassivo — pessoal e/ou profissionalmente —, menor a autocompaixão.

Semelhante à minha primeira experiência com Kristen Neff, após quebras de autocompaixão, muitas vezes havia um silêncio constrangedor, exigindo gentilmente que eu chamasse as pessoas de volta de seus territórios internos. Um profissional de cuidados intensivos em um grande hospital em Melbourne ficou surpreso ao ver que sua voz interior havia sido abafada pela reprovação de seu pai. Outros na profissão de enfermagem se repreendiam por suas falhas, e os professores rapidamente se autodenominavam tolos ou burros. Como eu, eles foram vítimas de determinados tipos de criação ou receberam o modelo de uma escola de pensamento que premiava a dureza como motivador para a aprendizagem, acreditando erroneamente que isso os tornaria mais resilientes. Em vez de serem amorosamente aceitos e acolhidos, tanto pelos pontos fracos quanto pelos fortes, mensagens de que não eram bons o suficiente e uma sensação de fracasso permearam seu âmago.

A maneira como aprendemos quando crianças define o cenário para aprender como adultos. Se você estava acostumado com uma mão firme e uma voz insensível motivando você quando criança, há uma boa chance de você espelhar esse comportamento mais tarde na vida. Se não para os próprios filhos, então para você mesmo. A bondade pode parecer fraca; no entanto, é incrível quão longe as pessoas podem voar com as próprias asas.

Um programa que facilito expõe nosso sistema de aprendizado de mensagens "defeituosas". Há um exercício no qual os participantes compilam uma lista: sete coisas que não gosto em mim. "Fácil", você pode pensar. Mas aqui está a surpresa. Essa lista é trocada com a pessoa sentada à sua frente, que lê em voz alta sua lista de imperfeições ou falhas. Ai!

- "Eu odeio minha aparência"
- "Eu me sinto uma farsa"
- "Eu sempre estrago tudo"

- "Eu sou uma péssima mãe"
- "Eu sou um mau filho"
- "Eu sou burro"
- "Não sou especialmente adorável"

Quem precisa de inimigos quando temos a nós mesmos? Eu não termino o exercício aqui, com os participantes sugados para um buraco escancarado de autoaversão. A próxima tarefa é listar outras dez características. Não há necessidade de trocá-las. Em alguns aspectos, é um exercício mais desafiador, mas consideravelmente com menos chances de ser tão opressor.

Autocompaixão ou autocomparação?

Tenho me perguntado até que ponto a desigualdade entre a compaixão interior e a compaixão exterior pode ser atribuída à falta de respeito da sociedade pela autocompaixão. A mídia social está repleta de *hashtags* como #Fracasso #Ferrado #Deuruim e dominada por visões de perfeição. Dentes perfeitos, parceiro perfeito, casa perfeita, carro perfeito, emprego perfeito, seios perfeitos. Isso é um nó perfeito! Com uma mentalidade perfeccionista, nunca seremos bons o suficiente. Para evitar de se colocar em uma situação em que possa falhar — por exemplo, não receber o número desejado de curtidas —, você prefere não correr o risco. Você não pode falhar se não tentar, e, se não tentar, seus demônios interiores estarão sãos e salvos.

O perfeccionismo pode ser visto como perfeccionismo auto-orientado (expectativas pessoais excessivamente elevadas), perfeccionismo socialmente prescrito (expectativas sociais excessivamente elevadas) e perfeccionismo orientado para os outros (expectativas excessivamente elevadas dos outros).[2] O perfeccionismo socialmente prescrito foi considerado o mais destrutivo para a saúde mental. Quiçá ao menos pudéssemos abraçar o antigo princípio da arte japonesa do *kintsugi* em nossa vida — uma bela tradição na qual a cerâmica quebrada é remendada com ouro, criando uma peça de arte mais forte e ainda mais bonita, apesar das suas "falhas".

Uma abordagem mais autocompassiva é também um antídoto potente para nossa predileção pela "comparativite" — praticamente um subconjunto do perfeccionismo. Nunca poderemos brilhar verdadeiramente enquanto estivermos nos comparando com a sombra de alguém. Comparada com uma maior autoestima, uma maior compaixão interior resulta numa associação negativa mais forte com comparação social, autoconsciência pública, autorruminação, raiva e fixação numa conclusão definitiva.[3] Os fracassos podem ser vistos como parte da vida e uma oportunidade de aprendizagem. A autocompaixão afrouxa o controle da negatividade, gerando emoções positivas em relação a nós mesmos e nos distanciando de rótulos de "bom" ou "ruim".

Psicólogos sociais da Universidade da Califórnia, Berkeley, conduziram uma série de experimentos que comprovaram a teoria de que a autocompaixão motiva as pessoas a melhorar suas fraquezas pessoais, transgressões morais e desempenho em testes. Longe de nos tornar mais preguiçosos, complacentes ou aparentemente indulgentes, a autocompaixão nos motiva a fazer um trabalho melhor, levando a um melhor desempenho.[4]

Autocompaixão *vs.* autocrítica

Fazer mudanças pessoais pode ser assustador e intimidante, mas uma perspectiva autocompassiva pode torná-las mais suaves. Mesmo se você errar, estará protegido. Ao contrário da autoestima, que exige uma autoavaliação inflada, a autocompaixão nos protege contra a autocrítica debilitante. Ou, como Lori Gottlieb escreve em seu fascinante e hilário livro *Talvez você deva conversar com alguém* (Editora Vestígio, 2020), a autocompaixão faz a pergunta: *Eu sou humano?* contra a autoestima, que pergunta: *Eu sou bom ou mau?* Quando as pessoas se tratam com compaixão, elas são mais capazes de se autoavaliar honestamente, um aspecto importante do autoaperfeiçoamento e do autodesenvolvimento. Ela permite que as fraquezas pessoais sejam identificadas e, em vez de se condenar completamente, você é motivado a melhorá-las. Ser autocompassivo também anuncia uma maior autovalorização e um menor narcisismo do que a autoestima — ingredientes importantes em qualquer relacionamento.[5]

UMA MEDITAÇÃO DE TIRAR O FÔLEGO PARA EXPANDIR A COMPAIXÃO INTERIOR

O centro de energia do seu coração está localizado no meio do seu peito. Por alguns momentos, pratique a respiração do coração.

1. Coloque a mão sobre o centro do coração para ajudar a concentrar sua atenção. A cada inspiração, leve energia positiva para o centro do coração.
2. Prenda a respiração e sinta seu coração irradiar uma certa frequência de amor. Ao expirar, compartilhe essa energia amorosa mais profundamente dentro de você.
3. A cada respiração, concentre-se nesse centro de energia, respirando mais profundamente. Libere quaisquer pensamentos ou energia indesejados de seu corpo a cada expiração. Continue respirando pelo coração. Expanda esse centro de amor – sua fonte de compaixão, sua autobússola.

Uma mentalidade para o crescimento da autocompaixão

Um dos motivos pelos quais ser mais autocompassivo nos ajuda a recuperar melhor de contratempos ou fracassos é porque o crescimento pessoal é possível com prática e esforço. De acordo com a professora de psicologia da Universidade de Stanford e autora de *Mindset: A nova psicologia do sucesso* (Editora Objetiva, 2017), Carol Dweck, isso demonstra uma mentalidade expansiva ou de crescimento — uma visão de que os traços de caráter e as habilidades são maleáveis; o oposto de uma mentalidade fixa, em que se acredita que os traços de personalidade e as habilidades sejam gravados em pedra. Não há muito espaço para crescimento pessoal se você acredita que será a mesma pessoa daqui a dez anos.

Uma pessoa que exibe uma mentalidade de crescimento continuará tentando fazer melhor ou ser uma pessoa melhor depois de receber um *feedback* negativo ou de ter um encontro ruim. E é, portanto, menos propensa a cair do barranco ou a descer a espiral emocional. Por outro lado, se você acredita que as habilidades são fixas, fazer esse esforço é inútil. Quando você abandona o julgamento, pode ser mais fácil confrontar os aspectos negativos de si mesmo e se esforçar para melhorar, pois não será tão dissuadido pelo *feedback* negativo. Você pode modificar seu comportamento com um senso de autorrespeito, bondade e compaixão.

Autocompaixão e autenticidade

Há também uma correlação entre autocompaixão e autenticidade — calcada na noção de que sua vida não precisa ser conquistada; você já nasceu digno. Ao longo de uma semana, foi pedido aos participantes de um estudo da Universidade de Memphis que avaliassem seus níveis de autocompaixão ("Hoje demonstrei carinho, compreensão e bondade comigo mesmo") e autenticidade ("Hoje me senti autêntico e genuíno nas minhas interações com os outros"). Nos dias em que os participantes relataram ser mais compassivos consigo mesmos em relação ao seu nível médio, eles também relataram maiores sentimentos de autenticidade.[6] Quando nos sentimos autênticos sendo nós mesmos, não ficamos tão preocupados com a desaprovação social, mas temos uma sensação de paz interior e alegria — alinhamento. Neff descreve isso como "envolver a dor no caloroso abraço da autocompaixão, gerando sentimentos positivos que ajudam a equilibrar os negativos, permitindo estados mentais mais alegres".[7] Essa é uma forma positiva de se relacionar consigo mesmo que gera um sentimento de bem-estar. Quando estamos internamente satisfeitos, não apenas sentimos mais equilíbrio, mas os outros também podem senti-lo.

As pessoas podem sentir a autenticidade tanto quanto podem sentir que alguém está sendo falso, e, como eu disse anteriormente, falsidade não cai bem em ninguém. Quando as pessoas se sentem autênticas em suas interações com os outros, relacionamentos mais fortes são forjados. Seja se sentindo mais satisfeito em relacionamentos íntimos ou em locais de trabalho compassivos que oferecem um ambiente respeitoso e solidário. Estudos descobriram que, quando líderes são vistos como fiéis a si mesmos, uma atmosfera de autenticidade se espalha pelo local de trabalho.[8] Mesmo se formos testados e nosso senso de identidade for desafiado ou criticado, enxergar a nós mesmos como um trabalho em andamento nos ajuda a construir autenticamente nossa identidade profissional e pessoal.

MONITORAMENTO DA AUTOCOMPAIXÃO

As respostas a essas perguntas são uma boa medida de autocompaixão. Vale a pena conferir de vez em quando para ver como você está.

Por favor, avalie-se entre 1 e 5, considerando que 1 é nem um pouco e 5 é totalmente.

1. Até que ponto sou capaz de parar de me comparar com os outros?
   1 2 3 4 5
2. Até que ponto sou capaz de abandonar a necessidade de ser perfeito?
   1 2 3 4 5
3. Até que ponto sou capaz de tratar e falar comigo mesmo(a) de maneira gentil quando estou passando por um momento desafiador?
   1 2 3 4 5
4. Até que ponto acredito que sou suficiente?
   1 2 3 4 5
5. Até que ponto acredito que sou digno?
   1 2 3 4 5
6. Até que ponto acredito que sou adorável?
   1 2 3 4 5
7. Até que ponto estou disposto a abraçar todo o meu ser (com verrugas e tudo)?
   1 2 3 4 5

Para áreas nas quais você obteve pontuação inferior a 3, pergunte-se: o que posso fazer para aumentar minha pontuação? Reserve um momento para visualizar e imaginar como seria ser mais autocompassivo, considerando o efeito de fluidez em seus relacionamentos com os outros.

Espelho, espelho meu

A autocompaixão é difícil, mesmo para "especialistas" como eu. Fiquei tão ocupada cuidando de todo mundo que me esqueci de ser mãe de mim mesma. Não apenas perdi o senso de humor, mas a cacofonia das necessidades das outras pessoas silenciou meu cuidador interior. Toda a sabedoria que absorvi ao longo dos anos, os livros que li, as apresentações que ouvi e dei e as conferências de que participei não conseguiram me reanimar.

Ocorreu-me que, quando se tratava de autocompaixão, eu estava vestindo uma falsificação barata, e não estava sendo verdadeira. Eu exaltava suas virtudes por toda parte, acreditando que estava cuidando das minhas próprias necessidades, meditando trinta minutos por dia, pedindo comida só uma vez por semana, parando para cheirar as rosas. Eu me enganei com a ilusão de que estava cuidando de mim mesma, sendo o tempo todo mãe, filha, irmã, amiga, parceira, funcionária e cidadã zelosa. Com o passar dos anos, e com muitas demandas concorrentes pela minha atenção, o "EU" se transformou em "eu". Tudo isso no contexto de uma pandemia, cumprindo contratos de trabalho em casa, escrevendo este livro divertido, sofrendo o bombardeio diário de eventos globais sinistros, vários *lockdowns* e a monotonia das tarefas domésticas. Para completar, eu estava lutando contra ondas de calor e pouco sono, cortesia da menopausa (que desde então rebatizei carinhosamente apenas como "pausa de mulher"). O *lockdown* se tornou meu melhor amigo. Passei de borboleta social a casulo fetal. Doente e cansada de estar doente e cansada acabou se tornando uma desculpa batida.

Então a bondosite me engoliu. Eu me tornei especialista em subestimar minha saúde física e emocional, e acreditei que poderia continuar colocando um curativo sobre uma ferida aberta. Meu primeiro passo para ativar um eu mais compassivo e gentil estava se voltando para outras pessoas que poderiam me jogar uma corda. Minha médica disse que tudo o que ela pudesse fornecer na forma de medicamentos ou suplementos adicionais representaria apenas 30% do meu quadro de saúde. Os 70% restantes cabiam a mim. Após uma longa consulta, suas palavras de despedida me atingiram profundamente: "Você sabe o que precisa fazer", ao que pensei: *Não, não tenho certeza se sei.* Então, enquanto eu caminhava em direção à porta, veio o conselho decisivo: "Seja gentil com você mesma". Lágrimas.

"Minha bússola interna estava sem direção (ASA: ausente sem autorização amor)". Sem uma bússola funcional, minha compaixão interior se reduziu a um "íon" disfuncional. Eu precisava fazer algo radical. Eu havia me sacrificado por muito tempo e não poderia haver atalhos ou soluções rápidas. Era hora de investir nas necessidades do meu coração para poder voltar ao que amo fazer — dar aos outros. Isso e apenas isso era a coisa mais gentil que eu poderia fazer. A única coisa. Para alimentar meu espírito esgotado; juntar coragem e atender ao chamado da minha alma; para me reconectar com a natureza, com o sol e com meu sorriso interior; devolver a mim mesma, corpo, mente e espírito. Eu precisava de tempo e espaço para mudar minha narrativa interna e me curar. Uma jornada de autodescoberta em Far North Queensland forneceu a semente. Cabia a mim fornecer sol e água mentais.

Assim que abracei e reconheci isso, o muro do autojulgamento desabou. Todo o meu ser voltou ao modo sorriso. Uma citação do livro *Aceitação radical: Como despertar o amor que cura o medo e a vergonha dentro de nós* (Editora Sextante, 2021), da psicóloga e professora de meditação Tara Brach, chamou minha atenção. A professora zen Charlotte Joko Beck disse: "Nossa incapacidade de perdoar está diretamente relacionada à nossa capacidade de sentir alegria em nossa vida".[9] Meu caminho de volta à alegria resultou de um perdão sincero a mim mesma por quaisquer erros cometidos. Eu podia seguir em frente e me desvencilhar do passado. Podia me libertar da culpa e me permitir liberar a dor e o trauma (autoinfligidos ou não). Eu podia trazer o carinho e a gentileza a minha voz e comentários interiores, abraçando meu *status* de "aprendiz" na autocompaixão, mesmo que eu tenha me enganado que já estava no nível avançado.

SENTIR AUTOCOMPAIXÃO (E NÃO SÓ PENSAR NELA!)

A pesquisa mostra que o toque de apoio reduz os níveis de cortisol e ativa neurotransmissores que aumentam o bem-estar, incluindo oxitocina e serotonina. Se um amigo ou um ente querido não estiver disponível, podemos alcançar resultado semelhante.

1. Dê um abraço em si mesmo, coloque a mão no coração ou em uma área do corpo que esteja com dor e acaricie os braços.
2. Mantenha qualquer uma dessas posições por no mínimo quinze segundos e observe como se sente. Você sente alívio ou libertação? Se sim, segure um pouco mais e aprofunde e expanda essa sensação. Confortar fisicamente o corpo aumenta os sentimentos de amor e carinho.
3. Passe algum tempo subtraindo o processo de pensamento e absorvendo as qualidades da autocompaixão — de amor, bondade e aceitação.

Minha razão para compartilhar meu "fracasso" na autocompaixão é ajudá-lo a entender que o crescimento pessoal é uma jornada. Não basta ler as palavras e dizer: "Pronto. Terminei". Compaixão — assim como muitos dos tópicos deste livro — é um trabalho interno. É tanto uma questão de coração quanto de mentalidade. Ninguém pode ter autocompaixão como você. É preciso dar um pouco de AIR (atenção, intenção e repetição).

Caso contrário, como tantos de nossos outros recursos, esse também permanecerá hibernando e silencioso.

Para nos tornarmos autenticamente autocompassivos, precisamos ouvir e honrar nossas necessidades. Temos de chegar a um lugar de aceitação, não *de exceção*. Embora não precise chegar a exigir algo tão radical como um sabático, repadronizar uma vida inteira de conversa interior, crenças e *modus operandi* é um assunto complexo. Somos constantemente postos à prova, seja por rompimentos de relacionamentos, estresse financeiro, saúde ou luto — a vida já é bastante desafiadora com todo o amor e apoio do mundo, mas o amor de que mais necessitamos está incorporado dentro de nós, quando somos nossos melhores amigos e defensores.

Não importa quão importantes sejam nossos entes queridos, não há ninguém mais importante do que você. Está ouvindo? Vou dizer novamente em negrito, caso seus olhos tenham pulado uma linha.

Não importa quão importantes sejam nossos entes queridos, não há ninguém mais importante do que você.

Todos nós fazemos coisas tolas de vez em quando, e ninguém é perfeito. Então, se você fez besteira aqui e ali, pode se sentir um pouco falso ou até mesmo um fracasso. Cale seu sabotador interior. Em vez de se sentir envergonhado ou na defensiva, aceite suas imperfeições. É hora de abandonar a máscara da imperfeição, abraçando uma reformulação de "Eu sou a perfeição". Por favor, pare de condenar *o todo* de você.

Para ser autocompassivo, primeiro você deve *se tornar* autocompassivo. Traga à mente um verdadeiro amigo, mentor ou até mesmo um ser superior. Quais palavras eles diriam a você? Experimente maneiras que pareçam adequadas e autênticas para você. Pratique, e pratique um pouco mais, até que você comece a balançar, mas sem capotar.

Com o tempo, assim como eu, você notará que está sorrindo mais, sentindo-se mais alegre e contente interiormente. Você será capaz de sorrir e rir de suas imperfeições e ser mais alegre quando perceber suas falhas. A autocompaixão com um sorriso oferece uma oportunidade poderosa para substituir o julgamento interior pela alegria interior, a aversão interior pelo amor interior e a tristeza interior pela gratidão interior. Incorporar o Efeito do Riso em rituais de autocompaixão é um desejo que todos nós podemos atingir. É algo que acolhe e expande o amor em todas as suas formas. Nutrir a compaixão interior é uma das práticas mais gentis que você pode aplicar a si mesmo — porque, como já descobrimos, o seu belo eu, com verrugas e tudo, é o mais importante. Como disse a falecida escritora motivacional Louise Hay: "Você tem se criticado há anos, e isso não funcionou. Tente se aprovar e veja o que acontece".

10

Diário de alegrias e reestruturação positiva

Posso me livrar de tudo enquanto escrevo; minhas tristezas desaparecem, e minha coragem renasce.

— Anne Frank

Recorrer à palavra escrita para aliviar o estresse ou narrar uma história é uma ferramenta poderosa para processar emoções desafiadoras e viajar até nossos pensamentos mais íntimos. Um refúgio para o lixo negativo. Mas e quanto ao seu potencial para promover emoções positivas e aumentar o que há de bom em sua vida? O Efeito do Riso acrescenta outro elemento à capacidade terapêutica do diário, expandindo a emoção positiva de uma forma autêntica e natural e direcionando o padrão da nossa mente interior para uma versão inspirada e mais alegre de nós mesmos. Embora nossos pensamentos sejam gerados pela mente, o diário de alegrias também cria harmonia entre mente e corpo e melhora a saúde mental e o bem-estar. É importante em qualquer momento — especialmente quando a vida fica complicada.

Um diário de alegrias é diferente de escrever um diário. Ele integra o Efeito do Riso na palavra escrita, proporcionando outro meio de fortalecer os caminhos neurais em direção ao humor, ao riso e à leveza. É uma forma intencional de escrever para alimentar o crescimento pessoal positivo e a resiliência psicológica. Não se trata de negar a exploração de eventos adversos ou de ser superficialmente alegre, como acontece nas redes sociais; estamos falando sobre fazer o possível para evitar que emoções negativas criem uma residência permanente. Ou, como diz o ditado: "Seus lenços se tornam seus amigos".

Isso não requer uma mudança radical, bloqueando quaisquer pensamentos negativos, mas sim um empurrãozinho em direção aos mais sutis e benéficos. É também uma técnica que captura e intensifica emoções positivas fugazes. O diário de alegrias aprimora nossa capacidade de buscar e expandir a luz em determinada situação, não importa quão diminuta ela possa ser. Uma vez aberta a porta para a leveza, você pode questionar as mensagens da sua mente e escolher se acredita ou não no que ela pensa. Ao fazer isso, você abre um caminho de autodescoberta para expandir e desenvolver qualidades que lhe sejam úteis.

Corpo e mente servem como depositários de emoção e memória. Desdobrar nossos pensamentos mais íntimos em linguagem pode melhorar nosso estado mental. Ao escrever sobre um evento estressante, seu corpo responderá da mesma forma: vai ficar tenso — dentes e mandíbula cerrados, coração acelerado e respiração presa. Contar os prazeres da vida, ou as coisas que estão indo bem em nosso dia, estimula uma sensação de paz e tranquilidade. Exalamos, suspiramos, relaxamos, descontraímos e até sorrimos. Esse é o Efeito do Riso.

Reserve um momento aqui para se perguntar (em sua cabeça ou anotando): *Estou sentindo algum estresse em meu corpo agora? Em caso afirmativo, onde está armazenado e o que posso fazer para liberá-lo?* Às vezes, ter consciência é tudo o que precisamos para dissolver a rigidez emocional.

Agora pergunte a si mesmo: *Onde sinto alegria e como posso sentir mais dela?* Nesse caso, você está abrindo uma oportunidade para trazer suas emoções à tona. Como seu corpo não pode pensar, você está dando a ele a chance de se expressar em sua própria linguagem. Conforme discutido anteriormente, quanto mais tempo as emoções permanecem, mais elas influenciam nossa fisiologia — tanto de uma maneira boa como de outra não tão boa.

Uma mistura de emoções contrastantes chama nossa atenção. Isso é explicado na encantadora fábula *O conto dos dois lobos*. Ao ensinar o neto sobre a vida, um velho diz ao menino:

> "Uma luta está acontecendo dentro de mim. É uma luta terrível, e é entre dois lobos. Um é o mal — ele é raiva, inveja, tristeza, arrependimento, ganância, arrogância, autopiedade, culpa, ressentimento, inferioridade, mentiras, falso orgulho, superioridade e ego.
>
> O outro é o bem — ele é alegria, paz, amor, esperança, serenidade, humildade, bondade, benevolência, empatia, generosidade, verdade, compaixão e fé. A mesma luta está acontecendo dentro de você — e dentro de todas as outras pessoas também.
>
> O neto pensa um pouco e então pergunta ao avô: Qual lobo vai ganhar?.
>
> O velho simplesmente responde: — Aquele que você alimentar."

Qual dos lobos você está alimentando? O pensamento negativo é normal, mas pode se tornar ávido por nossa atenção, impactando desfavoravelmente nossa saúde mental e nosso humor, minando energias. Conforme exploramos, nossos pensamentos podem ser nosso pior inimigo, levando-nos a uma espiral emocional para um lugar onde nossas inadequações se reproduzem. As emoções negativas restringem a atenção, a cognição e a fisiologia para lidar com uma ameaça ou um problema imediato.[1] Elas podem ser esmagadoras, e é por isso que somos levados a escrever sobre os desafios, para dar sentido às nossas lutas.

O diário das alegrias revela um lado que para muitos está enterrado profundamente na poeira e nas teias de aranha. Tanto é assim que você pode até se questionar se ele realmente existe. Um desafio que enfrentamos é a natureza transitória dos pensamentos positivos. Eles são um sussurro, em vez de um grito, e criam uma percepção errônea de que não são importantes. Raramente os notamos, a menos que sejam dias comemorativos óbvios — talvez um aniversário, uma promoção ou uma boda de casamento. Por isso precisamos dar mais atenção a eles. Escrever um diário com intenção positiva é uma maneira eficaz de domar o pensamento negativo.

Podemos alimentar nosso lobo interior da bondade para formar um estoque de emoções positivas, ampliando e construindo recursos sociais, psicológicos e práticos duradouros que nos ajudam a lidar com uma ampla gama de desafios da vida e a sintonizar múltiplas inteligências — física, intelectual, emocional e espiritual. Isso não quer dizer que não haja mérito em abandonar as próprias desgraças, mas, sem trazer uma oportunidade para a leveza, como os valentões, eles nos derrubarão.

ALIMENTANDO O GRANDE LOBO MAU

- → Descreva um caso em que você lutou contra possibilidades de transformação positiva.
- → Suas ações foram motivadas por medo, raiva ou decepção?
- → Pensando neste caso agora, existe alguma resistência persistente à transformação positiva? Nesse caso, crie um plano para ajudar a resolver isso.
- → Há mais alguma coisa a que você está resistindo atualmente? Como sua história mudaria se você se rendesse à resistência?
- → Na sua vida em geral, até que ponto o MEDO (evidências falsas que parecem reais) o impede? Das suas paixões, dos

relacionamentos, de ser autêntico e verdadeiro — também conhecido como o que é verdadeiro e bonito você?

A distância objetiva criada quando refletimos sobre nossas circunstâncias nos permite desafiar nossa história. Quão verdadeira ou falsa, negativa ou positiva? Em *Writing to Awaken: A Journey of Truth, Transformation and Self-Discovery* (*Escrevendo para despertar: Uma jornada de verdade, transformação e autodescoberta*), Mark Matousek descreve como nos tornamos a "Testemunha" no processo de registro no diário. É uma lente consciente sobre um novo reino de possibilidades e perspectivas que nos conecta ao hemisfério direito do cérebro associado aos sentimentos, à intuição e à inteligência emocional. É uma forma de nos aconselharmos. Ao cultivar a Testemunha, percebemos que somos os contadores de histórias, e não as histórias. O registro no diário abre caminho para novas percepções de autocompreensão — para aqueles momentos *aha* e *ha, ha* que desvendam aspectos ocultos da consciência. É um recurso inestimável, como Albert Einstein observou: "Nenhum problema pode ser resolvido a partir do mesmo nível de consciência que o criou".

Matousek também defende abraçar uma Mente de Principiante, pura e inocente, para enfrentar cada momento sem preconceito. Isso permite muitas possibilidades, ajudando a revelar que grande parte da sua vida passa despercebida ou é tida como corriqueira, enquanto a mente de um especialista pode ser cega, fechada a novas perspectivas ou possibilidades, marcada pelo julgamento ou pelo cinismo. Significa que podemos abraçar pensamentos, crenças e sentimentos que não estavam naturalmente no nosso estado de consciência com curiosidade — e até entusiasmo. Assim como uma criança pode se entusiasmar com sua primeira viagem de trem, a palavra escrita nos permite treinar nossa mente de uma trilha para outra, de maior diversidade.

Os pensamentos negativos não vão desaparecer, mas, com o tempo e com a prática, eles podem se tornar menos dominantes — a revelação de um lado positivo ou negativo. Por exemplo, dar voz à raiva pode liberar emoções reprimidas ou revelar sua causa principal. Pense em um pequeno fósforo. Quando riscado, ele pode iluminar uma sala escura. Isso também se aplica aos nossos pensamentos. Como é fisicamente impossível habitar simultaneamente mentalidades conflitantes, você pode mudar de opinião de forma consciente e intencional. Como Megan Hayes descreve em *Write Yourself Happy: The Art of Positive Journalling* (Escreva para ser feliz: A arte do diário positivo), "sentir-se positivo nunca é obrigatório, mas é uma possibilidade". Escrever com a chave da positividade é uma escolha que todos podemos fazer.

• • • • • • • • •

Viktor Frankl, autor de *Em busca de sentido: Um psicólogo no campo de concentração*, compartilhou sabiamente que, quando você escolhe sua atitude, não pode ser uma vítima. A vitimização é uma professora cruel e gananciosa. Muitas vezes ficamos cegos e dominados por ela. Meu diagnóstico de câncer de intestino poderia ter sido uma sentença à vitimização. Exausta emocionalmente, fui salva pela palavra escrita quando dei ouvidos à voz da minha alma para pegar papel e caneta como meio de recuperar algum controle. No início da minha prática de registro no diário, percebi como meus pensamentos impactavam meus sentimentos e quanto controle eu tinha. Se eu me concentrasse em palavras como medo, cansada e frustrada — seria assim que eu me sentiria: com medo e frustrada. Por outro lado, se eu considerasse algo remotamente positivo — mesmo que apenas por um momento —, era para lá que iam meus pensamentos e minhas emoções.

Deste ponto de vista, eu poderia optar por permanecer num espaço mais edificante ou sucumbir a sentimentos negativos de desamparo ou desesperança. Com intenção e atenção positivas, novas percepções vinham à mente, destacando crenças, sentimentos e pensamentos que não estavam me servindo bem. Uma vez trazidos à luz, eu poderia desafiá-los e mudá-los — ou não. A escolha foi minha, e só minha. No silêncio da introspecção, um canal privado foi desbloqueado para o meu eu intuitivo e mais sábio. Ali estava um espaço sagrado no qual eu poderia intencionalmente me convidar a uma maior investigação na minha prática. Essa foi minha primeira premissa ao escrever *O Efeito do Riso*, não deixando minhas emoções edificantes ao acaso. Isso me ajudou a me libertar da minha zona negativa de "conforto". As palavras podem ter se formado na minha cabeça, mas com prática e foco elas também penetraram no meu corpo e na minha alma.

Quanto mais aprimoramos nossa voz interior para ouvir, mais a ouvimos.

Ganhamos mais quando acolhemos um sentimento de bondade, aceitação e até de riso em nossa exploração escrita de tudo o que está acontecendo em nossa vida. Escrever com o coração, através de uma lente de riso, nos permite primeiro revelar e depois abraçar a vasta dimensão do eu com humildade e até possivelmente humor, permitindo-nos tempo para brincar com nossa mente. Isso nos leva a considerar aspectos aos quais raramente prestamos atenção — nossos dons, pontos fortes e todas as pessoas em nossa vida, bem como experiências que nos tornaram quem somos. Isso nos ajuda a focar em nosso corpo, condicionado física e emocionalmente pelo passado, ao longo de muitos e muitos anos, e também nos dá espaço para refletir sobre as desculpas que inventamos para não fazer o que queremos, que nos impedem de viver uma vida mais destemida, cheia de alegria e paixão, ou somente até o limite de onde moram nossos obstáculos pessoais. Nossa caneta no papel ou o dedo no teclado tornam-se nosso bastão — determinando como escolhemos conduzir nossa vida.

Irmã Serotonina

Não sou muito escritor, como meu professor do ensino médio costumava frisar. Não tenho certeza se o diário é para mim e duvido que seja fácil.

É incrível como algumas coisas que ouvimos permanecem conosco por anos, enquanto outras entram por um ouvido e saem pelo outro. Felizmente, não há risco de o seu diário ser avaliado por um professor. Além disso, não precisamos acreditar no que os outros dizem sobre nós, e, se você tem a tendência a acreditar nisso, sugiro focar as coisas boas que são ditas. O registro no diário é um meio de transferir pensamentos da sua mente consciente e inconsciente para o papel — os divertidos e também os confusos. Não importa quão refinada seja a linguagem. O processo de escrita cria uma pequena distância, permitindo que você desafie e libere padrões de pensamento inúteis. Comece e veja o que acontece. Você simplesmente não tem como errar. Um ótimo ponto de partida para sua prática de registro no diário pode ser desafiar as crenças sobre o que seu professor de inglês disse!

SUPERPODERES, ATIVAR! HORA DE SONHAR GRANDE

→ Qual é o seu superpoder — também conhecido como seus pontos fortes ou seus dons?

→ Qual superpoder você gostaria de ter? Por que você gostaria desse poder e como o colocaria em uso?

→ De que forma a ativação regular desse superpoder o tornaria mais forte e mais ligado ao significado e ao propósito da sua vida?

A energia flui para onde vai a atenção — reestruturando com o Efeito do Riso

Megan Hayes diz: "Escrever de maneira positiva não é necessariamente usar óculos cor-de-rosa, mas pode ser como tirar os óculos embaçados". Um aspecto crítico do diário com o Efeito do Riso é reformular situações estressantes ou dolorosas. Quando eventos traumáticos ou estressantes são reformulados com uma mentalidade de riso, o cérebro relembra esses eventos sob uma luz diferente, diminuindo o trauma associado. Isso nos apresenta outro modo de pensar, no qual os problemas podem ser reformulados como oportunidades de aprendizagem e novas perspectivas podem ser obtidas. Também ameniza os "deveria" — eu deveria me sentir assim, ou não deveria estar me sentindo assim. Isso tem efeito contínuo em nosso corpo e em nossa imunidade ao estresse. Reestruturar com leveza ou encontrar a graça em uma situação estressante desenvolve resiliência pessoal e liberdade mental. Essa não foi apenas uma das práticas mais impactantes que introduzi na minha vida, mas também — conforme me foi relatado — na vida dos meus clientes.

Uma das maiores ressignificações que consegui em minha vida foi com a palavra "câncer" — de "C" maiúsculo para "c" minúsculo, reconhecendo que o câncer residia em uma pequena área do meu reto. O resto de mim (na época, eu cruzava os dedos) estava saudável e bem. Diminuir minha carga emocional criou mais espaço para a cura e o bem-estar. Também ajudou meus filhos a lidar com esse processo: contanto que mamãe não tivesse o "C" maiúsculo, havia muito mais esperança. Nosso futuro coletivo se iluminou. Todos nós podíamos lidar melhor com o "c" minúsculo.

Mais tarde, antes da minha operação de reversão intestinal (que, para mim, implicava uma mudança de direção — de marcha à ré), reformulei a terminologia para uma "reconexão intestinal". Alguns podem dizer que isso é puramente semântico, mas, para mim, essa ressignificação foi importantíssima. Era minha linguagem infundida com positividade. Eu queria ser reconectada à novidade e às possibilidades futuras, na qual meu intestino estaria junto para a jornada rumo ao futuro, e não amarrado ao que havia acontecido. Até mudei a senha do meu computador de trabalho para Reconnected@120 (em referência a uma tradição judaica de abençoar alguém para viver até 120 anos com saúde e felicidade). Essa ação aliviou muito da ansiedade anterior à operação e me ajudou a recuperar algum controle sobre uma sensação avassaladora de desamparo por estar à mercê do bisturi do cirurgião, mais uma vez.

Reestruturar-me na chave da gratidão me fez perceber que não importava o que estivesse acontecendo em meu ambiente externo, pois eu sempre poderia questionar e mudar meu ambiente interno, invocando intencionalmente o Efeito do Riso. Desafiando minha narrativa, colhi percepções valiosas. Com o tempo, fui capaz de ver isso como um trauma acontecendo *por* mim, não *para* mim. Esse é o aspecto transformador. Um sábio filósofo de nossos tempos, Homer (Simpson, é claro), descreveu isso como uma "oporcrisidade" — a oportunidade dentro de uma crise. É improvável que a bênção ocorra enquanto o trauma está se desenrolando — geralmente ela aparece somente depois que o pior já passou. Para alguns, ela pode se manifestar como uma epifania; para outros, é uma sensação de conhecimento, de momentos *aha* para momentos *ha, ha*, com o Efeito

ESTUDO DE CASO: Reescrevendo sua história

Uma cliente, "Susan", tinha uma vida perfeita no papel: casamento longo e sólido, carreira de sucesso, filhos e, mais recentemente, netos, com reservas suficientes para satisfazer os luxos da vida. Ela não era triste, mas estava longe de ser alegre. Talvez sentisse que a alegria não fosse um direito seu. Essa felicidade tinha de ser conquistada em vez de ser um direito. Além de apresentá-la às práticas de gratidão, respiração consciente e gatilhos individuais de endorfina, observei seu talento criativo e sugeri um diário positivo. Para escrever na nota da alegria: mapear isso ao longo de sua vida, explorando os momentos nos quais Susan se sentiu mais e menos conectada a ela, com quem estava, o que estava fazendo e, o mais importante, o que percebia com a alegria que sentia em seu corpo.

Em nossa sessão seguinte, Susan ansiosamente compartilhou um momento *aha*: uma percepção de que ela ganhou o rótulo de "garota má" quando era jovem. Competindo por atenção com três irmãos de idade próxima, Susan acabou atuando para ser aceita. Por todos esses anos, ela carregou a tocha da indignidade: uma "garota má" não merece ser feliz. O registro no diário com o Efeito do Riso trouxe a luz da percepção. Ele liberou a energia estagnada e densa de como ela foi definida no passado, para um lugar no qual poderia confrontar com segurança seus sabotadores internos. Reestruturar seu passado de "garota má" para "uma garota querendo atenção amorosa e merecida" abriu caminho para um futuro mais alegre e otimista. Ao longo das semanas, fiquei impressionada com sua transformação visível, emanando uma mente mais leve. Sua capacidade de aceitar a alegria como um direito se manifestava mais forte a cada sessão.

do Riso, e vice-versa. Não importa como isso seja descoberto, mas é aí que reside uma oportunidade de cura. Conduzir sua vida em uma nova direção ajuda a combater a vitimização.

Simplesmente relatar eventos traumáticos não é suficiente para mudar a dor persistente. É preciso coragem e introspecção, com prática e esforço, para reconectar o cérebro positivamente. Esforço repetido. Mesmo a menor abertura para a leveza cria uma mudança de perspectiva. Com o tempo, os caminhos neurais para a positividade e a alegria se fortalecem, fluindo para nosso corpo emocional, espiritual e físico.

REENQUADRANDO SUA DOR

Ao passar por um momento difícil ou doloroso, é fácil ficar preso nele, incapaz de ver a situação sob uma luz mais positiva. No papel, lembre-se de um momento ou um evento em sua vida que foi um tanto estressante, doloroso ou desafiador. É melhor começar escolhendo algo "mais leve", a fim de evitar repetir as palavras citadas imediatamente antes.

1. Ao refletir sobre esse evento, faça uma lista de tantos pontos positivos quanto puder. Pelo que você pode ser grato? Tenha em mente que a gratidão pode ser focada no passado, no presente ou até no futuro. Você consegue identificar alguma oportunidade de crescimento ou aprendizado?
2. Agora que já passou algum tempo, é possível encontrar alguma leveza ou até mesmo graça?
3. Reescreva esse episódio reconhecendo alguns dos aspectos positivos que você destacou. Isso ajudará seu cérebro a se lembrar desse evento com um pouco menos de trauma, diminuindo a dor emocional associada.

ESTUDO DE CASO: Reenquadramento e registro no diário

Um de meus clientes, "Ben", um executivo de *marketing* de trinta e poucos anos, chegou ao fundo do poço quando o amor de sua vida se tornou o amor de outra pessoa. Com o coração partido e sem humor, ele veio até mim para ajudá-lo a se animar. Inicialmente, ele ficou tão assustado com a separação que lutou para encontrar qualquer resultado positivo. No entanto, ao longo de algumas semanas, a reformulação positiva e o diário de alegrias se expandiram e ampliaram sua perspectiva, elevando seu humor e seu estado mental.

No início das nossas sessões, expliquei que não se tratava de negar as coisas difíceis — de como ele se sentia ferido ou de quanto sentia falta de sua ex —, em vez disso, tratava-se de reconhecer quanto poder Ben tinha sobre seu estado emocional. Se ele decidisse se concentrar apenas na parte ruim do relacionamento, seria somente isso que ele veria. Com alguma orientação gentil, ele começou a mudar do ponto de vista de que aquilo era o fim do mundo para o fim de um capítulo. Por meio de um diário com intenção positiva, Ben começou a ver as muitas oportunidades que surgiam com o fechamento de uma porta e, em vez de esperar passivamente que outra se abrisse, deu a si mesmo permissão para abrir uma nova porta. Conhecer novas pessoas, agradecer o tempo passado com sua ex-companheira e os momentos de alegria que compartilharam e refletir sobre o que ele ganhou e aprendeu com o relacionamento — como identificar a necessidade de cultivar sua inteligência emocional. Pensar nisso permitiu que ele esboçasse um sorriso. Eu até sugeri que ele escrevesse (e não necessariamente a enviasse, a menos que quisesse) uma carta para sua ex, agradecendo por todos os bons momentos compartilhados.

Quando reenquadrado como um potencial de crescimento e uma oportunidade para um novo começo, tanto o seu futuro como seu passado deixaram de ser tão sombrios. Em vez de se sentir um fracasso, como inicialmente se sentia, a palavra escrita fortaleceu sua crença em si mesmo como alguém digno de amor e corajoso o suficiente para dar uma chance ao amor. Em semanas, ele desenvolveu recursos internos que o tornaram mais resiliente e preparado para qualquer incidente nos eventos da vida — para além do término de relacionamentos. Práticas de atenção plena que estimulam contentamento transformaram sutilmente suas lágrimas de tristeza em lágrimas de alegria. Não estou dizendo que seu coração não sofreu, mas aplicar os princípios do Efeito do Riso ao seu rompimento o trouxe de volta a uma versão mais otimista, leve e forte de si mesmo.

Por que alimentar o lobo interior da negatividade quando você pode alimentar o seu adversário?

Trazer perguntas provocativas para sua prática com foco em gratidão, esperança, curiosidade, serenidade, amor, admiração e alegria manterá o rosnado do lobo mais distante. Reconheço que escrever pode não ser fácil nem natural para alguns.

Apesar do que lhe foi dito na escola, não existe certo e errado: apenas escreva. Você encontrará sua voz. Você encontrará seu caminho. Seja prosa, pensamentos aleatórios, escrita de fluxo de consciência ou o favorito dos mais pragmáticos: listas de itens. Quer você faça isso como a primeira ou a última coisa do dia, não importa. Porém, um bônus de registrar o Efeito do Riso antes de dormir é que ele orientará sua mente de maneira positiva, alimentando seu subconsciente e enriquecendo seus sonhos.

Se você faz seu registro em uma tela, apesar do que a correção automática possa apontar, não há necessidade de prestar muita atenção à gramática ou à ortografia. É mais importante explorar e expressar completamente seus desejos e permitir que quaisquer bolhas que subam à superfície respirem.

Adicionar pausas conscientes favorece o ato de pensar, recuperando o controle sobre o preconceito de negatividade embutido em nossa mente. Esta é uma oportunidade para perguntar a si mesmo: *Esses pensamentos, crenças ou emoções estão me ajudando ou atrapalhando?* Um processo aprimorado pela sintonia com as sensações corporais enquanto escrevemos — respiração (se você a está prendendo), frequência cardíaca ou sensações no intestino, na garganta ou no peito — direciona nossa atenção para a carga de nossa voz interior.

Por favor, seja paciente e gentil consigo mesmo nesse processo. Com isso quero dizer que podemos escrever uma palavra de cada vez e não nos pressionar com um julgamento interno ou críticas de que "não está fazendo direito". Se você estiver sentindo alguma resistência interna, tente registrar *escrever mais leve*. Crie afirmações. *Estou adorando fazer um diário com o Efeito do Riso* pode ser uma boa opção para aguçar seu apetite pelo diário. As afirmações podem motivá-lo a atingir seus objetivos. Seja sua própria líder de torcida. Quando repetimos essas palavras regularmente, em voz alta ou silenciosamente, nosso cérebro começa a acreditar. Essa nova verdade fica gravada em seu cérebro. É um pouco como tentar convencer alguém, mas com muito mais domínio pessoal.

Se a sugestão de projetar positivamente sua palavra escrita for um pouco assustadora, você talvez reformule esse processo como um devaneio programado. Um espaço de tempo para você morar um pouco no *playground* da sua mente. Ou inspire-se nos principais professores que moram nesse espaço. Julia Cameron — artista, poeta, dramaturga, romancista, cineasta e autora de *O caminho do artista: Desperte o seu potencial criativo e rompa seus bloqueios* (Editora Sextante, 2017) — defende a prática das Páginas Matinais: três páginas de escrita longa, com fluxo de consciência, feitas logo pela manhã. Escreva de tudo um pouco que passar pela sua cabeça. É uma ótima maneira de desenvolver clareza e definir o tom para o dia que começa, descartando quaisquer pensamentos indesejados na página. Este é um espaço fértil para momentos *aha* que transformaram inúmeras vidas ao redor do mundo — a minha inclusive.

Embora, como discutimos, a escrita de fluxo de consciência seja diferente de um diário de alegrias, ela não deixa de contribuir para a criação de um ambiente interno otimista e descompromissado. O diário tradicional também apresenta o risco de cair na negatividade, em vez de sair do pântano de sua mente. Mergulhar na lama da adversidade tem seu preço e pode fixar um aroma forte que o acompanhará ao longo do seu dia. O diário das alegrias é um lembrete poderoso de que nenhuma história, por mais substancial que seja, pode defini-lo totalmente, pois você sempre tem o poder da mudança, assim como minha cliente Susan fez. O processo permite que a lama em nossa mente se assente e a clareza suba à superfície. Na página escrita, a dor pode ser transformada em gratidão, o medo em amor, a fraqueza em força, o julgamento interior em conhecimento interior, o rancor em graça, a escuridão em luz e as crenças de limitação em infinitas possibilidades. Nossa mentalidade é um trabalho interno, assim como nossa felicidade, como escreveu a dramaturga, roteirista e autora Catherine Ann Jones em *Heal Yourself with Writing* (*Cure-se escrevendo*): "Use memórias felizes para regar a pequena semente de se tornar completo".

Com a prática, você começará a sentir a diferença em seus ossos — principalmente na sua medula do humor: uma pitada de positividade, um pingo de alegria. Recuperar o domínio da sua vida é um atributo essencial do bem-estar.

Como artesãos das palavras, podemos criar nossa própria história inspiradora. Podemos dizer *sim* às nossas esperanças e aos nossos desejos mais profundos. Fazer do mais doce dos sonhos nossa realidade. Quando a percepção da nossa história muda, o mesmo acontece com nosso mundo. Como escreveu o poeta romântico inglês William Wordsworth: "Preencha a folha com a batida do seu coração". É aí que começa a verdadeira magia, em direção ao potencial infinito. Quando você é o "piloto da sua alma" (obrigada, Elton John!), o céu azul é o limite. Qual lobo você vai alimentar? *Lembre-se: você sempre tem uma escolha.* Escrever um diário com o Efeito do Riso garimpa ouro do lodo. Mude sua história. Mude sua vida.

Atividades de registro no diário

As atividades a seguir vão ajudá-lo a começar sua nova dieta. Uma dieta de positividade.

Algumas regras básicas:

- Por favor, não complique as coisas. Não há necessidade de comprar o diário "perfeito" para começar. Tenha em mente que o certo não existe. Apenas escreva!
- Crie momentos conscientes de positividade. Concentre-se no que está indo bem no seu dia e cultive essa coisa boa.
- Envolva sua Mente de Principiante e torne-se uma Testemunha de seus pensamentos e emoções. Uma prática que pode ser tão simples quanto elaborar uma afirmação.
- Se você estiver passando por um momento especialmente desafiador, deixe seu diário pular para o futuro. Crie um cenário em sua mente cheio de esperança com um claro desejo por tempos mais fáceis e alegres pela frente.

Foco na autocompaixão

O registro no diário pode ajudar a tonificar o músculo da autocompaixão. Aqui estão algumas dicas para você começar:

- Quando você falha ou comete um erro, quais são alguns dos pensamentos que passam pela sua mente?
- Sua voz interior é muito crítica? Quanto? O que está dizendo a você? *Supere, pare de reclamar* ou *Você consegue!*
- O que você diria a um amigo ou um ente querido nessa mesma situação?
- Você reconhece deficiências e falhas como experiências compartilhadas por todos?
- Você mantém seus sentimentos negativos em perspectiva?
- Escreva as várias maneiras pelas quais você é compassivo e gentil com amigos ou entes queridos.

Reconheça TODOS os sentimentos. Mesmo os desconfortáveis. Abraçar e aceitar todas as partes de si mesmo e toda a sua gama de emoções humanas é a chave para a cura. O registro no diário pode destacar que os sentimentos vêm e vão. Eles não definem você.

Cultivando gratidão

- Escreva sobre um evento de vida no modo gratidão.
- Por quais aspectos de si mesmo você é grato? Expanda: o que os outros podem ser gratos em você.

Anotações sobre alegria

- Quem ou o que em sua vida lhe traz mais alegria e como você pode obter mais disso?
- Quando você se concentra nessas coisas, como isso o faz se sentir — mental, emocional e fisicamente?

Inclinando-se para o amor

- Onde você sente o amor em seu corpo? Deixe a palavra escrita guiar e aprofundar sua experiência corporificada de amor.
- Quais passos você pode dar para aumentar sua capacidade de amar e ser amado?

Fluidez, neném, fluidez

- Descreva uma experiência de fluidez em sua vida quando você estava completamente imerso em uma atividade e o tempo pareceu parar. Como você pode acessar esse estado com maior frequência?

Curadoria de curiosidade

- O que desperta sua curiosidade? O que te fascina?
- Sobre o que você gostaria de aprender mais?

Admirável admiração

- Lembre-se de um momento em que você se sentiu realmente conectado ao maravilhamento. Um pôr do sol, um encontro mágico ou uma união com uma força superior.

Serenidade agora

- Escreva o que você precisa para sentir maior serenidade em sua vida. Expresse essa necessidade com compaixão e sem julgamentos. Faça um plano e identifique os passos necessários para avançar nessa direção.

Turbine a paixão

- Qual é sua lembrança mais antiga de uma atividade pela qual você era apaixonado? Como isso fazia você se sentir? Onde em seu corpo você sente essa paixão? Você continuou a se envolver nessa atividade? Por que sim ou por que não?
- Como seria sua vida se você começasse a dizer sim para as coisas que enchem seu coração de paixão? Seja específico.

Encontre a graça

- Reviva uma experiência divertida ou engraçada. Sinta-se livre para recordar um evento da infância. Inclua o máximo de detalhes possível. Permita que esse sentimento se expanda até que você sorria ou ria com a lembrança.
- Explore e descreva como você pode criar mais diversão e graça em sua vida.

11

A última risada

A vida é mais bela do lado do riso.

— Ros Ben-Moshe

Foi uma alegria e um privilégio viajar com vocês através do Efeito do Riso. Meu desejo é que essas técnicas e práticas variadas enriqueçam e despertem não apenas sua vida, mas também a vida ao seu redor. Com intenção, atenção e prática, você pode cultivar um ambiente interno mais positivo e otimista, estimulando emoções edificantes. A prática corpo-mente expande e cria recursos pessoais para animar seu espírito, mesmo durante os momentos difíceis da vida.

Quanto mais o Efeito do Riso compõe o ritmo do seu dia, maior será sua capacidade de criar conexão e melhorar seu desempenho com um choque de alegria — em casa, no trabalho, em qualquer lugar. Com a repetição, sua mente estará equipada para mergulhar na energia positiva do Efeito do Riso com maior facilidade — e para catalisar a energia positiva em movimento, não importa quão grande ou pequena ela seja. E você viverá isso.

Você pode enfrentar obstáculos ao longo do caminho. Com o domínio da tecnologia em tantos aspectos de nossa vida, há uma necessidade cada vez maior dessas técnicas para nos reconectar com as qualidades que nos tornam humanos. Quando se trata de trocas humorísticas ou lúdicas, precisamos estar atentos a essa dimensão social tão importante. Se o mensageiro for uma tela em vez de um sorriso de boca cheia na vida real, o Efeito do Riso diminui, e o aplauso do nosso cérebro se reduz. LOL (acrônimo em inglês de *laugh out loud*, ou *rir alto*) e ROFL (*roll on the floor laughing*, ou *rolar de rir*) são os primos pobres das risadas que vêm de dentro, de rolar no chão de verdade na vida real. Mas isso não significa que a tecnologia não possa ser usada em nosso favor. Ser capaz de ver o rosto de alguém, mesmo que esteja do outro lado do mundo, ativa os neurônios-espelho, e, quando isso se combina com um sorriso ou uma gargalhada, temos nossa DOSE de bem-estar. E, claro, há maior potencial para o efeito de pontuação conversacional do riso.

Não há necessidade de se sentir sobrecarregado ou assustado com a ideia de colocar o Efeito do Riso em prática. Para obter os melhores resultados, seja seu próprio dono, escolhendo como gostaria de inseri-lo em sua vida. Se no fim das contas você não quiser fazer um diário de alegrias, vá assistir a uma comédia. Se não está com disposição para uma meditação de sorriso, ouça um *podcast* positivo. Ou, se não quiser se comprometer com uma sessão inteira de Ioga do Riso, ria por dez segundos. No capítulo final, a seguir, você encontrará uma seleção de práticas e técnicas para ajudar a tornar a criação dos filhos mais gratificante e agradável, os relacionamentos mais divertidos e recompensadores, as doenças ou as adversidades mais administráveis, os locais de trabalho mais felizes e a vida mais adorável.

Inclinar-se na direção do Efeito do Riso pode não vencer os males do mundo, mas vai alinhá-lo mais perto do amor e se espalhar para uma comunidade mais ampla. Conforme exploramos, a junção de coração e mentalidade fornece momentos para transformação e cura positiva — corpo, mente e alma. Esta é uma estratégia para transformar os momentos *ooh* e *aah* em *aha* e *ha, ha*. Isso é importante demais para deixar ao acaso. Tabela de risos. Tabela de alegrias. Seja carinhoso, agradecido e gentil consigo mesmo — sempre. Por favor, não guarde esses aprendizados para si mesmo. O mundo se torna um lugar mais amoroso e aconchegante quando as pessoas estão conectadas ao riso. Compartilhe o amor e a risada. Como um dos doutores mais sábios de todos os tempos, Dr. Seuss declarou: "Você tem cérebro na sua cabeça. Você tem pés nos sapatos. Você pode virar pra qualquer direção que quiser". Escolha o Efeito do Riso.

Com muita gratidão e respeito pelo seu tempo, desejo a você muito amor, risos, alegria e felicidade.

Ros ☺

O Efeito do Riso na prática

Agora que você está familiarizado com a teoria e a prática do Efeito do Riso, é hora de fazer um plano — identificar os aspectos de sua vida nos quais o Efeito do Riso lhe dará maior apoio e benefícios. É bom começar devagar, embora a maior riqueza para seu bem-estar geral será alcançada se você selecionar pelo menos um deles para integrar em sua casa e/ou trabalho diariamente. Mergulhe em quaisquer técnicas e práticas que dialoguem com você. Sinta o chamado interior das suas necessidades físicas, sociais, emocionais, mentais e espirituais. Esteja ciente de que cada dia tem um tom diferente.

Paternidade com o Efeito do Riso

Aqui estão algumas dicas e atividades simples e divertidas para alegrar seu dia. Elas ajudarão a construir conexões familiares amorosas e alegres e permitirão que você administre melhor o estresse inevitável da paternidade. Com o tempo, o Efeito do Riso se integrará totalmente ao seu estilo parental, tornando as "crianças grandes" e pequenas mais felizes.

- **Construa sua capacidade de humor.** Procure e compartilhe humor na hora das refeições com os membros da família sobre coisas que você viu ou ouviu durante o dia. (Para mais ideias, consulte o capítulo 5, Nosso sexto sentido: humor.)

- **Seja físico.** A comédia física (gestos faciais engraçados, movimentos físicos incomuns — o "caminhar engraçado" por exemplo) faz maravilhas com os pequeninos. À medida que seus filhos crescem, introduza o humor verbal e as oportunidades de serem alegremente inventivos e criativos.
- **Crie um ritual para assistir a comédias/*sitcoms*.** *Bobeira de fim de domingo*, ou *Sexta da gargalhada*. Assistam juntos, amontoados num sofá.
- **Evite criar reis e rainhas do drama e crie comediantes.** A resposta de uma criança é em parte influenciada pela dos pais, e é por isso que responder a pequenos contratempos com humor diminui o drama. Por exemplo, encontre o humor em um tombo ou uma queda. "Aquela árvore passou o pé em você? Que árvore malandra!" *Ha ha ha.*
- **Mantenha a perspectiva.** Assim como tantas fases da infância, o humor xixi, cocô, pum é apenas isso — uma fase.
- **Faça um plano de jogo.** Seja algo espontâneo como esconde-esconde ou um jogo de tabuleiro divertido. Escolha qualquer coisa que atraia risadas e não se torne excessivamente sério ou competitivo!
- **Crie piadas internas para a família ou apelidos divertidos e carinhosos.** Eu provavelmente teria problemas se divulgasse os nossos, mas ao longo dos anos coletamos uma grande variedade de apelidos.
- **Analise o perfil de alguém com humor.** *Rir* e brincar com amor sobre as peculiaridades de alguém de uma forma que demonstre que a pessoa é perfeitamente imperfeita apresenta uma importante ferramenta de resiliência.
- **Não se leve muito a sério.** Ocasionalmente, cometa erros engraçados para fazer seu filho rir. Isso demonstra que não há problema em se divertir e ser um pouco bobo.
- **Organize uma caça ao tesouro com adesivos de *smileys*.** Todo mundo sai ganhando em uma caça ao tesouro sorridente. Incentive

todos a usar o máximo que puderem de sorrisos, seja na busca ou na premiação.

- **Elogie e recompense o bom comportamento e outras realizações com sorrisos carinhosos.** Nunca perca a oportunidade de reconhecer e falar sobre o que há de bom em seu filho ou em seu parceiro.
- **Crie oportunidades para que todos se divirtam e riam juntos.** O que isso significa para sua família? Piqueniques, jantares temáticos, excursões ou férias — tudo o que alimente um verdadeiro tempo de qualidade juntos.
- **Logo pela manhã, coloque um sorriso na cara.** Compartilhe seu sorriso amplamente com os seus entes queridos, especialmente os mal-humorados! (Se precisar de ajuda, consulte o capítulo 7 sobre sorriso.)
- **Improvise histórias engraçadas para dormir e convide seu filho a contribuir.** Este pode ser um ritual muito divertido, especialmente se incluir efeitos sonoros.
- **Adote um bebê peludo.** Um cachorrinho ou um gatinho fará maravilhas para trazer à tona a criança interior e o lado lúdico da sua família. Demos as boas-vindas a um filhote de labrador em nossa família no início da pandemia e a chamamos de LOLA: não em homenagem à lendária canção dos Kinks, mas um acrônimo para Laugh Out Loud Always (sempre rindo alto). Suas travessuras lúdicas e amorosas tornaram os dias de *lockdown* mais leves e estreitaram nossa unidade familiar.
- **Pratique a gratidão.** Crie um pote de gratidão e contribua com bilhetes de apreço e gratidão que você recebeu ou observou. Semanalmente, explorem e compartilhem as mensagens uns com os outros. (Veja o capítulo 8, Gratidão alegre, para mais dicas sobre como aumentar a bondade.)
- **Recompense a gentileza.** Elogie as ações de seu filho quando ele priorizar as necessidades de outra pessoa ou se doar generosamente.

O Efeito do Riso para relacionamentos

Faça rir, não faça guerra. Conforme já discutimos, o senso de humor tem lugar cativo no topo da lista de itens obrigatórios em um parceiro. À medida que a vida se desenrola, isso pode parecer um desejo inatingível, pois os momentos de gargalhadas compartilhadas podem diminuir à medida que o estresse e os obstáculos da vida se acumulam. O Efeito do Riso nos ajuda a lembrar do que é importante e por que nos apaixonamos por nosso parceiro. É uma forma potente de manter o equilíbrio, reduzir o estresse e manter a chama do relacionamento acesa.

- **Faça contato visual com sorrisos.** A vibração do nosso dia é definida em grande parte pelo momento em que abrimos os olhos e inspiramos a energia da manhã. Programe seu rosto para sorrir logo cedo e incentivar o mesmo comportamento que você gostaria de receber de seu parceiro. (Você deve se lembrar de ter lido sobre neurônios-espelho no capítulo 7.)
- **Agende um horário para uma risada juntos.** Selecione uma comédia da qual vocês dois gostem, ouça um *podcast* engraçado ou vá a um *show* de comédia.
- **Compartilhe humor.** Se algo engraçado aconteceu no seu dia, não guarde para você — amplie sua potência e compartilhe.
- **Estejam presentes juntos.** Evite olhar para o celular quando puderem estar aproveitando a companhia um do outro. Há maior probabilidade de momentos de diversão quando vocês vivem juntos o agora.
- **Passe tempo com amigos ou familiares que fazem você se sentir bem e provocam risadas.** Talvez isso não seja possível o tempo todo, mas, quando houver escolha, aproveite-a.
- **Espelho de sorriso.** Sentem-se frente a frente, olhem um para o outro e vejam quem aguenta mais tempo antes de sorrir. Esteja preparado para os sorrisos explodirem em gargalhadas.

- **Sempre que possível, evitem ir para a cama com raiva um do outro.** Tente encontrar humor em uma situação estressante para neutralizar a animosidade. Ou diga algo como: "Tenho certeza de que acharemos isso engraçado quando pensarmos nisso no futuro". Essas estratégias funcionam como um interruptor, abrindo caminho para uma melhor comunicação. Embora às vezes possa ser desafiador, isso é *divertido* e vale a pena tentar e praticar.
- **Seja brincalhão.** Como sabemos, isso pode não resultar necessariamente em risos, mas vai conectá-lo à alegria partilhada e ao lado mais leve da vida.
- **Crie piadas internas que só vocês entendem.** Não tenho certeza se devo admitir isso, mas Danny e eu temos o hábito engraçado de classificar as pessoas como os animais com quem elas se parecem. Vamos rir de um encontro com "o retriever", "o castor", "o albatroz" ou "a girafa".
- **Elogie seu parceiro quando ele ativar o Efeito do Riso.** Quando vocês desenvolvem essas habilidades juntos, seu impacto pode ser muito maior — individualmente e como casal.
- **Sejam gentis um com o outro.** Atos de bondade autênticos e generosos despertam sorrisos internos ou externos. Faça valer os muitos micromomentos do dia. Ofereça-se para fazer uma xícara de chá ou café para seu parceiro ou compartilhe as tarefas domésticas.
- **Reviva a diversão.** No que diz respeito à sua mente, relembrar é quase tão bom quanto o que se viveu. Veja fotos antigas. Marque um dia para revisitar os lugares onde as risadas aconteceram.
- **Deem uns aos outros nomes carinhosos e divertidos de animais de estimação.** É incrível como nomes de animais de estimação podem ser duradouros. Um dos nossos derivou do nome de um imenso urso que ganhamos a.c. (antes das crianças).
- **Noite de jogos.** Dedique uma noite para jogar — jogos de perguntas e respostas, Forca, Cara a cara, Rummikub — tudo o que vocês acharem divertido e interessante. Onde há diversão, o riso não fica atrás.

- **Cultive a gratidão.** Faça um ritual de compartilhar três coisas que deram certo no seu dia, ou atos ou atributos pelos quais você é grato em seu parceiro.
- **Encontre uma maneira de trazer mais risadas a um dia sem sal.** Seja espontâneo e improvise. Pegue seu parceiro pelo elemento surpresa. Transforme sua cozinha em um salão de dança — aumente o volume da música, vasculhe as gavetas de utensílios em busca de "baquetas e microfones" e cante e dance como se não houvesse amanhã.
- **Diminua os "momentos de tubo de pasta de dente".** Existe um fenômeno sobre o modo como um parceiro aperta o tubo de pasta de dente ou como rosqueia a tampa do tubo que pode gerar rusgas, expandindo-se para brigas mais sérias e discussões sobre o relacionamento. Ativar regularmente o Efeito do Riso ajuda a diminuir a irritação e a frustração com essas pequenas coisas. Lembre-se do Mazda vermelho (p. 172). O que você regar é o que vai crescer, você decide. "Momentos de tubo de pasta de dente" ou sorrisos cheios de dentes.

Ativando o efeito do riso durante a doença ou a adversidade

Mesmo enfrentando doenças ou adversidades, amplificar as qualidades positivas fará com que você se sinta melhor. Ativar uma mentalidade alegre otimiza o potencial de cura. Ancorar-se na energia edificante do Efeito do Riso prepara o corpo, a mente e o espírito para o bem-estar e para longe da doença. Ele acentua a luz — apoiando você nesse momento desafiador.

- **Comece o registro positivo no diário.** Use isso como oportunidade para destacar o que está indo bem no seu dia — as partes do seu corpo que estão funcionando bem, seu círculo de apoio, aspectos do seu ambiente que você aprecia, micromomentos de contentamento. Escreva usando seu modo de positividade, buscando e expandindo a luz, por mais trivial que ela seja. (Consulte o capítulo 10 para obter dicas de registro positivo no diário.)

- **Reformule os desafios numa linguagem fortalecedora.** Adote uma linguagem de positividade e esperança. Desafie sua história e reescreva-a sob uma luz nova e fortalecedora. Fazer isso aliviará sua carga, diminuindo o trauma associado. (Consulte o capítulo 10 para obter mais dicas sobre reformulação.)
- **Sorria — para os outros e para si mesmo.** Isso estimula o fluxo de endorfinas, o sistema de controle da dor do seu corpo, aumentando a sensação de bem-estar e diminuindo a dor. Crie um cronograma de sorrisos, colocando regularmente um sorriso sincero no rosto por tempo suficiente para sentir seu calor. Incorpore o sorriso na sua prática diária de meditação ou aprofunde seus sorrisos interior e exterior com uma meditação sorridente focada. (Consulte a meditação sorridente no capítulo 7.)
- **Cerque-se de pessoas que elevam seu ânimo.** Isso pode ser mais fácil dizer do que fazer, mas, sempre que possível, passe tempo com pessoas que fazem você se sentir mais otimista sobre sua situação. Aqueles amigos ou familiares com quem você pode ter uma conversa "normal" — para se soltar e rir. Esqueça dos seus problemas por um tempo e seja apenas você, livre de apegos à sua situação atual.
- **Dê a si mesmo uma risada poderosa.** Poder rir por dez segundos só para melhorar a saúde fará maravilhas na mudança de sentimentos de frustração, medo ou ansiedade. Procure aumentar até um minuto. Ligue seu cronômetro e ria! Para uma prática que incorpore respiração profunda, tente intervalos de riso. (Consulte o capítulo 3.)
- **Seja gentil consigo mesmo e acalme-se com autocompaixão.** Coloque a mão no coração, ofereça palavras carinhosas de apoio e encorajamento ou sorria de todo verdadeiramente. Se está passando por

dificuldades, pense no que você diria a um ente querido que estivesse passando por algo semelhante e, em seguida, expresse esses sentimentos a si mesmo.

- **Respire.** Todos os dias, dê atenção à sua respiração. Quão fraca, profunda, rápida ou lenta ela está? Passe alguns momentos otimizando a troca de oxigênio, exalando um pouco mais do que a inalação. Por exemplo, inspire contando até três e expire contando até quatro. Depois de algumas repetições do ciclo respiratório, a resposta de relaxamento entrará em ação, sinalizando ao sistema nervoso parassimpático para trazer calma e paz. Concentre sua atenção na inspiração e na expiração do centro do coração. Sinta sua respiração entrando e saindo desse espaço sagrado. A cada respiração, expanda a energia ao redor do espaço do seu coração. Observe como sua mente e seu corpo respondem enquanto você mergulha na calma. Você também pode adicionar intenção positiva à sua prática: respirar novidade, cura e alegria; exalar negatividade, estresse ou doença.
- **Conte suas bênçãos.** Observe, faça uma pausa e absorva o que há de bom no seu dia. Todos os dias, lembre ou escreva pelo menos três coisas pelas quais você é grato. Você também pode ser grato no futuro por um resultado que gostaria que acontecesse. Incorpore e aumente a qualidade da gratidão no momento presente. Quanto mais você a buscar, mais a verá. (Consulte as práticas de gratidão no capítulo 8.)
- **Encontre a graça.** Ao enfrentar a adversidade, uma consequência comum é a perda do senso de humor. Se você não consegue encontrar nada engraçado em sua situação atual, olhe para fora dela. Recorra à internet ou à mídia social para se inspirar, ou veja um comediante favorito que vá alegrar seu espírito, não importa o que aconteça.
- **Ria em voz alta.** Junte-se a um clube de Ioga do Riso (*on-line* ou presencial), escolha comédias ou exibições alegres ou *podcasts.* Ria sem julgamento (de si mesmo ou do outro) — ria de si mesmo no espelho,

ou quando estiver no chuveiro ou no carro. (Consulte outros exercícios de riso intencional no capítulo 3.)

- **Abandone a culpa.** Inclua o máximo possível de coisas que lhe tragam alegria regularmente e façam você se sentir melhor consigo mesmo. Faça uma massagem, assista a um filme favorito, delicie-se com um prato especial ou sintonize um *podcast* edificante. O que quer que alimente sua alma.
- **Faça um exame corporal de gratidão.** Passe algum tempo sentindo seu corpo e agradecendo por todo o trabalho duro que ele faz dia após dia sem que ninguém lhe agradeça. (Consulte o capítulo 8.)

Para uma exploração mais aprofundada sobre como criar uma mentalidade de riso durante a doença ou a adversidade, você pode se beneficiar do meu livro de memórias e guia de cura, *Laughing at cancer: How to Heal with Love, Laughter and Mindfulness* (*Rindo do câncer: como curar com amor, risadas e atenção plena*). Ele é recheado de técnicas e estratégias simples para otimizar o bem-estar e aumentar a positividade quando você mais precisa.

Trabalhando o Efeito do Riso

A aplicação do Efeito do Riso no local de trabalho abre caminho para uma maior criatividade, comunicação e desempenho. Mesmo que você trabalhe em casa, há muitas práticas que você pode integrar ao seu dia para aumentar a alegria.

- **Extraia humor das reuniões.** Reserve tempo em suas reuniões para uma piada positiva e leve ou nomeie alguém para ser o voluntário a contar algo engraçado que aconteceu em casa, no trabalho ou em outro lugar. Certifique-se de que o humor seja positivo, inclusivo e sensível à diversidade.

- **Sorria generosa e sinceramente com seus colegas e clientes.** Compartilhe seu sorriso a caminho do trabalho, no trabalho ou a caminho de casa. Comece um "esquadrão do sorriso" em seu escritório — não ria. No início dos anos 2000, a polícia de Victoria criou um "Esquadrão do Sorriso" para dar uma vibração mais positiva na vizinhança.
- **Chá do Riso.** Organize uma sessão de lanche com o tema "riso": Ioga do Riso, a ciência do riso ou sorriso e/ou meditação do riso.
- **Forme um comitê da risada.** Talvez o comitê mais divertido de todos os tempos. Uma ótima maneira de gerar risadas e camaradagem: concurso de melhor prato, competição de curiosidades, gincanas, um torneio "vale-tudo", intervalo para um filme de comédia ou uma noite de jogos virtuais. A lista é ilimitada, assim como o potencial de riso.
- **Incentive conversas e risadas.** Você se lembrará do efeito de pontuação do riso, que é o momento em que a maior parte do riso ocorre durante as conversas. (Consulte o capítulo 2.) Crie oportunidades para conversas informais — almoços festivos em que os funcionários levem e compartilham um prato, passeios ou outra atividade na hora do almoço.
- **Inclua quebra-gelos nos exercícios de formação de equipe.** Algumas atividades se enquadram perfeitamente na brincadeira e no riso, como "Duas verdades e uma mentira", "Quem sou eu?", ou "Não ria", no qual as pessoas andam ao redor do círculo ou avançam em fila dizendo "ha, ha, ha", até que alguém caia na gargalhada.
- **Atos aleatórios de bondade.** Deixe um *post-it* na mesa de um colega com uma carinha sorridente. Compre um café para um colega de trabalho. Faça o que puder para tornar o dia de alguém mais feliz, especialmente se parecer que essa pessoa está tendo um dia desafiador. Faça um elogio a alguém. Deixe uma guloseima saborosa na mesa de

um colega de trabalho. Ouça de todo o coração as preocupações de outro. Compartilhe memes ou citações inspiradoras ou engraçadas.

- **Rearranje situações estressantes sempre que possível com positividade.** Você consegue encontrar uma maneira de ver tal situação sob uma luz diferente e encontrar a graça ou quaisquer resultados (remotamente) positivos, intencionais ou não? (Consulte o capítulo 10 para dicas de reenquadramento.)
- **Faça do seu local de trabalho um espaço de gratidão.** Crie uma árvore da gratidão. Deixe *post-its* com desenhos e bilhetes de agradecimento nas mesas dos colegas. Eles sempre podem ser anônimos. Escreva uma nota manuscrita para um colega — do passado ou do presente. Diga *obrigado* regularmente. Crie um Muro do Obrigado. (Para mais ideias sobre como incorporar uma cultura de gratidão, consulte o capítulo 8.)
- **Fale sobre o bem.** Não guarde comentários positivos para si mesmo; compartilhe-os com outro colega ou com seu gestor.
- **Nomeie um Embaixador da Alegria.** Considere alternar a função mensalmente para manter as coisas atualizadas e inspiradoras.
- **No caminho de ida e/ou volta para o trabalho, ouça um *podcast* engrandecedor ou cômico.** Esta é uma ótima maneira de aliviar o estresse e iluminar sua mente para que você possa ser mais otimista e presente com seus colegas de trabalho, familiares e amigos.

O Efeito do Riso para toda a vida

Integrar o Efeito do Riso no dia a dia tem a capacidade de transformar sua vida. Quanto mais práticas fizer, mais iluminado você se tornará. Crie um "happitat" (um hábitat feliz), enriquecido por humor, risos e positividade.

- **Publique ou compartilhe nas redes sociais trocadilhos ou memes engraçados.** Crie um grupo de WhatsApp de amigos ou familiares. Junte-se a um grupo *on-line* que prioriza humor. Existem muitos para escolher. Compartilhe a diversão e a graça.
- **Participe de um clube de Ioga do Riso — virtual ou pessoalmente.** Há muitas opções disponíveis, e as ofertas *on-line* significam que você pode ingressar em qualquer clube do mundo.
- **Compile uma lista de séries engraçadas ou filmes para assistir mais tarde.** Mantenha sua lista em algum lugar acessível, para que os membros da família possam adicionar novidades e sugestões. A nossa está na geladeira. A visualização em comum aumentará a probabilidade de momentos de gargalhadas.
- **Crie um ritual de riso/humor/brincadeira.** O que você ama fazer que o conecta à sua criança interior e à versão divertida de si mesmo? Não deixe ao acaso — programe bobagens, priorize brincadeiras e carregue o riso.
- **Diário de humor ou álbum de recortes.** Conceitualmente semelhante a um diário de gratidão, mas a ênfase está em compilar e coletar coisas que você acha engraçadas. Seja contando um encontro divertido do seu dia ou vendo desenhos animados, citações ou memes. Nos dias em que você precisar de um estimulante, folheie seu compilado de humor e reviva as risadas.
- **Escolha um parceiro de risadas.** Este é um grande motivador para garantir sua dose diária de riso. Vocês nem precisam conversar; simplesmente escolham uma hora do dia e riam intencionalmente um com o outro por alguns minutos. O ato de rir com um parceiro criará um senso de responsabilidade entre vocês.
- **Não deixe o riso ao acaso.** Logo pela manhã, cumprimente-se rindo no espelho e opte por rir externamente sempre que puder. Não pense em rir, só ria, ria.

- **Restaure a calma no seu dia com a meditação do sorriso.** Quanto mais você se conectar com seu sorriso interior e sua fonte de bem-estar, mais seu sorriso interior se expandirá. A prática regular resultará em um efeito contínuo de sorrisos genuínos e sinceros ao longo do dia. (Veja o capítulo 7.)
- **Tenha um dia livre de notícias de vez em quando.** O mundo não vai desmoronar se você perder o ritmo, mas poderá ruir se você não fizer uma pausa de vez em quando. Ou então experimente o "cheerscrolling", que é quando você busca somente conteúdos otimistas — uma alternativa muito mais bacana do que o com notícias negativas.
- **Aproxime-se de coisas e de pessoas que fazem você se sentir bem.** Incorpore momentos de atenção plena em seu dia para perceber e refletir sobre quaisquer sensações, encontros ou experiências benéficas. Faça uma pausa e abrace essa energia de bem-estar. Quanto mais você prestar atenção aos micromomentos de bondade do seu dia, mais bondade você verá.
- **Seja gentil — consigo mesmo e com os outros — sempre.** Procure oportunidades para atos aleatórios de bondade. Não apenas o destinatário se sentirá melhor com isso, mas você também.
- **Restaure o equilíbrio interior tornando-se mais autocompassivo.** Você não pode dar mais aos outros se não tiver mais nada para dar. Ouça sua voz interior e observe se ela é compassiva ou crítica. (Por favor, consulte o capítulo 9 para práticas de autocompaixão.)
- **Reformule as tensões diárias com humor ou leveza.** As histórias que contamos a nós mesmos podem ser mais prejudiciais emocionalmente do que o próprio evento. Por meio do registro no diário ou da reformulação positiva, podemos mudar nossa história, revelando uma perspectiva nova ou com mais leveza.
- **Cultive a gratidão.** Demonstre seu apreço por toda parte, não apenas aos seus entes queridos, mas também aos conhecidos ou às pessoas que

prestaram um serviço, por menor que seja. Escreva à mão, no celular ou por *e-mail* uma nota de agradecimento a alguém. Aumente a bondade em seu coração e sinta-a se expandir, cada dia fazendo uma anotação mental ou documentando as coisas e as pessoas pelas quais você é grato. Por favor, não se esqueça de si mesmo na equação. (Consulte o capítulo 8 para práticas de gratidão.)

- **Afirme sua alegria.** Crie algumas afirmações que vão turbinar seu bem-estar e sua alegria. Diga-as em voz alta ou mentalmente com frequência.
- **Provoque seu fluxo de endorfina.** Identifique sua fonte de alegria e alinhe sua vida a ela, incluindo o máximo possível dessas riquezas em seu dia. Verifique regularmente e monitore se os estímulos do seu sorriso interno mudaram. Aproveite o poder da sua imaginação para acender ainda mais esta fonte. (Consulte o capítulo 7 para práticas de aumento de endorfina e de como criar um quadro de endorfina.)

Descreva outras práticas para amplificar o efeito do riso em sua vida

Glossário

Barril/saco de risadas algo que é divertido ou engraçado

Bufar dar uma risada repentina e intensa que sai do seu corpo pelo nariz, fazendo com que você emita um som engraçado

Cacarejo uma risada alta e aguda

Cair na gargalhada rir com grande entusiasmo ou fazer alguém rir dessa maneira

Cascaria risada alta

Chiste dito espirituoso sorrir de maneira boba, afetada ou insinuante

Coulrofobia medo de palhaços

Escarcalhada uma risada que mostra que você acha que algo é engraçado ou bobo

Gargalhar rir alto e com vontade

Gelotofilia a alegria de ser ridicularizado

Gelotofobia medo de ser ridicularizado

Gelotologia o estudo do riso e seus efeitos no corpo, numa perspectiva psicológica e fisiológica

Grito de riso uma risada curta e estridente

Kkk sinaliza um riso de maneira nervosa ou parcialmente reprimida

Pico de riso é a sensação de euforia experimentada após uma gargalhada intensa. Os efeitos são muito parecidos com os experimentados durante e após uma descarga de adrenalina

Quiquiqui rir baixinho ou interiormente

Rir com a barriga dar uma risada alta, profunda e desinibida

Risinho uma risada leve e boba
Riso homérico quando um indivíduo ri alto e às vezes com ataques prolongados e incontroláveis. O corpo inteiro treme. Era assim que os deuses riam nos clássicos de Homero
Risoleta riso frequentemente usado para descrever crianças de riso franco (não há equivalente masculino)
Roncalhada uma risada de dentro
Rugidos com risos barulhentos
Solte uma gargalhada barulhenta e alegre
Uivos com riso uma risada muito alta
Urru um grito alto de alegria ou emoção

Curiosidade: a definição de riso mais votada no Urban Dictionary (Dicionário Urbano, em inglês): "O orgasmo do sorriso".

ACRÔNIMOS

AIR Atenção, intenção e repetição
BOL explodir de rir (*burst out laughing*)
CSL sem parar de rir (*can't stop laughing*)
FOMCL caí da cadeira de tanto rir (*falling off my chair laughing*)
LMAO rir de cair a bunda (*laughing my arse off* — ou uma versão um pouco mais educada: rir de cair sentado)
LMHO rir de cair a cabeça (*laughing my head off*)
LOL rir alto (*laugh out loud*)
LOLZ mais de uma risada (*more than one laugh*)
LOTI rir por dentro (*laugh on the inside*)

LQTM rindo baixinho sozinho (*laughing quietly to myself*)
LSHIFOMB ri tanto que caí da cama (*laughed so hard I fell off my bed*)
LSMH rindo e balançando a cabeça (*laughing and shaking my head*)
ROFL rolar no chão de tanto rir (*roll on the floor laughing*)
SATT sorri o tempo todo (*smile all the time*)
SOTI sorri por dentro (*smile on the inside*)
SOTO sorri por fora (*smile on the outside*)

EXPRESSÕES DE RISO

Cair na gargalhada rir de repente
Estourar a pança rir de repente ou incontrolavelmente
Fazer (alguém) rir nos corredores para fazer alguém rir ruidosa e histericamente
Faz-me rir uma resposta bem-humorada ou sarcástica a uma afirmação que se considera ridícula ou altamente improvável, como se fosse uma piada
Jogar para a plateia fazer, atuar ou representar com a intenção expressa de ser engraçado
Mijar (em si mesmo) de rir (gíria rude) rir histérica ou incontrolavelmente
Morrer de rir ser dominado pelo riso
Pândega algo ou alguém muito divertido
Pra rachar o bico para se divertir, para brincar
Ria, e o mundo inteiro rirá com você mantenha o seu senso de humor, e as pessoas simpatizarão com você
Ria um minuto muito engraçado (a frase também pode ser usada sarcasticamente para descrever algo que não é engraçado)
Rir até chorar rir tanto ou intensamente até que lágrimas saiam dos olhos
Rir até rachar rir tanto que seu corpo treme/convulsiona
Rir de bobo rir por muito tempo, rir incontrolavelmente

Rir loucamente rir ruidosa ou histericamente

Rir por último finalmente ser justificado no final

Riso amarelo riso ao experimentar algo desagradável para fazer com que pareça menos sério

Sarrear brincar ou zoar; agir ou se comportar de maneira tola e despreocupada

Sem graça nenhuma algo muito sério, algo que não deveria ser motivo de piada

Só rindo você tenta entender que essa situação infeliz é pelo menos um pouco engraçada

Tá me zoando? você está brincando?

Vai rindo até o banco ganhar muito dinheiro com rapidez e facilidade

Zoado alguém que é escarnecido/ridicularizado

Fontes

Associações e redes internacionais de riso e humor dedicadas à felicidade, gratidão, autocompaixão e otimismo:

Action for Happiness (www.actionforhappiness.org)
Association for Applied and Therapeutic Humor: AATH (www.aath.org)
Center for Mindful Self-Compassion (https://centerformsc.org)
Centre for Optimism (www.centreforoptimism.com)
Clowns without Borders (https://clownswithoutborders.org/about-us)
Greater Good Science Center (https://ggsc.berkeley.edu)
International Positive Psychology Association (www.ippanetwork.org)
International Society for Humor Studies: ISHS (www.humorstudies.org)
Laughter Yoga Australia (http://laughteryoga-australia.org)
Laughter Yoga International (https://laughteryoga.org)
Museum of Happiness (www.museumofhappiness.org)
Project Optimism (www.projectoptimism.com.au)
The Home of Laughter Wellness, Laughter Online University (www.laughteronlineuniversity.com)
The Humour Foundation (www.humourfoundation.org.au)

Agradecimentos

Escrever este livro foi um dos maiores prazeres da minha vida, e compartilhá-lo com você é um sonho.

Tenho uma dívida de gratidão com meu marido, Danny, e com meus dois lindos filhos, Josh e Zak, por seu imenso amor e incentivo. Por acreditarem em mim e no que faço, e por apoiarem a minha jornada de escrita, mesmo quando isso significava *enlouquecer* na minha pausa dos estudos. Sou especialmente grata a Danny, por ser meu segundo par de olhos neste livro e por fornecer um *feedback* inestimável. A Josh, por seu talento criativo, e a Zak, por ser meu Rappi pessoal para todos os tipos de coisa quando eu estava perdida no fluxo da escrita. Minha vida é imensuravelmente mais rica por causa de todos vocês.

Agradeço a meus queridos pais, Bridget e Cyril, a quem dedico este livro, por me darem oportunidades na vida para aprender e prosperar. À minha falecida sogra, Lillian, cujo amor pelo riso e pelas pérolas de sabedoria inspiraram passagens dos meus escritos, e ao meu falecido sogro, Henry, pelas muitas aventuras repletas de risadas que compartilhamos. Ser incondicionalmente amada e apoiada por dois pares de pais é realmente uma bênção.

Agradeço de todo o coração a minha família biológica e à família que escolhi por me apoiarem carinhosamente mundo afora. Estou muito grata ao meu grupo de melhores amigos por me amarem como me amam e por me apoiarem enquanto eu surfo nas ondas da vida. À minha tribo internacional de Ioga do Riso e AATH: é emocionante ver vocês inspirarem outras pessoas e espalharem a onda de risadas. Vocês também entram no prêmio como a família estendida mais alegre (e bagunçada) de todos os tempos.

À minha querida amiga e colega de trabalho Heather Joy Campbell, pela orientação e pelas contribuições iniciais no manuscrito. Obrigado por tudo. Seu nome do meio personifica a maravilha que você é.

O Efeito do Riso não poderia ter sido escrito sem as belas almas que me convidaram para seus mundos particulares e compartilharam suas experiências para que outros pudessem se beneficiar. Além disso, aos muitos especialistas e entrevistados com quem conversei — sua sabedoria e as histórias de risos e transformação de vidas me inspiraram além da conta. A pesquisa para este livro foi ainda mais revigorante pela diversidade de estudos de pesquisadores que levam o humor e o riso a sério. Mal posso esperar para ver o que vem a seguir!

O acaso me fez chegar até a incrível Sophy Williams, da Black Inc., que abraçou entusiasticamente minha ideia para este livro desde o início. Sou muito grata por isso. À encantadora Kate Morgan por seu inestimável *feedback* editorial e seu jeito descontraído — e a toda a equipe da Black Inc., por sua dedicação e seu entusiasmo, que me permitiram compartilhar minha missão de espalhar o Efeito do Riso.

E por último, mas não menos importante, a você, caro leitor, por escolher este livro. Que a aplicação do Efeito do Riso promova leveza em sua vida e aumente seu quociente de alegria.

Notas

Capítulo 1

1 Mohamed Ben Mansour, *Laughter in Islam (Risos no Islã), Books and Ideas*, https://booksandideas.net/Laughter-in-Islam.html.

2 Warner 1964: 312, em Pearl Duncan, "The Role of Aboriginal Humor in Cultural Survival and Resistance" ("O papel do humor aborígine na sobrevivência e na resistência cultural"), tese de doutorado, Universidade de Queensland, 2014.

3 Sally LA Emmons, "A Disarming Laughter: The Role Of Humor In Tribal Cultures. An Examination of Humor in Contemporary Native American Literature and Art" ("Uma risada desconcertante: O papel do humor nas culturas tribais. Uma análise do humor na literatura e na arte contemporânea dos nativos americanos"), Universidade de Oklahoma, 2000, https://shareok.org/bitstream/handle/11244/5983/9975786.PDF?sequence=1&isAllowed=y.

4 Anne Cameron, *Daughters of Copper Woman* (*Filhas da mulher de cobre*), Press Gang Publishers, Vancouver, 1981, p. 109.

5 "Indigenous Games for Children'" ("Jogos indígenas para crianças"), High Five.org, Ontário, Canadá, https://intranet.csf.bc.ca/wp-content/uploads/sites/2/2019/12/ressources/ EA_indigenous-games-for-children-en.pdf.

6 Nicole Beaudry, "Singing, Laughing and Playing: Three Examples from the Inuit, Dene and Yupik Traditions" ("Cantar, rir e brincar: três exemplos das tradições Inuit, Dene e Yupik"), *The Canadian Journal of Native Studies*, Université du Québec à Montréal, vol. 8. nº 2, 1989.

7 "World's Oldest Joke Traced Back to 1900 BC" ("A piada mais antiga do mundo

remonta a 1900 a.C."), *Reuters*, 1 de agosto de 2008, www.reuters.com/article/us-joke-odd-idUSKUA14785120080731.

8 Thomas Fuller, *The History of the Worthies of England* (*A história dos dignos da Inglaterra*), J. Nichols (ed.), Cambridge Library Collection — British and Irish History, Cambridge University Press, 2015, Doi:10.1017/CBO9781316136270.

9 Denise Selleck, "On the Trail of Jane the Fool" ("Na trilha de Jane, a louca"), *On the Issues*, Primavera, 1990, www.ontheissuesmagazine.com/1990spring/Spr90_selleck.php.

10 Anna Kelsey-Sugg, "The Laughing Gas Parties of the 1700s – and How They Sparked a Medical Breakthrough" ("As festas do gás hilariante dos anos 1700 — e como elas desencadearam um avanço na medicina"), *ABC News*, 20 de fevereiro de 2019, www.abc.net. au/news/2019-02-20/laughing-gas-party-discovery-of-anaesthesia/10811060.

11 Charles Darwin, C., *The Expression of the Emotions in Man and Animals* (*A expressão das emoções no homem e nos animais*), John Murray, Londres, 1872, https://doi.org/10.1037/10001-000.

Capítulo 2

1 Judith Kay Nelson, *What Made Freud Laugh: An Attachment Perspective on Laughter* (*O que fez Freud rir: uma perspectiva de apego ao riso*), Sanville Institute for Clinical Social Work and Psychotherapy, Califórnia, EUA, 2012, p. 16.

2 Caspar Addyman, Charlotte Fogelquist, Lenka Levakova, Sarah Rees, "Social Facilitation of Laughter and Smiles in Preschool Children" ("Facilitação social do riso e dos sorrisos em crianças pré-escolares"), *Frontiers in Psychology*, vol. 9, 2018, p. 1.048.

3 Nelson, estudo "O que fez Freud rir".

4 Sonja Lyubomirsky, *The How of Happiness: A Scientific Approach to Getting the Life You Want* (*O como da felicidade: uma abordagem científica para conseguir a vida que você deseja*), Penguin Press, Nova York, 2007, p. 21.

5 Lea Winerman, "A Laughing Matter" ("Questão de riso"), American Psychological Association, junho de 2006, https://www.apa.org/monitor/jun06/laughing.

6 Robert Provine, "*The Science of Laughter*" ("*A ciência do riso*"), Psychology Today, 1 de novembro de 2000, https://www.psychologytoday.com/intl/articles/200011/the-science-laughter.

7 Provine, "A ciência do riso".

8 Karl Grammer e Irenäus Eibl-Eibesfeldt, "The Ritualisation of Laughter" ("A ritualização do riso"), em *Natürlichkeit der Sprache und der Kultur*, Brockmeyer, 1990, pp. 192-214.

9 Grammer e Eibl-Eibesfeldt, "A ritualização do riso", pp. 192-214.

10 Kurtz e Algoe, "Putting Laughter in Context: Shared Laughter as Behavioral Indicator of Relationship Well-Being" ("Colocando o riso em contexto: o riso compartilhado como indicador comportamental de bem-estar no relacionamento"), *Journal of the International Association for Relationship Research*, vol. 22, nº 4, dezembro de 2015, pp. 573-90.

11 Laura E. Kurtz e Sara B. Algoe, "Colocando o riso em contexto", pp. 573-90.

12 Doris G. Bazzini, Elizabeth R. Stack, Penny D. Martincin e Carmen P. Davis, "The Effect of Reminiscing about Laughter on Relationship Satisfaction " ("O efeito de relembrar o riso na satisfação do relacionamento"), *Motivation and Emotion*, vol. 31, nº 1, 2007, pp. 25-34.

13 Freda Gonot-Schoupinsky e Gulcan Garip, "Prescribing Laughter to Increase Well-Being in Healthy Adults: An Exploratory Mixed Methods Feasibility Study of The Laughie" ("Prescrevendo risos para aumentar o bem-estar em adultos saudáveis: um estudo exploratório de viabilidade de métodos mistos da *laughie*"), *European Journal of Integrative Medicine*, vol. 26, fevereiro de 2019, pp. 56-64.

Capítulo 3

1 "Mental Health-Related Prescriptions" ("Prescrições relacionadas à saúde mental"), Australian Institute of Health and Welfare, https://www.aihw.gov.au.

2 Norman Cousins, *An Anatomy of an Illness as Perceived by the Patient: Reflections*

on Healing and Regeneration (*Uma anatomia de uma doença conforme percebida pelo paciente: reflexões sobre cura e regeneração*), WW Norton, Nova York, 1979, p. 43.

3 Thea Zander-Schellenberg, Isabella Collins, Marcel Miché, Camille Guttmann, Roselind Lieb e Karina Wahl, "Does Laughing Have a Stress-buffering Effect in Daily Life? An Intensive Longitudinal Study" ("O riso tem um efeito de amortecimento no estresse da vida diária? Um estudo longitudinal intensivo"), *PLOS One*, vol. 15, nº 7, julho de 2020.

4 Kei Hayashi, Ichiro Kawachi, Tetsuya Ohira, Katsunori Kondo, Kokoro Shirai, Naoki Kondo, "Laughter Is the Best Medicine? A Cross-Sectional Study of Cardiovascular Disease Among Older Japanese Adults" ("Rir é o melhor remédio? Um estudo transversal de doenças cardiovasculares entre adultos japoneses mais velhos"), *Journal of Epidemiology*, vol. 26, nº 10, outubro de 2016, pp. 546-52.

5 Masao Iwase et al., "Neural Substrates of Human Facial Expression of Pleasant Emotion Inposed by Comic: A PET Study" ("Substratos neurais da expressão facial humana de emoções agradáveis induzidas por comediantes: um estudo PET"), *Neuroimage*, vol. 17, nº 2, outubro de 2002, pp. 758-68.

6 Mikaela M. Law, Elizabeth A. Broadbent e John J. Sollers, "A Comparison of the Cardiovascular Effects of Simulated and Spontaneous Laughter" ("Uma comparação dos efeitos cardiovasculares do riso simulado e espontâneo"), *Complementary Therapies in Medicine*, vol. 37, abril de 2018, pp. 103-09.

7 Kaori Sakurada et al., "Associations of Frequency of Rise with Risk of All Cause Mortality and Cardiovascular Disease Incidence in a General Population: Findings from the Yamagata Study" ("Associações de frequência de riso com risco de mortalidade por todas as causas e incidência de doenças cardiovasculares em uma população geral: resultados do estudo Yamagata"), *Journal of Epidemiology*, vol. 3, nº 4, abril de 2020, pp. 188-93.

8 Mary P. Bennett, Janice M. Zeller, Lisa Rosenberg, Judith McCann, "The Effect of Mirthful Laughter on Stress and Natural Killer Cell Activity" ("O efeito do riso alegre no estresse e na atividade das células assassinas naturais", *Alternative Therapies in Health and Medicine*, vol. 9, nº 2, março de 2003, pp. 38-45.

9 Lee S. Berk, David L. Felten, Stanley A. Tan, Barry B. Bittman e James Westengard, "Modulation of Neuroimmune Parameters During the Eustress of Humor-Associated Mirthful Laughter" ("Modulação de parâmetros neuroimunes durante o eustresse do riso alegre associado ao humor"), *Alternative Therapies in Health And Medicine*, vol. 7, nº 2, março de 2001, pp. 62-76.

10 Sandra Manninen et al., "Social Laughter Triggers Endogenous Opioid Release in Humans" ("O riso social desencadeia liberação endógena de opioides em humanos"), *Journal of Neuroscience*, vol. 37, nº 25, junho de 2017, pp. 6.125-31.

11 Adrián Pérez-Aranda et al., "Laughing Away the Pain: A Narrative Review of Humor, Sense of Humor and Pain" ("Rindo da dor: uma revisão narrativa de humor, senso de humor e dor"), *European Journal of Pain*, vol. 23, nº 2, setembro de 2018, pp. 220-33.

12 Robert I. Dunbar et al., "Social Laughter Is Correlation with an Elevated Pain Threshold" ("O riso social está correlacionado com um limiar de dor elevado"), *Proceedings of the Royal Society of Biological Sciences*, vol. 279, nº 1.731, março de 2012, pp. 1.161-67.

13 Clinton Colmenares, "No Joke: Study Finds Laughing Can Burn Calories" ("Não é brincadeira: estudo descobre que rir pode queimar calorias"), *Vanderbilt University Medical Center's Weekly Newsletter*, outubro de 2005, https://reporter.newsarchive.vumc.org/index.html?ID=4030.

14 Gurinder Singh Bains et al., "The Effect of Humor on Short-Term Memory in Older Adults: A New Component for Whole-Person Wellness" ("O efeito do humor na memória de curto prazo em adultos mais velhos: um novo componente para o bem-estar da pessoa como um todo"), *Advances in Mind-Body Medicine*, vol. 28, nº 2, primavera de 2014, pp. 16-24.

15 Bernie Warren, "Spreading Sunshine... Down Memory Lane: How Clowns Working in Healthcare Help Promote Recovery and Rekindle Memories" ("Espalhando raios de sol... pela estrada da memória: Como os palhaços que trabalham na área da saúde ajudam a promover a recuperação e reavivar memórias"). Em NT Baum, "*Come to Your Senses: Creating Supportive Environments to Nurture*

the Sensory Capital Within" ("*Recupere os seus sentidos: criando ambientes favoráveis para nutrir o capital sensorial interno*"), Toronto, Canadá, 2009, pp. 37-44.

16 Lee-Fay Low et al., "The Sydney Multisite Intervention of LaughterBosses and ElderClowns (SMILE) Study: Cluster Randomised Trial of Humour Therapy in Nursing Homes" ("Estudo da Intervenção Multisite de Chefes do Riso e Palhaços Velhos em Sidney (SMILE): Ensaio randomizado em clusters de terapia humorística em lares de idosos"), *BMJ Open*, vol. 3, nº 1º de janeiro de 2013.

17 Julie M. Ellis, Ros Ben- Moshe e Karen Teshuva, "Laughter Yoga Activities for Older People Living in Residential Aged Care Homes: A Feasibility Study" ("Atividades de Ioga do Riso para idosos que vivem em lares residenciais para idosos: um estudo de viabilidade"), *Australasian Journal on Aging*, vol. 36, nº 3, julho de 2017, pp. E28-E31.

18 David Watson, Lee Anna Clark e Auke Tellegen, "Development and Validation of Brief Measures of Positive and Negative Affect: The PANAS Scales" ("Desenvolvimento e validação de medidas breves de afeto positivo e negativo: as escalas PANAS"), *Journal of Personality and Social Psychology*, vol. 54, nº 6, 1988, pp. 1.063-70.

19 Sonja Lyubomirsky e Heidi S. Lepper, "A Measure of Subjective Happiness: Preliminary Reliability and Construct Validation" ("Uma medida de felicidade subjetiva: confiabilidade preliminar e validação de construção"), *Social Indicators Research*, vol. 46, nº 2, 1999, pp. 137-55.

20 Rosa Angelo Quintero et al., "Changes in Depression and Loneliness After Laughter Therapy in Institutionalized Elders" ("Mudanças na depressão e na solidão após a terapia do riso em idosos institucionalizados"), *Biomedica: revista del Instituto Nacional de Salud*, vol. 35, março de 2015, pp. 90-100.

21 Mahvash Shahidi et al., "Laughter Yoga Versus Group Exercise Program in Elderly Depressed Women: A Randomized Controlled Trial" ("Ioga do Riso *vs.* programa de exercícios em grupo com mulheres idosas deprimidas: um estudo controlado randomizado"), *International Journal of Geriatric Psychiatry*, vol. 26, nº 3, ano que vem, pp 322-27.

22 Idem

23 C. Natalie van der Wal e Robin N. Kok, "Laughter-Inducing Therapies: Systematic Review and Meta-Analysis" ("Terapias indutoras do riso: revisão sistemática e metanálise"), *Social Science & Medicine*, vol. 232, julho de 2019, pp. 473-88.

24 Paul N. Bennett, Trisha Parsons, Ros Ben-Moshe et al., "Intradialytic Laughter Yoga Therapy for Haemodialysis Patients: A Pre-Post Intervention Feasibility Study" ("Terapia intradialítica de Ioga do Riso para pacientes de hemodiálise: um estudo de viabilidade de intervenção pré-pós"), *BMC Complementary and Alternative Medicine*, vol. 15, artigo nº 176, junho de 2015.

25 So-Hee Kim et al., "The Effect of Laughter Therapy on Depression, Anxiety, and Stress in Patients with Breast Cancer Undergoing Radiotherapy" ("O efeito da terapia do riso na depressão, na ansiedade e no estresse em pacientes com câncer de mama submetidos a radioterapia"), *Journal of Korean Oncology Nursing*, vol. 9, nº 2, agosto de 2009, pp. 155-62.

26 Tahmine Tavakoli et al., "'Comparison of Laughter Yoga and Anti-Anxiety Medication on Anxiety and Gastrointestinal Symptoms of Patients with Irritable Bowel Syndrome" ("Comparação de Ioga do Riso e medicação antiansiedade sobre ansiedade e sintomas gastrointestinais de pacientes com síndrome do intestino irritável"), *Middle East Journal of Digestive Diseases*, vol. 11, nº 4, outubro de 2019, pp. 211-17.

27 Takashi Hayashi et al., "Laughter Up-regulates the Genes Related to NK Cell Activity in Diabetes" ("O riso regula positivamente os genes relacionados à atividade das células NK no diabetes"), *Biomedical Research*, vol. 28, nº 6, 2007, pp. 281-85.

28 Shevach Friedler et al., "The Effect of Medical Clowning on Pregnancy Rates After *In Vitro* Fertilization and Embryo Transfer" ("O efeito das palhaçadas médicas nas taxas de gravidez após fertilização *in vitro* e transferência de embriões"), *Fertility and Sterility*, vol. 95, nº 6, maio de 2011, pp. 2.127-30.

29 Jocelyn Lowinger, "Laughter Plays Tricks with Your Eyes" ("O riso engana os

seus olhos"), *ABC Science online*, 3 de fevereiro de 2005, https://www.abc.net.au/science/news/health/HealthRepublish_1294404.htm.

30 Anthony Rivas, "'Mirthful' Laughter Keeps Memory Loss at Bay, Benefits the Brain as Much as Meditation" ("O riso 'alegre' mantém a perda de memória sob controle e beneficia o cérebro tanto quanto a meditação"), *Medical Daily*, 28 de abril de 2014, https://www.medicaldaily.com/mirthful-laughter-keeps-memory--loss-bay-benefits-brain-much-meditation-279254.

31 Nairán Ramírez-Esparza et al., "No Laughing Matter: Latinas' High Quality of Conversas Relate to Behavioral Laughter" ("Sem motivo para rir: a alta qualidade das conversas das latinas está relacionada ao riso comportamental"), *PLOS ONE*, vol. 14, nº 4, artigo e0214117, abril de 2019.

32 Yudai Tamada et al., "Does Laughter Predict Onset of Functional Disability and Mortality Among Older Japanese Adults?" ("O riso prediz o início da incapacidade funcional e a mortalidade entre adultos japoneses mais velhos?"), *Journal of Epidemiology*, vol. 31, nº 5, 2021, pp. 301-07.

33 H. Kimata, A. Morita, S. Furuhata et al., "Assessment of Laughter by Diaphragm Electromyogram" ("Avaliação do riso por eletromiograma de diafragma"), Eur J Clin Invest 2009, vol. 39, nº 1, pp. 78-9, em Ramon Mora-Ripoll, "Potential Health Benefits of Simulated Laughter: A Narrative Review of the Literature and Recommendations for Future Research" ("Potenciais benefícios para a saúde do riso simulado: uma revisão narrativa da literatura e recomendações para pesquisas futuras"), *Complementary Therapies in Medicine*, vol. 19, nº 3, junho de 2011, pp. 170-77.

34 Dexter Louie, Karolina Brook e Elizabeth Frates, "The Laughter Prescription: A Tool for Lifestyle Medicine" ("A prescrição do riso: uma ferramenta para a medicina do estilo de vida"), *American Journal of Lifestyle Medicine*, vol. 10, nº 4, setembro de 2014, pp. 262-67.

Capítulo 4

1 Estatísticas do governo da Cidade do México, Subsecretaria do Sistema Penitenciário, https://penitenciario.cdmx.gob.mx/poblacion-penitenciaria, obtidas em maio de 2022.

Capítulo 5

1 Sigmund Freud, *The International Journal of Psycho-Analysis*, vol. 9, Londres, 1928, em "Humor and Life Stress: Antidote to Adversity" ("Humor e estresse vital: antídoto para a adversidade"), Herbert M. Lefcourt e Rod A. Martin, Springer-Verlag, 1ª edição, 1986.

2 Liane Gabora e Kirsty Kitto, "Toward a Quantum Theory of Humor" ("Rumo a uma teoria quântica do humor"), *Frontiers in Physics*, vol. 4, nº 53, janeiro de 2017.

3 Steven M. Sultanoff, "Levity Defies Gravity: Using Humor in Crisis Situations" ("A leveza desafia a gravidade: usando o humor em situações de crise"), *Therapeutic Humor*, vol. 9, nº 3, verão de 1995, pp. 1-2.

4 "Laughter May Be Best Medicine for Brain Surgery: Effects of Electrical Stimulation of Cingulum Bundle" ("O riso pode ser o melhor remédio para a cirurgia cerebral: efeitos da estimulação elétrica do pacote do cíngulo"), *Science Daily*, 4 de fevereiro de 2019, https://www.sciencedaily.com/releases/2019/02/190204170932.htm.

5 Norman Cousins, Head First: The Biology of Hope (De cabeça: a biologia da esperança), EP Dutton, Nova York, 1989, p. 126.

6 Rod A. Martin et al., "Individual Differences in Uses of Humor and Their Relation to Psychological Well-being: Development of the Humor Styles Questionnaire" ("Diferenças individuais no uso do humor e sua relação com o bem-estar psicológico: desenvolvimento do questionário de estilos de humor"), *Journal of Research in Personality*, vol. 37, nº 1, 2003, pp. 48-75.

7 William Larry Ventis, Garrett Higbee e Susan A. Murdock, "Using Humor in Systematic Desensitization to Reduce Fear" ("Usando o humor na

dessensibilização sistemática para reduzir o medo"), *Journal of General Psychology*, vol. 128, nº 2, 2001, pp. 241-53.

8 VIA Survey of Character Strengths, Positive Psychology Center, Universidade da Pensilvânia, https://ppc.sas.upenn.edu/resources/questionnaires-researchers/survey-character-strengths.

9 Liliane Müller & Willibald Ruch, "Humor and Strengths of Character" ("Humor e forças de caráter"), *The Journal of Positive Psychology*, vol. 6, 2011, pp. 368-76.

10 Chaya Ostrower, *It Kept Us Alive: Humor in the Holocaust* (*O que nos manteve vivos: Humor no Holocausto*), Yad Vashem, Israel, 2014, p. 60.

11 Ostrower, *It Kept Us Alive: Humor in the Holocaust.*

12 Wesley A. Kort, "Review *of Redeeming Laughter: The Comic Dimension of Human Experience*" ("*Resenha de Riso redentor: a dimensão cômica da experiência humana por Peter L. Berger*"), em *Theology Today*, vol. 56, nº 1, pp. 134-36.

13 Barbara L. Fredrickson, "The Role of Positive Emotions in Positive Psychology: The Broaden-And-Build Theory of Positive Emotions" ("O papel das emoções positivas na psicologia positiva: a teoria ampliada e construída das emoções positivas"), *The American Psychologist*, vol. 56, nº 3, março de 2001, pp. 218-26.

14 Hilde M. Buiting et al., "Humour and Laughing In Patients with Prolonged Incurable Cancer: An Ethnographic Study in a Comprehensive Cancer Centre" ("Humor e riso em pacientes com câncer incurável prolongado: um estudo etnográfico em um centro abrangente de câncer"), *Quality of Life Research: An International Journal of Quality of Life Aspects of Treatment, Care and Rehabilitation*, vol. 29, nº 99, abril de 2020, pp. 2.425-34.

15 Hilde M. Buiting et al., "Humour and Laughing In Patients with Prolonged Incurable Cancer: An Ethnographic Study in a Comprehensive Cancer Centre", pp. 2.425-34.

16 Steven M. Sultanoff, "Levity Defies Gravity: Using Humor to Help Those Experiencing Crisis Situations" ("A leveza desafia a gravidade: usando o humor para ajudar aqueles que estão passando por situações de crise"), *Therapeutic Humor*, vol. 9, nº 3, verão de 1995, pp. 1-2.

17 Robert Half, "Is a Sense of Humor in the Workplace Good for Your Career?" ("O senso de humor no local de trabalho é bom para sua carreira?"), Robert Half Talent Solutions, 27 de março de 2017, https://www.roberthalf.com.au/blog/jobseekers/sense-humour-workplace-good-your-career.

18 "Bell Leadership Study Finds Humor Gives Leaders the Edge" ("Estudo de liderança da Bell descobre que o humor dá vantagem aos líderes"), *Business Wire*, 20 de março de 2012, https://www.businesswire.com/news/home/20120320005971/en/Bell-Leadership-Study-Finds-Humor-Gives-Leaders-the-Edge.

19 Jennifer Aaker e Naomi Bagdanos, "How to Be Funny at Work" ("Como ser engraçado no trabalho"), *Harvard Business Review*, 5 de fevereiro de 2021, https://hbr.org/2021/02/how-to-be-funny-at-work.

20 Karen O'Quin e Joel Aronoff, "Humor as a Technique of Social Influence" ("Humor como técnica de influência social"), *Social Psychology Quarterly*, vol. 44, 1981, pp. 349-57.

21 Brian Daniel Vivona, "Humor Functions within Crime Scene Investigations: Group Dynamics, Stress, and the Negotiation of Emotions" ("Funções do humor nas investigações da cena do crime: dinâmica de grupo, estresse e negociação de emoções"), *Police Quarterly*, vol. 17, nº 2, maio de 2014, pp. 127-49.

22 Jelena Brcic et al., "Humor as a Coping Strategy in Spaceflight" ("Humor como estratégia de enfrentamento em voos espaciais"), *Acta Astronautica*, vol. 152, novembro de 2018, pp. 175-78.

23 Joe A. Cox, Raymond L. Read e Philip M. Van Auken, "Male–Female Differences in Communicating Job-related Humor: An Exploratory Study " ("Diferenças entre homens e mulheres na comunicação do humor relacionado ao trabalho: um estudo exploratório"), *Humor*, vol. 3, nº 3, 1990, pp. 287-96.

24 Eiman Azim et al., "Sex Differences in Brain Activation Elicited by Humor" ("Diferenças sexuais na ativação cerebral provocadas pelo humor"), *Proceedings of the National Academy of Sciences of the United States of America*, vol. 102, nº 45, novembro de 2005, pp. 16.496-501.

Capítulo 6

1 Sigmund Freud, *Jokes and Their Relation to the Unconscious* (*O chiste e sua relação com o inconsciente*), WW Norton, Nova York, 1963, p. 15.

2 Judith Kay Nelson, **What Made Freud Laugh – An Attachment Perspective on Laughter** (*O que fez Freud rir — uma perspectiva de apego ao riso*), Routledge, Nova York, 2012.

3 Mary Beard, "A History of Laughter — From Cicero to *The Simpsons*" ("Uma história do riso — De Cícero aos Simpsons"), *The Guardian*, 28 de junho de 2014, https://www.theguardian.com/books/2014/jun/28/history-laughter-roman-jokes-mary-beard.

4 Sigmund Freud, *O chiste e sua relação com o inconsciente*, p. 137.

5 Peter Derks et al., "Laughter and Electroencephalographic Activity" ("Riso e atividade eletroencefalográfica"), *Humor: International Journal of Humor Research*, vol. 10, nº 3, 1997, pp. 285-300.

6 P. Shammi e Donald Thomas Stuss, "Humor Appreciation: A Role of the Right Frontal Lobe" ("Apreciação do humor: um papel do lobo frontal direito"), *Brain*, vol. 122, nº 4, abril de 1999, pp. 657-66.

7 Paul E. McGhee, Health, *Healing and the Amuse System: Humor as Survival Training* (*Cura e o sistema de diversão: humor como treinamento de sobrevivência*), Kendall/Hunt Publishers, Iowa, 1999.

8 Ken Makovsky, "Behind the Southwest Airlines Culture" ("Os bastidores da cultura da Southwest Airlines"), 21 de novembro de 2013. https://www.forbes.com/sites/kenmakovsky/2013/11/21/behind-the-southwest-airlines-culture/?sh=2664c4263798.

9 "Southwest Airlines Reveals 5 Culture Lessons" ("Southwest Airlines revela 5 lições de cultura"), Human Synergists International, 24 de junho de 2022, https://www.humansynergistics.com/ blog/culture-university/details/culture-university/2018/05/29/southwest-airlines-reveals-5-culture-lessons.

10 "Why Workplace Humour is the Secret to Great Leadership" ("Por que o humor no local de trabalho é o segredo para uma grande

liderança"), *Rise*, 23 de outubro de 2018, https://risepeople.com/blog/why-workplace-humour-is-the-secret-to-great-leadership/.

11 Mindful Staff, "Why Vulnerability Is Your Superpower" ("Por que a vulnerabilidade é o seu superpoder"), 20 de novembro de 2018, https://www.mindful.org/why-vulnerability-is-your-superpower/.

12 J. L. Teslow, "Humor Me: A Call for Research" ("Me dê humor: Um chamado para a pesquisa"), Educ Technol Res Dev vol. 43, pp. 6-28, 1995, em Brandon M. Savage, Heidi L. Lujan, Raghavendar R. Thipparthi, Stephen E. DiCarlo, "Humor, Laughter, Learning, and Health! A Brief Review" ("Humor, riso, aprendizagem e saúde! Uma breve análise"), Advances in Physiology Education, vol. 41, nº 3, julho de 2017, pp. 341-47.

13 Brandon M. Savage et al., "Humor, Laughter, Learning, and Health! A Brief Review", pp. 341-347.

14 Kazunori Nakanishi, "Using Humor in the Treatment of an Adolescent Girl with Mutism: A Case from Japan" ("Usando o humor no tratamento de uma adolescente com mutismo: um caso do Japão"), *Psychoanalysis, Self and Context*, vol. 12, nº 4, setembro de 2017, pp. 367-76.

15 Magda Szubanski, *Reckoning: A Memoir* (*Acerto de contas: um livro de memórias*), Text Publishing, Melbourne, 2015.

16 Lisa Wagner, "The Social Life of Class Clowns: Class Clown Behavior Is Associated with More Friends, but Also More Aggressive Behavior in the Classroom" ("A vida social dos palhaços da classe: o comportamento dos palhaços de classe está associado a mais amigos, mas também a um comportamento mais agressivo na sala de aula"), *Frontiers in Psychology*, vol. 10, nº 604, abril de 2019.

17 Agência da ONU para Refugiados, https://www.unhcr.org/refugee-statistics.

18 Jaak Panksepp e Jeff Burgdorf, "'Laughing' Rats and the Evolutionary Antecedents of Human Joy?" ("Ratos 'Rindo' e os antecedentes evolutivos da alegria humana?"), *Physiology & Behavior*, vol. 79, nº 3, agosto de 2003, pp. 533-47.

19 Elise Wattendorf et al., "Exploration of the Neural Correlates of Ticklish Laughter by Functional Magnetic Resonance Imaging" ("Exploração dos correlatos neurais

do riso provocado por ressonância magnética funcional"), *Cerebral Cortex*, vol. 23, nº 6, abril de 2012, pp. 1.280-89.

20 Dacher Keltner e George A. Bonanno, "A Study of Laughter and Dissociation: Distinct Correlates of Laughter and Smiling During Bereavement" ("Um estudo do riso e da dissociação: correlatos distintos do riso e do sorriso durante o luto"), *Journal of Personality and Social Psychology*, vol. 73, nº 4, 1997, pp. 687-702.

Capítulo 7

1 Barbara Wild et al., "Neural Correlates of Laughter and Humor" ("Correlatos neurais do riso e do humor"), *Brain*, vol. 126, nº 10, outubro de 2003, pp. 2.121-38.

2 Guillaume-Benjamin-Amand Duchenne de Bologne, *Mechanism of Human Facial Expression: Studies in Emotion and Social Interaction ("Mecanismo de Expressão Facial Humana: Estudos em Emoção e Interação Social")*, Cambridge University Press, 1990, p. 31.

3 Mark G. Frank, Paul Ekman e Wallace V. Friesen, "Behavioral Markers and Recognizability of the Smile of Enjoyment" ("Marcadores comportamentais e reconhecimento do sorriso do prazer"), *Journal of Personality and Social Psychology*, vol. 64, nº. 1, 1993, pp. 83-93.

4 The Newsroom, "One Smile Can Make You Feel a Million Dollars" ("Um sorriso pode fazer você se sentir com um milhão de dólares"), *The Scotsman*, 4 de março de 2005, https://www.scotsman.com/health/one-smile-can-make-you-feel-million-dollars-2469850.

5 Alicia A. Grandey et al., "Is 'Service with a Smile' Enough? Authenticity of Positive Displays During Service Encounters" ("'Serviço com um sorriso' é suficiente? Autenticidade de demonstrações positivas durante encontros de serviço"), *Organizational Behavior and Human Decision Processes*, vol. 96, nº 1, janeiro de 2005, pp. 38-55.

6 Andreas Hennenlotter et al., "The Link Between Facial Feedback and Neural Activity within Central Circuitries of Emotion: New Insights from Botulinum Toxin-Induced Denervation of Frown Muscles" ("A ligação entre o *feedback* facial

e a atividade neural nos circuitos centrais da emoção: novos *insights* da desnervação induzida pela toxina botulínica dos músculos da testa"), *Cerebral Cortex*, vol. 19, nº 3, março de 2009, pp. 537-42.

7 Sven Söderkvist, Kajsa Ohlén e Ulf Dimberg, "How the Experience of Emotion Is Modulated by Facial Feedback" ("Como a experiência da emoção é modulada pelo *feedback* facial"), *Journal of Nonverbal Behavior*, vol. 42, nº 1, setembro de 2017, pp. 129-51.

8 Ernest L. Abel e Michael L. Kruger, "Smile Intensity in Photographs Predicts Longevity" ("Intensidade do sorriso em fotografias prediz longevidade"), *Psychological Science*, vol. 21, nº 4, fevereiro de 2010, pp. 542-44.

9 LeeAnne Harker e Dacher Keltner, "Expressions of Positive Emotion in Women's College Yearbook Pictures and Their Relationship to Personality and Life Outcomes Across Adulthood" ("Expressões de emoção positiva em fotos do anuário feminino de faculdade e sua relação com a personalidade e resultados de vida na idade adulta"), *Journal of Personality and Social Psychology*, vol. 80, nº 1, 2001, pp. 112-24.

10 Matthew J. Hertenstein et al., "Smile Intensity in Photographs Predicts Divorce Later in Life" ("Intensidade do sorriso em fotografias prevê divórcio mais tarde na vida"), *Motivation and Emotion*, vol. 33, nº 2, junho de 2009, pp. 99-105.

11 Barbara L. Fredrickson e Marcial F. Losada, "Positive Affect and the Complex Dynamics of Human Flourishing" ("Afeto positivo e a dinâmica complexa do florescimento humano"), *American Psychologist*, vol. 60, nº 7, outubro de 2005, pp. 678-86.

12 "First Impressions Are Everything: New Study Confirms People with Straight Teeth Are Perceived as More Successful, Smarter and Having More Dates" ("As primeiras impressões são tudo: novo estudo confirma que pessoas com dentes alinhados são consideradas mais bem-sucedidas, mais inteligentes e com mais encontros amorosos"), *Cision PR Newswire*, 19 de abril de 2012, https://www.prnewswire.com/news-releases/

first-impressions-are-everything-new-study-confirms-people-with-straight-teeth-a-re-perceived-as-more-successful-smarter-and-having-more-dates-148073735.html.

13 Fritz Strack, Leonard L. Martin e Sabine Stepper, "Inhibiting and Facilitating Conditions of the Human Smile: A Nonobtrusive Test of the Facial Feedback Hypothesis" ("Condições de inibição e de facilitação do sorriso humano: um teste não obstrutivo da hipótese de *feedback* facial"), *Journal of Personality and Social Psychology*, vol. 54, nº 5, 1988, pp. 768-77.

14 Tom Noah, Yaacov Schul e Ruth Mayo, "When Both the Original Study and Its Failed Replication Are Correct: Feeling Observed Eliminates the Facial-Feedback Effect" ("Quando tanto o estudo original quanto sua replicação malsucedida estão corretos: sentir-se observado elimina o efeito de *feedback* facial"), *Journal of Personality and Social Psychology*, vol. 114, nº 5, maio de 2018, pp. 657-64.

15 Tara L. Kraft e Sarah D. Pressman, "Grin and Bear It: The Influence of Manipulated Facial Expression on the Stress Response" ("Sorria e aguente: a influência da expressão facial manipulada na resposta ao estresse"), *Psychological Science*, vol. 23, nº 11, setembro de 2012, pp. 1.372-78.

16 Sven Söderkvist, Kajsa Ohlén e Ulf Dimberg, "How the Experience of Emotion Is Modulated by Facial Feedback" ("Como a experiência da emoção é modulada pelo *feedback* facial"), *Journal of Nonverbal Behavior*, vol. 42, nº 1, setembro de 2017, pp. 129-51.

17 William Bloom, *The Endorphin Effect: A Breakthrough Strategy for Holistic Health and Spiritual Wellbeing* (*O efeito da endorfina: uma estratégia inovadora para a saúde holística e o bem-estar espiritual*), Piatkus, London, 2011, p. 28.

Capítulo 8

1 Rick Hanson, *Hardwiring Happiness: The New Brain Science of Contentment, Calm, and Confidence* (*Conectando a felicidade: A nova ciência cerebral de contentamento, calma e confiança*), Harmony Books, Nova York, 2013.

2 Martin E. P. Seligman et al., "Positive Psychology Progress: Empirical Validation of Interventions" ("Progresso da psicologia positiva: validação empírica de

intervenções"), *American Psychologist*, vol. 60, nº 5, julho-agosto de 2005, pp. 410-21.

3 Leah Dickens e David DeSteno, "The Grateful Are Patient: Heightened Daily Gratitude Is Associated with Attenuated Temporal Discounting" ("Os agradecidos são pacientes: a gratidão diária intensificada está associada ao abatimento temporal atenuado"), *Emotion*, vol. 16, nº 4, junho de 2016, pp. 421-25.

4 Paul J. Mills, "A Grateful Heart Is a Healthier Heart" ("Um coração agradecido é um coração mais saudável"), American Psychological Association, 6 de abril de 2015, http://www.apa.org/news/press/releases/2015/04/grateful-heart.

5 Asif Amin et al., "Gratitude & Self esteem Among College Students" ("Gratidão e autoestima entre estudantes universitários"), *Journal of Psychology & Clinical Psychiatry*, vol. 9, nº 4, julho de 2018.

6 Summer Allen, "The Science of Gratitude" ("A ciência da gratidão"), Greater Good Science Center, maio de 2018, https://www.templeton.org/wp-content/uploads/2018/05/GGSC-JTF-White-Paper-Gratitude-FINAL.pdf.

7 Sheung- Tak Cheng, Pui Ki Tsui e John HM Lam, "Improving Mental Health in Health Care Practitioners: Randomized Controlled Trial of a Gratitude Intervention" ("Melhorando a saúde mental em profissionais de saúde: ensaio clínico randomizado de uma intervenção de gratidão"), *Journal of Consulting and Clinical Psychology*, vol. 83, nº 1, pp. 177-86.

8 Christine Porath e Douglas R. Conant, "The Key to Campbell Soup's Turnaround? Civility" ("A chave para a reviravolta da Campbell Soup? Civilidade", *Harvard Business Review*, 5 de outubro de 2017, https://hbr.org/2017/10/the-key-to-campbell-soups-turnaround-civility.

9 Douglas R. Conant, "Secrets of Positive Feedback" ("Os segredos do *feedback* positivo"), *Harvard Business Review*, 16 de fevereiro de 2011, https://hbr.org/2011/02/secrets-of-positive-feedback.

10 Kristin D. Neff, Kristen L. Kirkpatrick e Stephanie S. Rude, "Self-compassion and Adaptive Psychological Functioning" ("Autocompaixão e funcionamento

psicológico adaptativo"), *Journal of Research in Personality*, vol. 41, nº 1, fevereiro de 2007, pp. 139-154.

Capítulo 9

1 Marcella Raffaelli & Lenna L. Ontai, "Gender Socialization in Latino/a Families: Results from Two Retrospective Studies" ("Socialização de gênero em famílias latinas: resultados de dois estudos retrospectivos"), Sex Roles, vol. 50, 2004, pp. 287-99, em Lisa M. Yarnell et al.: "Meta-Analysis of Gender Differences in Self-Compassion, Self and Identity" ("Meta-análise das diferenças de gênero na autocompaixão, no eu e na identidade"), vol. 14, nº 5, 2015, pp. 499-520.

2 Joachim Stoeber, Alexandra Feast e Jennifer Hayward, "Self-oriented and Socially Prescribed Perfectionism: Differential Relationships with Intrinsic and Extrinsic Motivation and Test Anxiety" ("Perfeccionismo auto-orientado e socialmente prescrito: relações diferenciais com motivação intrínseca e extrínseca e teste de ansiedade"), *Personality and Individual Differences*, vol. 47, 2009, pp. 423-28.

3 Paul L. Hewitt et al., "The Multidimensional Perfectionism Scale: Reliability, Validity and Psychometric Properties in Psychiatric Samples" ("A escala de perfeccionismo multidimensional: confiabilidade, validade e propriedades psicométricas em amostras psiquiátricas"), *Psychological Assessment*, vol. 3, nº 3, 1991, pp. 464-68.

4 Juliana G. Breines e Sarina Chen, "Self-compassion Increases Self-improvement Motivation" ("Autocompaixão aumenta a motivação para o autoaperfeiçoamento"), *Personality and Social Psychology Bulletin*, vol. 38, nº. 9, setembro de 2012, pp. 1.133-43.

5 Neff e Vonk, "Self-compassion Versus Global Self-esteem: Two Different Ways of Relating to Oneself" ("Autocompaixão *vs.* autoestima global: duas maneiras diferentes de se relacionar consigo mesmo"), pp. 23-50.

6 Jia Wei Zhang et al., "A Compassionate Self Is a True Self? Self-Compassion Promotes Subjective Authenticity" ("Um eu compassivo é um eu verdadeiro? Autocompaixão promove autenticidade subjetiva"), Personality and

Social Psychology Bulletin, 2019, https://self-compassion.org/wp-content/uploads/2019/08/ZhangJW_etal2019.pdf.

7 Kristin D. Neff e Andrew P. Costigan, "Self-Compassion, Wellbeing and Compassion" ("Autocompaixão, bem-estar e compaixão"), *Psychologie in Österreich*, vol. 2, 2014, pp. 114-19.

8 Serena Chen, "Give Yourself a Break — The Power of Self Compassion" ("De um tempo para você — O poder da autocompaixão"), *Harvard Business Review*, setembro-outubro de 2018, https://hbr.org/2018/09/give-yourself-a-break-the-power-of-self-compassion.

9 Tara Brach, *Radical Compassion: Learning to Love Yourself and Your World with the Practice of RAIN* (*Compaixão radical: Aprendendo a amar a si mesmo e ao seu mundo com a prática da RAIN*), Ebury Publishing, Londres, 2020.

Capítulo 10

1 Leda Cosmides, John Tooby, "Evolutionary Psychology and the Emotions" ("Psicologia evolutiva e as emoções"), *Handbook of Emotions*, 2000, em Michael A. Cohn et al., "Happiness Unpacked: Positive Emotions Increase Life Satisfaction by Building Resilience" ("Felicidade revelada: Emoções positivas aumentam a satisfação com a vida construindo resiliência", *Emotion*, vol. 9, nº 3, junho de 2009, pp. 361-68.

Sua opinião é muito importante

Mande um e-mail para opiniao@vreditoras.com.br
com o título deste livro no campo "Assunto".

1ª edição, jan. 2024

FONTE Adobe Garamond Pro Regular 11,4/16,3pt;
Halyard Display Medium 16 e 20/16,3pt
PAPEL Pólen Bold 70g/m²
IMPRESSÃO Faro Editorial
LOTE FAR011223